麦克法兰自选集

THE CULTURE OF
CAPITALISM

资本主义的文化

〔英〕艾伦·麦克法兰 著

康子兴 周小薇 马猛猛 译

商务印书馆
创于1897　The Commercial Press

Alan Macfarlane
THE CULTURE OF CAPITALISM
Copyright © 1987 by Alan Macfarlane. Chinese (simplified Characters) Trade paperback copyright © 2024 by The Commercial Press.
All Rights Reserved

本书根据巴兹尔布莱克威尔出版公司 1987 年英文版译出

艾伦·麦克法兰

THE CULTURE OF CAPITALISM

ALAN MACFARLANE

IDEAS

英文版书影

谨以此书纪念

弗洛伦斯·维奥莱特·斯特林·罗兹·詹姆斯
1896—1986

目　录

前言 ·· 1

致谢 ·· 15

一　农民
　　工业革命之前的英格兰农民——一个神话模型？ ·················· 18

二　人口
　　生殖模式 ·· 50

三　暴力
　　农民与强盗 ··· 87

四　自然
　　人与自然世界 ·· 120

五　邪恶
　　万恶之源 ·· 148

六　爱情
　　爱情与资本主义 ··· 182

七　革命
　　社会经济革命与现代世界的起源 ····································· 208

八　资本主义

资本主义的摇篮——英格兰的案例 ………………… 242

余论

重思个人主义，或历史学家的技艺 ………………… 269

附录

一条注释：论资本主义的性质 …………………… 311

参考文献 ……………………………………………… 317
索引 …………………………………………………… 338
翻译说明 ……………………………………………… 360

前　言

从我坐下来撰写那篇关于16世纪以及17世纪英格兰农民的短论那天算起，光阴荏苒，已过九载。这篇短论没能让我迅速转向我意图在休假期间展开的关于亲属关系与婚姻的写作，但却在我的脑海中产生爆炸性影响，改变了我对昔日英格兰的整个概念。我被一个论题捕获并承受了思想变革（mental change）的阵痛。这一思想变革似乎颠覆了我之前接受的许多事实，其结果便是《英国个人主义的起源》（*The Origin of English Individualism*）的诞生，它于1977年写就，并在1978年出版。在我看来，这本书主要目的在于回答如下四个问题：为何工业革命最先发生在英国？从何时起英国不同于欧洲其他地区？这种不同主要体现在哪些方面？对第三世界诸社会而言，英国转型的历史在多大程度上可为一有用的类比？[1]我对上述问题的回答不同于我原本的期待。在牛津大学接受历史学教育期间，无论是本科阶段，还是就巫术问题展开博士研究时，我都潜移默化地逐渐接受了一种"革命的"英国史观。后来，当我又在伦敦大学攻读人类学硕士与博士

---

[1] 艾伦·麦克法兰：《英国个人主义的起源》（Macfarlane, *Individualism*），第8页。（引用文献的英文标题均译成中文，供读者参考，英文简略注释按原书保留，以便读者在本书所附参考文献中查找英文原标题。——译者）

学位的那些年里，我对社会学与人类学作品的阅读又强化了这一史观。

从 1960—1975 年的这些年里，我接受了一种关于"过去"的描述范式，大致可以概括为：约 1450 年以前，英格兰还是一个"传统的""农民的""封建的"社会。之后，在 16—18 世纪，英格兰发生了一系列革命性的、彼此关联的变革。同时，这些变革改变了英格兰的法律、政治、宗教、文化、经济、人口统计与社会体系。通过变革，英格兰逐渐告别了"传统的""农民的""封建的"社会。约 1800 年之后，一个"现代""个人主义""资本主义"的英国得以完全确立。借用托尼（R. H. Tawney）的比喻，"分水岭"出现在 16 世纪。从那时起，变革之河开始流往另一个方向。与欧洲其他大部分地方相比，这一主要转型的起始与完成都要领先数个世纪，它也为一种新的工业与城市文明提供了基础。换一个比喻，英格兰先于它的竞争者数个梯级（荷兰除外），因此，最先抵达"现代世界"。它们大致从同一位置出发，但不知何故，英格兰压倒竞争者，赢得了比赛。我读过也崇拜过许多历史学家与社会学家的著作，例如托尼、克里斯托弗·希尔（Christopher Hill）、希尔顿（R. H. Hilton）、霍曼斯（G. C. Homans）、劳伦斯·斯通（Lawrence Stone）、马克斯·韦伯（Max Weber）等。现在，如果我仍然盲从他们的观点，那我就显得幼稚了，但我并不否认，我的确曾经吸收了他们的一些想法。

这种史观既以马克思和韦伯雄壮的肩膀为基石，又明显地受到最新研究的支持，我很难说明是什么破坏了它。无疑，在 1977 年的那几个月里，整个结构都塌陷了。《英国个人主义的起源》的核心论题是：与我曾经持有的信念相比，中世纪与早期现代（early modern period）之间拥有更多的连续性；英格兰的特殊性并非是16—18世纪间的革命性变革的结果。科学与哲学史家将要为这种诠释中的戏剧性变化寻找普遍的与具体的原因。很可能，我们能够找到作为背景的非常广泛的普遍性变化；20世纪70年代晚期是一个质疑革命理论的时代，是修正主义（revisionism）和强调连续性的时代，它还可能与经济衰退及一种隐约出现的保守反应联系起来。那里可能还有民族的影响，面临日益增长的压力，英格兰感受到自己作为欧洲的一部分，民族的影响则为抗拒这一压力的反应。这在柯林·马修博士（Dr. Colin Matthew）写给我的信中得到展现。马修博士是我学术上的朋友，他认为这本书"很清楚地，（a）是在后帝国时代（post-imperial period）寻求认同的一种普遍运动的成果；（b）反欧共体主义（anti-EEC-ism）的成果，以及职业内部趋势的结果"。普林斯顿大学的劳伦斯·斯通更为粗鲁地提出，这本书说了一些"在其困厄时期宽慰国人（例如，英国人）的内容；也就是说，英国人总是不同于其他每一个人"[2]。若要否认这些影响历史学家的无形压力，那是愚蠢的。

　　我更加充分意识到的压力是，个人理智遇到了许多困难，不能调和一种革命性变革的理论与从研究中得出的诸多细致发现。库恩指出，这些预测与数据之间不断增长的异常现象是范式变换显示出来的通常方式。[3] 我也在《英国个人主义的起源》的导论中

---

[2] 劳伦斯·斯通在1979年4月19日《纽约书评》（*New York Review of Books*）上的评论。

[3] 托马斯·库恩：《科学革命的结构》（Kuhn, *Structure*）。

部分地进行了探究。[4]我意识到，许多关注家庭、婚姻、人口统计结构、地理流动性与社会分层的核心理论正在受到彼得·拉斯利特（Peter Laslett）及其同行的挑战。他们现在强调连续性而非革命。[5]我后来认识到，许多年轻的政治史学家们也认识到了类似异常。所以，康拉德·拉塞尔（Conrad Russell）、安东尼·弗莱彻（Anthony Fletcher）与约翰·莫瑞尔（John Morrill）等人都在质疑17世纪政治革命的整个论题。[6]

就我而言，真正的问题是：一个巨大的革命性变革的理论，一个新社会世界的诞生似乎与来自档案中的详细证据并不一致。我们假定，有些人生活在革命时期，不仅他们似乎没有意识到这样一种戏剧性断裂正在出现，而且革命性观点似乎也没有反映出他们的观点。如果一般性理论无助于人们理解证据的碎片，那么它就不值得支持。然而，要找到一种替代方案却总非易事。

然而，在这里，我是幸运的。我发现，一个关于连续变化并得到详尽阐述的框架已经发展出来。耕耘于19世纪晚期、20世纪早期的历史学家们令人满意地将之应用在政制史（constitutional history）、法律史领域，并在一定程度上用于经济史领域。我发现这一本已遗失的解释框架是个意外。维多利亚晚期的历史学家们包括斯塔布斯（Stubbs）、梅特兰（Maitland）、格林（Green）、

---

[4] 麦克法兰：《英国个人主义的起源》，第2—5页。

[5] 尤其是彼得·拉斯利特的《我们已经失去的世界》（Laslett, *Lost World*）。

[6] 例如，拉塞尔的《议会与英国政治》（Russell, *Parliaments*）；弗莱彻的《英国内战的爆发》（Fletcher, *Civil War*）；莫瑞尔的《17世纪的英国》（Morrill, *Britain*），以及克拉克在《革命与反叛：17与18世纪的革命与社会》（Clark, *Revolution*）中对他们观点的完整概括。

弗里曼（Freeman）、索罗尔德·罗格斯（Thorold Rogers）、巴里（Bury）等人。当我研读历史的时候，他们的伟大作品已不再出现在荐读书单上，也不再经常出现在图书馆的开放书架上了，或出售新书的书店中。当思想观点转变时，我们可能没有故意用某种奥威尔式的方式（Orwellian manner）去毁灭书，但是，风尚已经改变，我们很快忽视过去的解释并将其埋藏。因为我当时正在寻找某种替代性理论，但并没有真正了解它，与此同时，我也花了一些时间在主要的业余爱好上，即搜寻二手书店的顶层书架；我惊奇又快乐地捡起了这些蒙尘的经典。在它们的书页当中，在那些优雅的文辞里，我发现它们的框架有助于我理解我正在处理的那段时期的原始档案。总而言之，它们使我认识到：我未经仔细思虑却曾假定自己的思考是对英国历史的唯一解释，但实际上，我的思考不过是相对晚近的发展罢了。我太年轻了，以至不能从我自身经验中知晓变革在何时发生。但是，那些在我写作《英国个人主义的起源》时还只是直觉的东西却以一种奇妙的方式得到了证实。

那本书出版以后，我收到了许多有趣且热情的来信。有一封信来自一位大师。在我进入大学之前的两年里，他曾教过我历史。他解释了他在读我的书时发现的一个困惑：

冒犯地说，我问自己，写这本书有什么必要呢？在20世纪40年代早期，当我接受学校教育的时候，我有一个才华横溢的老师，他对英国与欧洲历史具有深刻的洞见，但他不是一个历史学家。尽管如此，我仍然从他那里获得了英国史的独特性源于前改革时代（pre-Refomation times）的深刻认知。在40年代晚期，我受教于牛津大学皇后学院的约翰·普雷斯特维奇（John Prestwich）。由于他讲授与推荐的阅读书目，我理解并认可了某些非常清晰的观念：英格兰从来就没有一个"农民阶层"；中世纪经济中就有许多支付报酬的劳动者；它不是一种可持续的经济；前工业时代资本主义非常明显地就存在于中世纪的英格兰；针对英格兰的独特性而言，土地的长嗣继承制（primogeniture）与可转让性最为重要。现在，你提到一个经典"农民"社会具有许多我尚未认识到的其他方面与特征。但是，我前面提到的书目对这些领域做出了一种令人生畏的陈述，在这些领域，我也会冒险地说："既然我们已经知道它们是虚构的，他为何还要提出这些老掉牙的观点呢？"

这很好地归纳了我在书中的论证。看起来，我重新发现的一切不过是20世纪50年代的传统智慧。为了后来的事业，我以前的老师进一步远离了当今的学术界，他也没有认识到：历史的世界观已经发生了改变，关于过去，我们现在拥有一种重新确立的观点。他继续努力解释那些看起来已经发生的事情。他推测说：

在我看来，似乎在1950—1970年，有些东西受到了扭曲。你（正确地）反驳了一些著作的观点。在我看到你所反驳的大部分著作的发表时间之前，我都没有意识到这一点。看起来，在50年代和60年代，(a) 马克思主义者与(b) 具有"农民模式思维"的学者占据了这个领域。一如你所指出来的，他们如此频繁地忽视了他们自己的发现会产生的结论，并强迫自己将进入一种预想的模式。

所以，他承认不是为了他，而是为了今天的学生，我的确需要写这本书。

这一简史可能有助于解释与这本书有关的两件事，以及对这本书的回应。这一著作本身就满怀着令人窒息的激情，也有可能夸大了一种与之有关的转变经验。这就补充了它所产生的影响，包括积极影响与消极影响。有些人接受了新的假设，或摆脱了一个令他们不甚满意，但至今难以反驳的框架。从他们那里，我收到了许多热情洋溢的信札与评论。这个时候，也有很多评论者以一种否定的方式做出回应。在那些愤怒回应的人中，大部分是中世纪史学者。特定评论者的回应尤为激烈，因为他们发现自己陷入了一种核心矛盾中，我引用的那封信札揭示了这种矛盾。埃尔顿教授（Professor Elton）在一篇评论中对此做了很好的归纳：农民不存在的论题"已经引发了许多愤怒与痛苦，尤其是在忙于维持其艰难立场的中世纪史学者中间。一方面，这个论题只不过说出了他们已经说过的内容，另一方面，它也并不正确"[7]。人们能够看出我写作这本书的苦衷。就其实质而言，我在《英国个人主义的起源》中的观点从根本上并不全然是新的，这确为实情。它们分别有梅特兰与斯塔布斯这些人的历史视野。所以，这部分评论者中存在着众多对我的潜在同情者。另一方面，我也表现出正

---

[7] 载于 1979 年 11 月 23 日的《泰晤士文学增刊》（Times Literary Supplement），第 27 页。

在引用许多权威的观点——他们采用的观点与具有连续性的学派的观点直接相反。正如劳伦斯·斯通对这本书做出的诠释，"关于现代世界的演进"，它"挑战了整个传统智慧的文库"，它"打算表明，不是一个皇帝，而是一群皇帝都没有穿衣服"。一如他所列举出来的，这些皇帝包括了马克思、韦伯、托克维尔、涂尔干、滕尼斯，以及"几乎每一个曾经着力对英国由传统主义向现代转型做出总体解释的学者。托尼、波斯坦（Postan）、希尔顿、希尔、霍曼斯、麦克弗森（C. B. Macpherson）、威尔逊（C. H. Wilson），这个评论者……"[8]对这个计划来说，人们希望打击一下它的傲慢，这并不令人感到惊讶。没有人想要部分暴露自己赤裸的身体，也没有人喜欢被指责为已经开始写作神话而非历史。

我的观点可能表明历史解释中某种深层次的转变，在库恩之后，我们可以称之为范式转变。这一事实由评论者对我的观点做出的截然不同的反应揭示出来。从有些人认为留下深刻印象，到有些人感觉受到冒犯，这些反应多有不同。在这里，我为每一类反应举几个例子就足够了。[9]阿兰·瑞恩（Alan Ryan）是牛津大学政治学准教授（Reader），他宣称，这本书是"一部令人崇拜的著作。它是理智成就中最有吸引力的那一类，它是对一个宏大主题带来许多改变的那一类著作"。厄恩斯特·盖尔纳（Ernest Gellner）当时在伦敦任哲学教授，按照他的描述，"就其胆识，其所提出观念的重要性，以及它所维持的学术广度和深度而言，它都是一部杰出的著作"。彼得·拉斯利特是剑桥大学社会结构史与

---

[8] 斯通在1979年4月19日《纽约书评》上的评论。

[9] 这些引文出自哪篇评论，我把完整的参考文献篇目放在书目末尾。

政治学准教授,他认为,"这是一本非常重要的书……看起来,这本书很可能会产生许多争论,如果他赢得了这些争论,我们作为一个整体的社会史观,尤其是英国社会史观将不得不发生根本性的改变"。那些对之加以谴责的人也同样突出。例如,哈佛大学历史系教授大卫·赫利希(David Herlihy)认为,它"是一本愚蠢的书,以错误的方法为基础,并提出了一种荒谬可笑的论题"。劳伦斯·斯通是普林斯顿大学历史系道奇教授(Dodge Professor)。他发现,这本书提出了"一种难以置信的假设,它试图与尚未得到证明的事实建立起联系,并以此作为基础,但这一联系难以获得,这个事实也仅具有有限的重要性"。如果我只是说出了在20世纪50年代显而易见的内容,为何又会引起如此激烈的回应呢?并且,更为重要的是,谁赢得了由这本书开启的争论呢?

这本书自身的篇幅只有206页。就我见到的、发表出来的内容而言,对它的评论已经超过了160页*。挑战之大胆以及回应之热烈都提供了一种有趣的历史观点与方法的横截面。关于历史学家的技艺,他们提出了理论的、方法论的与伦理学的问题。看起来,如果不考虑这本特定著作的结论普遍"正确"还是"错误",这些问题的确值得探讨。历史学这样有活力的学科应该具有强有力的论证,人们也应该为其付出毕生心血的作品辩护,这是合适的。了解人们在支持一种范式时所采取的方式是具有启发性的。当库恩概括地归纳出范式转变的表层原因,并指出与之相伴的激烈争论时,他关于人们以何种方式努力守护他们的世界观,应对

---

* 指英文原书页码。——译者

智识威胁，却并未做出细致论述。看起来，有些论点对正统具有破坏性的作用。关于人们如何努力对抗这些论点，这一具体案例给我上了一课。所以，针对《英国个人主义的起源》，我已经决定阐述更具思想性的反论（counter-argument），并在这本书的补充说明中努力回答这些反题。

在过去十年中，我写作了一系列文章，并对它们进行编选形成这部文集。在这部文集里，我已经努力表明，自写作《英国个人主义的起源》起，我的思想经历了怎样的发展。一个论题的有用性并不取决于它是抽象地正确还是错误，而是更多取决于它对过去是否具有原创的、富有说服力的洞见。就我个人而言，我发现，通过修正我在《英国个人主义的起源》中使用的框架后，我就获得了一个更加灵活的路径，让我能够理解某些历史学家们仍在面对的悖论与困惑。我继续努力回答关于首个完全的工业和资本主义社会的本性与起源的问题，当前这组文章也是这一努力的结果。

有些人没有读过《英国个人主义的起源》，或者有些人想要回顾一下，我一开始是如何展开这个论题的。对他们来说，第一篇文章《农民》（'Peasants'），平实地阐述了那本书的核心论题，亦即在17世纪或许更久以前，英格兰并不存在一个严格意义上的农民社会。这篇文章写于1977年7月，那时候，我也开始为一个新的分析框架搜集资料。我之所以把它也选入这部集子，是因为它单独处理了英国社会的社会与经济特征。1978年1月，我写了第二篇论文《人口》（'Population'），并在伦敦经济学院以马林诺夫斯基纪念讲座的方式对它进行了阐述。它探究了《英国个人主义的起源》中与人口统计学相关的论题。我与萨拉·哈里森

（Sara Harrison）合作完成，并在1981年出版了《正义与马雷的啤酒：17世纪英格兰的法律与无序》(The Justice and the Mare's Ale: Law and Disorder in Seventeenth-century England)，这部作品阐述了一些从政治与法律维度的论点。本文集中的第三篇文章《暴力》('Violence')就包括了从那部作品中得出的结论。

我研究过一些英国村庄史的记录。从13—19世纪，英格兰的行政、法律体系是如何工作，才产生了这些记录呢？1982年，我修改了关于这个问题的论述，并在1983年作为《英国历史档案指南》(A Guide to English Historical Records)出版。这本书表明大法庭与当时的土地制度具有牢不可破的关联性，这种关联性给更早时候的宪政与法律史学家们留下了深刻印象。对本书中的各篇文章而言，《英国历史档案指南》构成了它们没有明确说出的背景。

《英国个人主义的起源》的许多批评者认为，我应该联系心智、道德与情感来探讨这一论题。在书的前言中，我的确已经承诺过要这样做。1977—1982年，我的作品专注于社会、经济、人口统计与法律诸特征，我接受的人类学训练令我对它们的文化维度也颇感兴趣。1983年，我为基斯·托马斯（Keith Thomas）的《人与自然世界》(Man and the Natural World)写了一篇书评，这就是本书第四章《自然》('Nature')的基础。1983年再稍晚一些，有人让我就"邪恶"论题为一部人类学文集撰写文章。我最后写出的文章就作为第五章包含在这部书里。从20世纪60年代起，我就对婚姻、亲属、性、家庭等问题展开研究。1984年，我决定最后一搏，把与这些问题有关的完全不同的思想融汇在一起。这一努力的结果就是《英格兰的婚姻与爱：1300—1840的生殖模式》(*Marriage and Love in England: Modes of Reproduction 1300—1840*)。这本书里一些新的发现也包含在《爱情》('Love')这篇新的论文中。这篇文章也利用了当年我反复借鉴的一些其他的思想，也利用了些许源自文章《死亡与人口统计变迁》('Death and the Demographic Transition')中的思想。[10] 由此，我们就拥有了此处呈现的社会、经济、政治、法律、道德、心智与情感进路，虽然只是以一种浅显和试探性的方式。每一篇文章都有独立完整的论证，但是，既然我按照时间顺序，也遵照从"最坚实"的（经济）主题逐渐过渡到"最薄弱"的主题（爱）的方式将它们安排在一起，它们也就构成了一个整体。我希望，它们不只是各部分的总和。尽管人们并不会总是听从警告，我仍要再次强调：我知道，我没有涉及许多其他的主题；我也意识到许多著作和权威观点未加引用；我还不可避免地过度简化了某些复杂的问题。

在这部文集中，我不想只去呈现一些例子，展示自《英国个人主义的起源》以来就已经接受的路径。如果这本书中有一个次要的、较为简短的部分去论述此路径的方法与假设，以及我在第一部分致力于探究的那些特质的深层原因，我认为这样会有些兴味。我在1984年秋季写了《革命》('Revolutions')一文。它对婚姻的强调反映了如下事实，即我受邀为一部文集写作关于革命的人口统计与家庭方面的文章。一年之后，1985年秋季，我写了文章《资本主义》('Capitalism')。1983—1984年，我在剑桥为人类学本科生做了四次讲座，这篇文章就是这四次讲座的概要。

---

[10] 见汉弗莱斯、金编：《死亡与永生》(Humphreys and King, *Mortality*)。

最后一篇文章《个人主义》（'Individualism'）反映了我的总体计划，针对《英国个人主义的起源》受到的批评，文章也做出了专门的回应。1986年7月，我为本文集写了此文。

除了补充一些脚注，指出所有受到的严厉批评，并更正一些细微的语法错误之外，我已经决定让多篇已经发表的论文保持刚刚写出来的样子。若不加改动，它们就能更多地保留原始的味道，即便再写其中的一些部分，我现在也会做出不同的论述。其他例外情况有如下述：我已经把《暴力》一文从一部完整的著作中截取出来，并对其进行了一些删节，补充了一些承接性段落，又从那本书的第一段中取用一点内容，以便把这一节包括进来；《自然》一文原本颇为简短，且是我为一本书写的评论，在视野与篇幅上都对其进行了扩展；对于《邪恶》（'Evil'）一文，我增加一节论述巫术的内容；在《革命》一文的结论部分，我也做了一些细微的改动。

我需要对书名稍做解释。我的出版人约翰·戴维（John Davey）向我建议了这个书名，我也喜欢它的模糊性。"资本主义"这个词具有广泛的内涵。我要用它表达什么含义呢？为了对这个问题做一番非常简单的解释，我已经在一篇附录中努力对之加以限定。"文化"也具有一种迷人的双重含义。我在两种意义上使用它。一方面，它具有一种人类学含义。对此，一个著名的定义就足够了。弗朗兹·博厄斯（Franz Boas）写道："一个社会群体由诸多个人构成，当他们与自然环境、其他群体，以及其他群体的成员发生关系的时候，他们会做出何种个体与集体的行为呢？在这个社会群体中，每个个体又会对自己做出何种行为呢？我们可以把文化定义为心智与身体反应及活动的总和，这些反应与活动则归纳出上述行为的特征。"[11] 在此意义上，这本书分析了资本主义的文化体系，分析了它的心智、道德与情感结构。

"文化"的第二层意思是《牛津英语词典》给出的，一种几乎是专属性的含义。这里它意味着生长、培育，使之繁荣与发展，就像"蘑菇文化"这样的短语。这本书也与此相关，因为我尤其感兴趣的问题是，资本主义的"生长"，亦即它以何种方式跨越漫长的世纪，在这个岛屿上定居、成长，并获得繁荣与发展。它长得枝繁叶茂，于是开枝散叶，它的种子遍布世界，如今已成为我们呼吸的空气的一部分。其影响如此广泛，以至于"资本主义"与"社会主义"国家之间的正式区别也随之瓦解。现在，在莫斯科、哈瓦那，或者北京，以及在洛杉矶、巴黎或伦敦，我们都可以找到许多"资本主义文化"。然而，这种文化的核心仍然是那些悖论和矛盾。它对自然、邪恶、爱具有何种态度呢？我试图在它与这个问题以及它与其他基本特征的关系中来分析那些悖论与矛盾。这个现象值得我们慎思明辨。我们焦虑地栖居在这棵大树的枝叶里，我们是这一世界性文化的囚徒，虽然因为对这棵大树的树根及其成长有所了解，我们获得了部分的解放。

麦克法兰（A. M.）

---

[11] 博厄斯:《原始人的心智》(Boas, *Primitive Man*)，第159页。

致　　谢

关于我把教区研究用作第一章的背景，这一研究得到了经济与社会研究委员会和剑桥大学国王学院的资助，我对此深表感谢。这一研究的大部分工作由萨拉·哈里森完成。我也想要感谢切瑞·布莱恩特（Cherry Bryant）、查尔斯·贾丁（Charles Jardine）、杰西卡·金（Jessica King）、蒂姆·金（Tim King）与爱瑞斯·麦克法兰（Iris Macfarlane），感谢他们对此研究的帮助。这一章的内容原本刊发在大卫·格林（David Green）等人主编的《社会组织与聚居》（*Social Organisation and Settlement*），收入《英国考古学报告·国际系列》（增刊）（*British Archaeological Reports*, International Series [Supplementary], 47ii, 1978）。

第二章《人口》最先发表在1978年第4期的《发展研究杂志》（*Journal of Development Studies*, vol. 14, no. 4 [July 1978]），以及由杰弗里·霍索恩（Geoffrey Hawthorn）编辑的该杂志的"人口与发展"专号（1978）。感谢弗兰克·卡斯股份有限公司（Frank Cass & Co. Ltd）允许我使用这篇文章，感谢杰弗里·霍索恩对此文草稿的早期评论。1978年，我曾以马林诺夫斯基讲座的形式在伦敦政治经济学院宣读了这篇文章的草稿。

第三章《暴力》摘自《正义与马雷的啤酒：17世纪英格兰的

法律与无序》（布莱克维尔，1981）。感谢我的合作作者萨拉·哈里森允许我使用这份材料。

第四章《自然》原本是我对基斯·托马斯《人与自然世界》的一篇评论，该文以较短的篇幅刊发于 1983 年第 9 期的《伦敦书评》（*London Review of Books*, vol. 5, no. 9 [May 1983]）。感谢《伦敦书评》允许我使用这份材料。

第五章《邪恶》的早期版本刊发于大卫·帕金（David Parkin）编辑的《邪恶的人类学》（*The Anthropology of Evil*, Blackwell, 1985）。感谢大卫·帕金和该书的其他撰稿人，尤其是莱昂内尔·卡普兰（Lionel Caplan），感谢他们对早期手稿的评论。

第六章《爱情》将以简短的篇幅发表在《剑桥人类学》（*Cambridge Anthropology*）上。编辑们已经很友好地允许我在此使用这篇文章。

第七章《革命》最先刊发于罗伊·波特（Roy Porter）和米库拉斯·泰奇（Mikulas Teich）合编的《历史中的革命》（*Revolution in History*, 1986）。感谢剑桥大学出版社允许我使用此文，感谢两位编辑对此文的评论，令我获益匪浅。杰弗里·埃尔顿（Geoffrey Elton）颇为友好，他也读了这篇文章，并对如何改进提出了许多有益的建议。

第八章《资本主义》以《资本主义的摇篮：英格兰的个案》刊发在简·巴赫勒（Jean Baechler）、约翰·A. 霍尔（John A. Hall）和迈克·曼（Michael Mann）合编的《欧洲与资本主义的兴起》（*Europe and the Rise of Capitalism*, Blackwell, 1987）。感谢约翰·霍尔对本文草稿提出的改进建议。

除上文列举的一些具体帮助和允准，以及贝西尔·布莱克维尔出版社（Basil Blackwell）允许使用第三、五、八章中的材料之外，我还有更多需要感谢的地方：贝西尔·布莱克维尔出版社的约翰·戴维一如既往地支持我，并且他对书名给出了建议；一位匿名读者提出了十分中肯、有益的建议，戴维还让我与这位读者取得了联系，非常感谢这位读者；罗伯特·罗兰德（Robert Rowland）、朱利安·雅各布（Julian Jacobs）、萨拉·哈里森通读了全书，并就如何完善书稿提出了许多明智、有益的建议，我非常感谢他们。

关于引文的注释

脚注提供简略标题和页码。通常的格式是：作者、标题缩写、页码。所引作品的完整标题放在本书结尾。

一 农 民

工业革命之前的英格兰农民——一个神话模型？

1　　历史学家和社会学家普遍认可，在11—18世纪，英格兰是个典型的"农民"（peasant）国家。在这方面，它大体可以类比为过去与当下的"农民"文明。因此，地理学家、人类学家、考古学家或历史学家在研究这一时期的英格兰社会时，都或隐或现地将英格兰与其他历史上的或当今的"农民"文明——无论是地中海，中国、印度、俄国，还是拉丁美洲——进行类比。此外，那些对第三世界的当代变革感兴趣的学者，将英格兰作为从"农民"社会发展到工业社会的最佳案例予以研究。[1] 有待探讨的是，这份有影响力的社会发展纲领并不正确，它更像是一个神话。不仅如此，它还扭曲了上述学科所进行的分析。

研究中世纪与近代早期的历史学家拥有一个共识——他们所研究的是一个"农民"社会。关于这点，我们可以举出一两本著作或一两篇文章来说明，但不便指名道姓。可以说，几乎所有的历史著作都假定了"农民"阶层的存在。不仅如此，我自己在许多年前也曾接受这个观点。关于中世纪时期的研究，我们注意

---

[1] 道尔顿：《人类学与历史学中的农民阶层》（Dalton, 'Peasantries'），第385页。

到，波斯坦在其主要著作里没有质疑英国社会的"农民性"。因此，正如他在《中世纪的经济与社会》(The Medieval Economy and Society) 的索引与正文中呈现的，"农民"一词同其他指代普通村民和小农的术语是通用的。布里顿（Britton）在最近发表的文章中也没有质疑霍曼斯所暗含的假设，即中世纪农民阶层的存在。[2] 走得最远的是中世纪主义者，他们会询问能否从"中世纪农民"身上获得任何教益？[3] 我们本可以期待，在我们触碰到17世纪的历史时，历史学家们会对"农民"这一概念感到不安。因为在当时，国际贸易、市场、对货币的使用、地域流动性和识字率都有了巨大的增长。然而，那些最了解乡村居民的学者仍然认为，他们正在研究"农民"。他们把书命名为《中部地区的农民》(The Midland Peasant) 和《英格兰农民的农业》(English Peasant Farming)。他们与托尼一起继续假设，乡民就是"农民"。[4] 几乎没有人不同意瑟斯克（J. Thirsk）的概括："直到18世纪中叶，英国社会还是一个显著的乡村与农民社会。"[5]

如果这些专家们都同意这一点，那么，拉斯利特（P. Laslett）这样的民族史学家（national historians）或依赖其著作的社会学家们都没有提出异议就不足为奇了。[6] 通过对法国农民或东欧农民阶

---

[2] 布里顿:《14世纪英格兰的农民家庭》(Britton, 'Peasant'); 霍曼斯:《13世纪英格兰村民》(Homans, *Villagers*)。

[3] 希尔顿:《中世纪农民：有任何启发吗？》(Hilton, 'Medieval Peasants')。

[4] 托尼:《16世纪的农业问题》(Tawney, *Agrarian Problem*)。

[5] 瑟斯克:《英格兰农民的农业》(Thirsk, *Peasant Farming*)，第1页。

[6] 拉斯利特:《我们已经失去的世界》，第12—13页。

层进行的大量文献研究,比较社会学家们制造了一个让人接受的观念,他们很容易相信英格兰存在农民阶层。[7]摩尔(B. Moore)假定英格兰农民的存在,就像雷德菲尔德(R. Redfield)和道尔顿(G. Dalton),他们把包括英格兰在内的整个欧洲归并在一起,认为它直到19世纪都还是一个"农民"社会。[8]在伍尔夫(E. Wolf)的权威教材中,"世界主要农民地区"地图就把英格兰展示为"农民的",索纳(D. Thorner)也把13世纪欧洲的封建君主国囊括进"农民"地区。[9]沙宁(T. Shanin)避免对英国境况做出直接评论,但他接受了一种普遍的发展模式。这种发展模式认为,"小生产者"社会是历史上部落-游牧社会和工业化社会之间的过渡时期。[10]这就包括了盎格鲁-撒克逊时期与18世纪之间的英国。这也意味着:"我们可以清楚地在西北欧大部分地区看到"一种"农民阶层的图景转变",这种转变也曾在英国发生。[11]

在过去的15年中,这一点变得越来越清晰:英格兰和西北欧部分地区在16世纪展现出一些特征,这些特征将它们同其他我们所知道的"经典"农民地区区别开来。这些特征包括:一种"非

---

[7] 勒瓦·拉杜里:《朗格多克的农民》(Le Roy Ladurie, *Peasants*);托马斯、兹纳涅茨基:《身处欧美的波兰农民》(Thomas and Znaniecki, *Polish Peasant*)。

[8] 巴林顿·摩尔:《专制与民主的社会起源》(Moore, *Social Origins*),第20—29页;雷德菲尔德:《农民社会和农民》(Redfield, *Peasant Society*),第66—67页;道尔顿:《人类学与历史学中的农民阶层》。

[9] 伍尔夫:《农民》(Wolf, *Peasant*),第2页;见沙宁:《农民和农民社会》,第204、217页。

[10] 沙宁:《农民和农民社会》,第247页。

[11] 同上书,第250页。

危机"的人口模式[12]、出奇晚的结婚年龄、高比例的不婚人群[13]、非常小而简单的家户[14],以及高度的地理流动性[15]。所以,关于农民阶层及其特征,若要重新评估近期分析性讨论框架中的传统智慧,现在正当其时。

在这项工作中,一个主要困难在于,关于"农民"的定义与含义,人们持续地争论不休。很可能,在使用这一术语时,许多人只是就"村民、乡下人、土地工人"的通常意义或字典上的含义来使用它。[16]在这样用时,这个词实际上与"非工业主义"同义。所以,最强烈的对比就出现在"工业"与"农民"国家之间。这种二分法能够得到详尽地阐述和量化。索纳提出,一个社会要被称为"农民"社会,它就必须满足五项标准中的两项,即一半人口必须为农业人口和超过一半的劳动人口必须务农。[17]很明显,根据这些标准,英格兰直到19世纪中叶都是"农民"社会。英格兰也非常符合弗思(R. Firth)对农民社会的定义:"农民经济是指一种小规模生产者的体系,他们使用简单的技术和设备,经常主要地以自己的生产物为生。农民首要的谋生手段就是耕种土地"。[18]

---

[12] 里格利:《人口与历史》(Wrigley, *Population*),第3章;麦克法兰:《资源与人口:尼泊尔古隆人研究》(Macfarlane, *Resources*),第16章。

[13] 哈伊纳尔:《欧洲婚姻透视》(Hajnal, 'European Marriage')。

[14] 拉斯利特编:《历史上的家户与家庭》(Laslett, *Household*),第4章。

[15] 里奇:《伊丽莎白时代英格兰的人口》(Rich, 'Population');拉斯利特、哈里森:《克莱沃思和科根赫》(Laslett and Harrison, 'Clayworth')。

[16] 《简明牛津词典》(*Concise Oxford Dictionary*)。

[17] 见沙宁:《农民和农民社会》,第203页。

[18] 弗思引自道尔顿:《人类学与历史学中的农民阶层》,第386页。

但是，人类学家不仅必须将其研究对象与工业国家相区别，还要将其与那些位于复杂性连续体另一终端的社会相区别，他们不会对这种粗糙的二分法感到满意。正如道尔顿所说，这种二分法囊括了新几内亚、非洲、印度、拉丁美洲，以及前工业时代的英国。

为了把通常笼统称之的"部落"社会与"农民"社会划分开，克罗伯（A. L. Kroeber）和雷德菲尔德等人为旧有标准补充了一套新的标准。他们陈述道，农民组成了一个"半社会"（part society）："另一方面，农民共同体的文化并非自成一体。作为某个整体文明的一个组成部分，它是该文明的一个面向或一个维度。正如农民社会是一种半社会，农民文化也是一种半文化。"[19]索纳增设的两个标准详细地说明了这一点：其一，只有在有国家的地方，才可能存在农民阶层；换言之，需要有一个统治阶层，即一个统治"农民"共同体的外部政治权力。其二，拥有市场的城镇也几乎不可避免地存在，它们的文化迥异于农村文化。[20]伍尔夫概括了这类观点，他指出，"国家是文明的决定性标准……它标志着通常意义上的食物采集者到农民过渡的临界点"。[21]但问题又来了，即使采用这些更精确的定义，英格兰社会从12世纪以来似乎也有了所谓的"农民"，因为英格兰强大的中央集权国家和重要城镇的发展都令人瞩目。

---

[19] 克罗伯：《人类学》（Kroeber, *Anthropology*），第284页；雷德菲尔德：《农民社会和农民》，第40页。

[20] 见沙宁：《农民和农民社会》，第203—204页。

[21] 伍尔夫：《农民》，第11页。

以这些早期研究为基础，经济学家和社会学家最近试图提出一个更清晰的农民定义。许多学者接受了前文提及的标准，认为它们是农民社会存在的必要前提。在此基础上，他们还认为这些标准自身并不充分。如果补充一条标准，我们就有可能同乡村民族国家（rural nation-states）做出区分。以前，我们笼统地把这些乡村民族国家称作"农民"国家，但是两者在人口统计、经济和社会模式上呈现出巨大的差异性。查亚诺夫（A. V. Chayanov）以及那些受其影响的学者们详细说明了这一标准，这些学者包括了沙宁、索纳和萨林斯（M. Sahlins）。索纳将此特征描述如下：

> 我们的第五个亦为最后一个标准，也是最根本的标准。它是生产单位的标准。在我们的农民经济概念中，典型的、最具代表性的生产单位是农民家庭成员组成的家户。我们将农民的家户定义为一个社会-经济单位，该单位主要依靠家庭成员的体力种植农作物。农民家户的主要活动是耕作自己的土地、带状份地或配给地……在一个农民经济中，这些农民家户主要依赖自己的家庭劳力，生产出所有收成中的一半或更多。[22]

首先，我们应该强调特定消费、生产和所有权单位的性质："家庭农场是农民所有权、生产、消费和社会生活的基本单位。个人、家庭和农场表现为一个不可分割的整体……利润和积累的动机很

---

[22] 见沙宁：《农民和农民社会》，第205页。

少以纯粹和简单的形式出现。"这些情形的后果是,"一家之主更像是一个经营者而不是农场土地的所有者",孩子们的婚姻对于增加劳动力是必要的,农民村庄或共同体通常或多或少是自足的。[23]这些作者扩展了查亚诺夫的早期研究,例如,根据伍尔夫的引述,查亚诺夫认为:

> 农庄经济是一种家庭经济,这是它的第一个基本特征。它的整个组织取决于农民家庭的规模、构成,以及其消费需求与劳动力数量的协调。这解释了利润概念在农业经济和在资本主义经济当中的差异,以及为何我们不能把资本主义利润概念用于农民经济……[24]

我们不只是在谈论乡村的"半社会",还是在谈论那些具有特定生产与消费的基本单位的社会。这个核心特征,人们称为"生产的家庭模式"。[25]这又进一步引出了问题,我们能够找到这样一种社会,并以否定形式定义其特征为非部落、非农民和非工业的社会吗?据我所知,关于这个非同寻常的类型,没有人从文献中找到非常富有说服力的例证。因此,我们可以转向英国的证据,来看一看在16和17世纪,英格兰是符合此前的范畴,还是属于这个新的孤立的类型。

---

[23] 沙宁:《农民和农民社会》,第241、242—244页。

[24] 伍尔夫:《农民》,第14页。

[25] 萨林斯:《石器时代的经济》(Sahlins, *Stone Age*),第2、3章。

表1 通常与农民阶层联系在一起的特征

变量	"典型"农民社会中的情形	16—17世纪的英格兰
基本生产单位	扩大的家户	庄园（manor, estate）
基本消费单位	扩大的家户	男人、妻子与小孩
土地与家庭之间的联系	的确很牢固	虚弱（乡绅除外）
村庄的自足性	几乎完全自足	远非自足
生产的主要目的	即刻使用	交换
资源的所有权	由村庄家户所有	个人所有
市场理性的程度	很少	很高
土地由个人继承	否	是
子女留在家中	大部分情况如此	大部分子女都会离家
总体家户结构	数代同堂的家户理想	原子化家户理想
生育率	高	受到控制
社会流动性模式	"循环流动"	螺旋式的，家庭分化
长时期的经济上差异	很少	很大
女性初婚年龄	青春期之后很快结婚	青春期十年或更长时间以后
死亡率模型	周期性"危机"	相对缺少"危机"
人口增长率	快速，然后崩溃	温和或没有增长
是否把孩子视为经济资产	是	否
是否广泛支持领养	是	否
地理流动性程度	低	高
"共同体"纽带牢固度	高	低
家系溯源方法	单系溯源	同根溯源
亲属关系术语	并未从原子家庭中分离出来	从个人和原子式家庭中分离出来
婚姻	由亲属包办	个人选择
家长权威	大	小

在这里，对于已经提出来的问题，我们只可能做出一个初步回答。如果想要考察英国是否能和传统中国、印度、东南欧和拉丁美洲归为一类，我们可以采用两大主要策略：一个策略是在颇为普遍的层面考察英格兰在16、17世纪的境况。诸农民文明往往具有一系列特征，这些特征与其特殊的社会结构关系密切。表1中归纳了这些特征。然后，通过归纳这些数据，以及谈论16、17世纪的英格兰社会，我们可以观察到英格兰是否展示了这些"农民性"特征。如果没有，我们就有了一个可以深入挖掘的表层案例。在前文引用的一般性著作，以及首先关注印度的专论中，这些"模式变量"（pattern variables）已经得到了细致阐述。就目前而言，这些概括仍然有待证实。

在文化、思想和宗教领域，我们还要对更多变量做出详尽说明。但是，无须指出对祖先、宗教与社会生活仪式、时间与积累等主题在态度上的差异，这些变量就足以能够让我们做出裁断，英格兰是否类似于一种模范的"农民"社会。既然这个表格足以激发众怒，那么继续对更多变量做出详尽说明就颇为愚蠢。一些特征不可避免地需要验证，因为它们某些特征并不符合普遍接受的观点。例如，有些人仍然相信，在前工业时代，英格兰拥有强大的"共同体"，尽管我已经在别处努力证明，这些观念也是一个神话。[26]其他人可能仍认为，英格兰曾是一个"家长制"社会。[27]我将单独写一篇文章来驳斥这一观点。但是，即便表格列出的一

---

[26] 麦克法兰：《历史、人类学和社区研究》（Macfarlane, 'History'）。
[27] 拉斯利特：《我们已经失去的世界》，第3、4、17—19页及其他各页。

些评估受到了挑战，被证明是错误的，我们也的确知道，它们足以奠定基石，让我们相信，英格兰远非一个模范的"农民"社会。然而，若要证明这些情况，唯一的办法是对这个国家某些特定区域做出细致地研究，来看一看范围广泛的文献是否支持农民阶层模型。

我们可以考察一下两个差异很大的教区的境况：一个是埃塞克斯郡的厄尔斯科恩（Earls Colne）教区，它靠近科尔切斯特；另一个是坎布里亚郡的柯比朗斯代尔（Kirby Lonsdale）教区。从很早的时候起，英格兰的农业和社会结构就呈现出显著的地区多样性，这反映了英格兰在历史、居民，以及自然环境上的差异。因此，我们有必要选择两个尽可能不同的地区。在这篇文章里，我们将对厄尔斯科恩教区展开描述：17世纪中叶，教区的人口数量约为1000人，它位于经济成熟、宗教激进的东英吉利地区，是一个比较靠近伦敦的教区。17世纪以前，教区十分封闭，看起来，这里的土地既适合耕种谷物，也适合种植水果。厄尔斯科恩教区在每个方面都可与高地教区柯比朗斯代尔形成对照，后者位于约克郡荒野的边缘，我将在本文的姊妹篇中考察这个地区。[28]我原初就选择了这两个教区，不仅是为了进行对比，还因为针对每个地区，至少有一份特别有用且不同寻常的历史资料与之相关。在厄尔斯科恩教区的案例中，这份历史资料就是近期出版的拉尔夫·乔斯林（Ralph Josselin）的日记，他是一个乡村居民、农民和教区牧师。[29]通过一种在英格兰的独特方式，这份日记让我们

---

[28] 见史密斯编：《土地、亲属关系与生命周期》（Smith, *Land*），第10章。

[29] 麦克法兰：《拉尔夫·乔斯林日记（1616—1683）》（Macfarlane, *Ralph Josselin*）。

窥见一位居民长达 40 年的思想。通过他的日记和一批内容丰富的庄园档案，我们就可以看出，这个地区是否展现了任何意义上的"农民"。柯比朗斯代尔教区的人口是厄尔斯科恩的两倍，我们之所以选择它，是因为近期发现了一份 1695 年当地居民的清单。

很难设想，还有谁会比拉尔夫·乔斯林更不像一个理想型的"农民"。表 1 列出的每一条标准，他几乎都不太符合。乔斯林所操劳的农事在很大程度上受制于天气和不确定的价格，只在这一点上，他才接近那种模式化的"农民"形象。乔斯林的日记极其详细。他在日记中清晰地阐明，他从事生产不是为了扩大家庭。在经济事务中，他不与父母合作，他的兄弟姐妹和子女也不随他一起在农场劳作。乔斯林、他的妻子、仆人和雇工构成了生产单位。家庭也不是消费的基本单位。乔斯林的孩子在十几岁时就自力更生，离开家到在别处糊口挣钱。[30] 他的家庭与特定的土地持有之间的联系也不强。乔斯林的祖父是一个富有的自耕农（yeomen），他在罗克斯韦尔（Roxwell）耕种。但是，1618 年，乔斯林的父亲卖掉了遗产，前往毕晓普斯托福德（Bishop's Stortford）的农场，并在那里失去了大部分财产。之后，乔斯林在厄尔斯科恩定居，并在那里建立了农场。关于乔斯林从事农作的目的，表面上他主要是为了出售产品以获取现金，而不是为了使用和家庭消费。他把地产的其他部分出租，获取租金。1659—1683 年，土地每年为他带来的收入估计约 80 英镑。考虑这一时期他在食物上的开支，只有不到四分之一的收入直接用于食物消费。

---

[30] 麦克法兰:《拉尔夫·乔斯林的家庭生活：历史人类学论文》(Macfarlane, *Family Life*)，附录 B 和第 3、4 章。

在乔斯林的家庭中,谁拥有土地?当我们转向这个关键问题时,日记没有给我们留下任何空间,让我们怀疑这是一种完全的、绝对的和排他性的私人所有权境况。如果乔斯林身在一个传统的农民社会,他就只是一个拥有共同土地的小团体的首领,但他不是。在地契和法庭卷宗中以他之名持有的土地不是家庭土地,而是他的土地。他似乎不可能理解也不会同意俄国农民的核心观点,即"土地并不是合法登记的业主的个人财产,而是家庭所有成员的财产,家户的首领只是家户的代表"。[31]我们可以选取两个可能发生的极端情形,来阐明这种差别。在俄国,由于管理不善或行为不端,户主的领导权会被解除。[32]相反,在乔斯林的案例中,他多次威胁要剥夺他唯一存活的儿子的继承权。最后,他被逼无奈地写道:"约翰桀骜不驯,故我不认其为子。我决不给他任何东西,除非他为他人做仆役。倘或他愿意离家,中规中矩做事,我将给予他每年10升粮食;倘或他竟而成为神之子,我仍将承认他为己出。"[33]

在农民社会里,出生或收养,再加上参与基本的生产任务,便赋予人们一种不可剥夺的权利,使之成为某个共同拥有财产的小团体的成员。因举止不端而被剥夺继承权是不可思议的。在乔斯林的案例中,他的子女对其财产的权利并不存在。既然这是一个重要问题,人们也可能认为乔斯林是个例外,那么,当我们把教区的土地持有模式作为一个整体加以考虑时,我们还将重新回

---

[31] 沙宁:《尴尬的阶级》(Shanin, *Awkward Class*),第220页,书中引述了上诉法院的判决。

[32] 沙宁:《尴尬的阶级》,第221页。

[33] 麦克法兰:《拉尔夫·乔斯林日记(1616—1683)》,第582页。

到这个问题上来。我们也将对继承问题进行扩展，把它与所有权密切联系起来。有人告诉我们，在俄罗斯，"民事法典所规定的那种继承权在农民的习惯法中是不存在的。农民习惯法只规定了在新立家户中对家庭财产进行分割的情况"。[34] 俄国没有书面遗嘱，很明显，对于在本质上为他们所有的东西，一切男性都应获得一个平等的份额。这只是共同体公有资产的暂时分割，一旦人口状态发生变化，各份土地又会返回"公塘"。与之恰恰相反，乔斯林本人的遗嘱及其对子女的安排——他的日记和厄尔斯科恩教区的庄园法院案卷对此都有记录——表明，我们拥有一种发育成熟的生前与死后的继承体系。在此体系中，每个孩子获得的继承份额在很大程度上取决于父母的裁断。[35] 我们将会再次看到，乔斯林在这一方面绝非例外。

很可能，如果持续地采取这种方式，通过一切主要的农民阶层指标，我们就会注意到：乔斯林的经济行为是高度"理性的"和以市场为导向的；至少在邻里关系中，他没有遵循"有限物品观"（Image of Limited Good）；[36] 他自己和他子女的婚姻都不由亲属包办，他与妻子及子女的关系表明，他的家庭生活与家长程式相去甚远，他的子女亦非其经济上的资财。若有孜孜求证者，请先阅读之前引述的关于农民阶层的经典描述，再阅读乔斯林本人的日记，定能受到启发。即便我们毫不含糊地接受，尽管乔斯林从事耕种，但他并不是一个"农民"；然而，基于多个事实，我们

---

[34] 沙宁：《尴尬的阶级》，第222页。
[35] 麦克法兰：《拉尔夫·乔斯林的家庭生活：历史人类学论文》，第64—67页。
[36] 福斯特：《农民社会与有限物品的意象》（Foster, 'Peasant Society'）。

仍然可能把他当成例外来进行反驳。首先，他记日记，这说明他不是凡夫俗子。其次，他受过大学教育，因此比起多数邻人，他进入了一个更加广阔的知识天地。最后，他是一个虔诚的清教徒和牧师，因此属于"知识分子"阶层，而不属于任何可能的"农民阶层"。我们可以依据其日记提出一些反论。首先，乔斯林的日记虽然表现了显著的贫富差距，但没有任何一处造成一种强烈印象，如同论述印度或俄国的著作给人的印象一样，好像在"大"传统与"小"传统之间、在"知识分子"与"地道的农民"之间存在一条鸿沟。其次，乔斯林的眼界和精神生活显然在他上大学或考虑当牧师以前很久，就已经迥异于理想类型的农民了。一本早期的日记记述了他青年时代的冥思，描绘出一颗很难吻合农民程式的心灵，尽管他当时只是埃塞克斯郡一个家道中落的农业经营者的儿子。

> 我立志学习，潜心阅读历史而不稍懈怠。让我谨记内心夙愿以盟志：在青年时代，我当计划征服王国，并撰著此等开拓史。若能从父亲处秉承宇宙学，我心甚悦。我当筹谋如何获致大地产，用以敷建巨厦、城堡、图书馆、大学等设施。[37]

他写下这些，描述他年当12岁时的岁月。然而，即便提出了这些反论，我的论题仍无法由个人的生活得到证明。有些文档对乔斯林的邻居和教区居民有所描述，有助于弥补这一缺憾。

---

[37] 麦克法兰：《拉尔夫·乔斯林日记（1616—1683）》，第2页。

32 资本主义的文化

12 　　我们可以选取农民阶层的四个核心特征，针对为厄尔斯科恩提供的证据，来对它们进行验证。这四个核心特征是土地所有权模式、财富的流通、地理流动性，以及社会流动性。我们已经看到，农民阶层基本上是一种以家户为基础，为村庄所有权建立的经济与社会团体。作为结论，索纳论述道：

> 在农民经济中，这些农民家户主要依赖他们自己的家庭劳动力，生产了一切作物中的一半或更多。除了农民生产者，农民经济中还可能存在更大的单位：地主的直营地或者说从农民中征派劳力耕种的地主家庭农场、大庄园或者说可能会季节性雇用农民的庄园、大部分工作由自由雇工完成的资本主义农场。但是，如果这些较大单位中的任何一种成为在农村起主导作用的典型经济单位，其产量占到作物总产量的大半，那么我们讨论的就不是农民经济了。[38]

　　1400 年，厄尔斯科恩开始有了文字记录。如果我们审视此后任一时刻的厄尔斯科恩，它都不是一种农民经济。它为大地主所支配，早期分别是当地小修道院和牛津伯爵主导，以后是哈拉肯顿家族（the Harlakendens）主导。1598 年，有人对这个教区进行了调查，并绘制出一系列详细的地图，调查和地图都展示了土地所有权。[39]

---

[38] 见沙宁：《农民和农民社会》，第 205 页。

[39] 切姆斯福德（Chelmsford）的埃塞克斯郡档案馆（Essex Record Office，简称 ERO）藏：《伊斯雷尔·阿米斯绘制的两庄园地图，1598 年》（D/DSm/P1）；《伊斯雷尔·阿米斯绘制的两庄园地籍图或地籍册》（Temp. Acc. 897）。

根据这些调查与地图，我们就可以估算出由庄园主直接耕种和拥有的直营地的区域。很明显，大约三分之二的教区土地为一人持有。其余大部分为公簿持有地，实际为大约20个人持有。实际上，这意味着该教区四分之三的人除了一栋房屋和花园外并不持有任何土地。根据前述引用的定义，这远非农民经济，因为它不是由自给自足的小型农耕家户所构成。一个16世纪末17世纪初的家庭的详细账簿说明，这个大型庄园地产是一个理性的、为追求经济利润而运转起来的现代资本主义企业。[40]一定数量的无地人口受到雇佣，成为他人土地上的临时工。但是，大量文档表明，镇上还有许多非农业行为。可观的雇佣现象存在于烘焙、酿酒、屠宰、缝纫，以及东英吉利织布工业中。

领主的账簿和乔斯林的日记都表明，大部分食品生产，尤其是水果和啤酒花的种植，不是为了当地的消费，而是为了拿到附近的科尔切斯特镇（Colchester）和布雷茵特里镇（Braintree）的市场销售，以换取现金，产品从那里流入伦敦或英格兰其他地方。在这个地区，人们务农不是为了维持生计，而是为了用作物来交易现金。因此，乍一看，它像是一个住满小型自耕农家庭的乡村。但在更细致地观察之后，我们就会发现，这个地区却是由一些大土地所有者主导，并拥有大量农业或其他行业的小生产者。与传统农民社会大为不同，教区完全融入了一个资本主义和现金市场体系，并且就像现代的肯特、萨默塞特和埃塞克斯一样。

---

[40] 埃塞克斯郡档案馆藏：《伊斯雷尔·阿米斯绘制的两庄园地籍图或地籍册》（ERO Temp. Acc. 897/8）。

农民阶层的一个核心特征是缺乏属于特定个人的绝对的土地所有权。借用梅因的术语，财产持有单位是一家永生的"公司"。个人出生于或被收养进入这家"公司"，向它奉献自己的劳动。在这种情况下，一如我们此前的描述，例如，就俄罗斯而言，[41]妇女不具有排他的个人财产权，个人也不能出售他们的家庭财产份额。一个人如果有儿子，他绝无可能售卖土地，除非有燃眉之急，并且得到一致同意。那里不可能出现高度发达的土地市场。乔斯林曾经威胁独子，要剥夺其继承权。正如我们已经从这个案例中看到的那样，厄尔斯科恩的居民生活在一个不同的世界。庄园法院案卷中的转让手续、涉及自由保有地产的契据、大法官法院中来自这个村庄的冗长讼案，以及其他一切反映这一教区经济生活的资料都表明，到16世纪后期，财产权已经高度个人化了。妇女凭借自己的权利持有土地，男人有时似乎以"妻子的权利"在打官司。土地买卖无须考虑夫妻二人之外的其他更大的团体。实际上，土地被当作一个属于个人而非属于家户的商品来对待。例如，在法院卷宗关于转让的论述中，我们找不到线索表明，人们把一块土地移交给一个家庭而非个人。我们对庄园法院卷宗的考查追溯至它的 1400 年的起源，这并不意味着，家庭或家户所有权从那时起就得以践行。既然从表面上来看，在农民与非农民的社会与经济结构之间，这是差异的关键基础；那么，它就值得我们稍稍离题，对厄尔斯科恩的情形是否反常做一番简要思考。

在讨论这一时期的家庭所有权和个人所有权问题时，我们需

---

[41] 沙宁：《尴尬的阶级》。

要作出三种区分：动产与不动产、土地的自由保有与其他保有种类，以及妻子与子女的权利。动产方面的法律和实际操作的情形不同于不动产方面的情形。根据普通法，妻子有权得到丈夫财产的三分之一，其中包括动产，但是其子女对父母的财产不具有权利。[42]根据英格兰教会法的规定，在16和17世纪，"根据恪守的习惯，不仅在整个约克教省，并在其他许多地方"，如果他仅有一个妻子，丈夫只能在遗嘱中处置其财产的一半，如果他还有孩子，就只能处置其中的三分之一。[43]因此，假定他生前没有卖掉动产并购买土地，或在有生之年赠送出他的动产，那么在英格兰部分地区，直到这一习俗被1692年的一项法令废除之前，妻子和子女对丈夫的动产享有特定份额。问题的核心是不动产问题，主要是土地问题。因为，正是在这里，我们会看到家庭与土地持有是否同一。

在与不动产的关系中，妇女具有何种地位？对这一问题的简单梳理表明：与农民社会中的情况不同，妇女可以是真正的土地持有者。在自由保有土地的情况下，一名妇女可以持有和拥有这样的财产。在她的婚姻或拥有已婚身份期间，丈夫"获得了一种权利，能够分享她的租金和利润"，但是他不能将其出售或转让。[44]如果一个男子持有这种权利，并且缔结婚姻，那么根据

---

[42] 波洛克、梅特兰:《英格兰法律史:爱德华一世前》第2卷（Pollock and Maitland, *English Law*, Ⅱ），第348—355页。

[43] 斯温伯恩:《论遗言与遗嘱》（Swinburne, *Last Wills*），第204—205页。

[44] 布莱克斯通:《英格兰法律评注》第2卷（Blackstone, *Commentaries*, Ⅱ），第433页。

普通法，妇女在其有生之年就对他的至少三分之一的财产拥有不可剥夺的权利。即使她再婚或夫妇因通奸而离婚（*a mensa et thoro*），她对这份"寡妇产"（dower）也享有权利。[45]任何方式都不能取消妇女继承普通法寡妇产的权利，尽管通过"寡妇授予产"可以正式确立夫妇终身共有财产，她的土地有可能增加，或者得到特定的土地份额。非自由保有地，尤其是公簿保有地的情况则非常不同。除非继承人达到了14岁，否则一个已婚妇女就不能自动获得对于丈夫的不动产的任何权利。[46]公簿保有地产不容易成为所谓"寡妇公簿地产"，除非某庄园有特殊习惯规定了它的存在[47]。正如汤普森指出的那样，虽然18世纪以前英格兰大部分庄园好像确实有此类习俗，但是也有少数庄园不许可寡妇公簿地产[48]，厄尔斯科恩庄园就是其中的一个，在1595年6月的法庭卷宗中，我们可以找到如下陈述：

> 于本庭，庄园总管因职务所系，责令调查妇女与其夫婚姻期间任何时候，可否获得其丈夫三分之一习惯保有地，以作寡妇产。现佃户陪审团陈述道：在他们的记忆和对法院案卷的查阅中，妇女均不可从其丈夫的习惯保有物中获得寡妇产；但是他们指出之前有多名妇女假称有寡妇产，但均被驳

---

[45] 布莱克斯通：《英格兰法律评注》第2卷，第130页；波洛克、梅特兰：《英格兰法律史》第2卷，第419页。

[46] 《庄园民事法庭与领主法庭的运作秩序》（Order, Court Leet），第36页。

[47] 布莱克斯通：《英格兰法律评注》第2卷，第132页。

[48] 见杰克·古迪编：《家庭》（Goody, Family），第354页。

回，因此佃户陪审团不认为有此习惯。[49]

在这种情况下，一名妇女可以通过在庄园法院中服从共同使用，来获得同其丈夫的联合所有权，或者通过遗嘱将地产遗赠给她。这两种手段都有人采用。在英格兰的其他地区，妇女的地位更加强固。根据"承租者权利"或"边境保有权"习惯，我们研究的另一个教区，柯比朗斯代尔教区也奉行它们，寡妇据此享有全部地产供她居孀。[50]不过，同其他地方一样，此地的寡妇权利还是小于自由保有地产中的寡妇权利，如果寡妇再婚或者"流产"，换句话说，如果她有了性关系，通常就会失去她的公簿地产。妇女也能自身保有公簿保有地产，可以是馈赠，购买或通过继承，例如在没有男性继承人的时候。因此，在非常有限的情况下，我们能够把丈夫和妻子当作一个财产共有的小团体。我们可能想知道，是否能够把家庭中的其他成员增添到这个"公司"之中。

关于自由保有地产的情况看起来足够清楚了。梅特兰陈述道："在13世纪，完全地产保有权者（the tenant in fee）有全权让他的推定继承人感到失望，他能通过'在存者之间'（inter vivos）的行为，将他的全部土地转让掉。我们的法律把握着'在存者无继承人'（Nemo est heres viventis）的准则。"[51]虽然格兰维尔（Glanvill）创造出几条非常含混的针对继承人的保护措施，但到

---

[49] 埃塞克斯郡档案馆藏：《厄尔斯科恩庄园法院案卷》（ERO D/DPr/76）。
[50] 巴戈特：《吉尔平先生与庄园习惯》（Bagot, 'Manorial Customs'），第238页。
[51] 波洛克、梅特兰：《英格兰法律史》第2卷，第308页。

了13世纪,布雷克顿(Bracton)忽略了它们,并且国王法院也不支持子女要求获得父母地产任何一部分的主张。13—16世纪唯一主要的转变是:根据1540年的《遗嘱法》(Statue of Wills),父母可以完全剥夺继承人的权利,这不仅可以通过在世时的出售和赠予,而且可以通过留下一份遗嘱,赠送掉不归于其遗孀的那三分之二的自由保有土地。[52]《遗嘱法》的泰斗斯温伯恩(H. H. Swinburne)从未提及子女对其父母不动产的任一部分的权利。1290年的《封地买卖法》(Quia Emptores)对此作出正式规定,它陈述道:"从颁布之日起,只要他高兴,每一个自由民都能够合法地出售其土地及房屋,或出售其中的一部分……",除非是出售给教会或其他永久性机构。[53]在这个重要的方面,英国普通法选择了一个与大陆法系完全不同的方向,如梅特兰所说:

> 在长子继承权之后,无须继承人同意的自由让渡权也随之出现。这两个特征紧密相关,将英国法律同它的近亲——法国习俗区分开来……在国外,一般的规律是,推定继承人的权利逐渐成型,未经亲属成员许可土地不得转让(restrait lignager)。除非迫不得已,土地所有者未经其推定继承人的同意不得让渡土地,甚至在必须转让的情况下,继承人也必须拥有购买机会。[54]

---

[52] 斯温伯恩:《论遗言与遗嘱》,第119页。
[53] 辛普森:《土地法发展史导论》(Simpson, Land Law),第51页。
[54] 波洛克、梅特兰:《英格兰法律史》第2卷,第309、313页。

所以，自 13 世纪以来，子女对父母的遗产没有与生俱来的权利，父母可能不会给他们留下哪怕一个便士。严格说来，这甚至不是"剥夺继承权"的问题；一个活着的人没有继承人，他依法拥有对财产的完全占有。恰如布雷克顿所言，"从祖先收到的礼物中，后嗣一无所获，因为他不是礼物的受赠人"，实际上，当他父亲尚在，他就没有任何权利，因为在任何意义上，他都不是共同所有人。[55] 这一点可由如下事实得到阐明：在 13 世纪，以及一定程度的晚些时候，对于已死祖先辈的财产，子嗣不能自动"依法占有"。据说，

> 如果一个陌生人"取走"或"闯入"一块为人依法占有的土地，而土地所有人已经过世，那他就没有触犯非法侵占。除非法定继承人事先依法占有了这块土地，否则他也不能说自己受到了非法侵犯。易言之，子嗣并未继承祖先的依法占有权。与其他人一样，子嗣除非进入这片土地，留在这片土地上，像和平的自由保有人一样在土地上劳作，否则他就不能获得依法占有的特权。[56]

再一次，相对于法国习俗，这里没有任何类似之处。法国习俗等同于"国王已死；国王万岁"（le roi est mort, vive le roi）原则，

---

[55] 辛普森：《土地法发展史导论》，第 49 页。
[56] 普拉克内特：《普通法》（Plucknett, *Common Law*），第 722—723 页；波洛克、梅特兰：《英格兰法律史》第 2 卷，第 59—61 页。

据此，去世者的财产立即归属于继承人（le mort saisit le vif）。[57]自13世纪以来自由保有地产的情形中，子女没有自动获取的权利。当自由保有地产未被处理并移交给他人时，相比其他子女，长嗣继承习俗可能给予长嗣更多权利。但是，除非父母表达了他们的意愿，除非他们通过限定继承的人为手段做出了正式、明确的规定，即便是长子，他最终也会一无所获。甚至，这样的限定继承也可以被打破。结果，正如张伯伦（Chamberlayne）在17世纪提出来的，"父亲们可以对地产的继承做出限定，把所有地产给予任何一个孩子，而非他们自己的众多子女"[58]。

子女对其父母的非自由保有财产也没有更大的权利。最开始，这些土地的大部分乃是"依凭领主的意志"而被持有，这意味着，一个人死后，其继承人就没有安全可言了。但是，随着时间的流逝，在英格兰许多地方，公簿保有地产逐渐变得可继承了。实际上，我们看到，在厄尔斯科恩，到16世纪晚期，公簿保有地产所有人可以出售或转让其土地，或者，他也可以"立下遗嘱"，将土地献给领主。在这一遗嘱中，他可以明确其继承人。所以，在16世纪时，人们就可以不让子女继承他的土地。在1540年的《遗嘱法》之后，包括公簿保有土地在内的一切农役土地保有就变得可由遗嘱自由处置了。[59]我们已经看到，一个寡妇可以拥有一份寡妇公簿地产，子女却没有不可剥夺的权利，也没有与生俱来的权利。如果父母将土地授予或赠予某人，其子女就不能对这个人

---

[57] 普拉克内特:《普通法》，第723页。
[58] 张伯伦:《英格兰现状》（Chamberlayne, *Present State*），第337页。
[59] 斯温伯恩:《论遗言与遗嘱》，第119页。

提出任何合法的诉求。总而言之，无论是在自由保有还是非自由保有的情况中，除非父母对继承做出限定，其子女没有任何权利。甚至，限定继承地产也与"家庭地产"观念对立，因为他们可以不让子女继承土地，就像确保他们获得继承份额一样容易。

在乔斯林的日记里，我们在厄尔斯科恩发现了英格兰法律与社会的核心特征，而且我们在那里的发现只是此核心特征的一个具体例证。为了表明这一点，我们有必要在这个主题上花费一些时间。作为基本资源所有单位的家庭是农民社会的标志。至少在法律上，从大约1200年以来，这样的家庭就已经不存在于英格兰了。19和20世纪，英国普通法被引入第三世界，并在第三世界引起了这种错位。[60] 在这里，英格兰不仅与第三世界社会大为不同，也与那时的欧洲大为不同。如果农民阶层的实质在于家庭与生产手段所有权关系之间的同一性，那么，我们就很难看出，在16世纪或更早之前，英格兰何以是一个农民社会。在关于厄尔斯科恩的文档记录中，这一境况的结果颇为明显。

1540—1750年，厄尔斯科恩居民写下的三百多份遗嘱得以保存下来。这些遗嘱表明了一种充分发育的个人继承体系，它们包括土地、房屋和货物。这同传统农民社会形成了直接的对比，在传统农民社会中，农业资产不进行遗赠，而是通常在去世之前进行分割。结果，在传统农业社会，遗嘱就侵害了子女的权利。例如，关于俄国农民，我们得知，"就土地和农业器具而言，遗嘱继

---

[60] 博塞拉普：《农业发展的条件》(Boserup, *Agricultural Growth*)，第90页；米尔达尔：《亚洲的喜剧》第2卷 (Myrdal, *Asian Drama*, II)，第1036—1037页。

承并不存在，而且在其他情况下，遗嘱继承也受到严格限制，还会在农民法庭前被指控为不公正"。[61]更进一步，如果我们查看主要的土地注册记录，即庄园法院卷宗，我们就会发现一个非常发达的土地市场，人们在市场中将土地出售或抵押给非亲属。在16—17世纪，至少有一半的土地转让是同非亲属进行的。例如，1589—1593年这五年，厄尔斯科恩庄园有51处公簿保有地进行了转让。其中至少21处是将公簿保有地出售给非亲属以获得现金，同时还有许多是抵押或租赁期满后的归还，只有不到一半的转让是亲属间的"继承"[62]。对这一时期的细致考察表明：通过指出这些卖主是无继承者的个人，或"跌入"经济底层的贫苦个体，我们无法解释这些现象。我们看到的是一个不断持续的兼并、交换和集聚的过程，在这个过程中，地产不断地变换形态、所有权和价值。它们并不捆绑于特定的家庭。

无论生前还是死后，人们借助遗嘱都可以赠送、出售或按计划安排除寡妇产以外的一切地产；但是，如果他不这样做，那么，遵照习俗，这些地产就要传给某个特定的孩子。在厄尔斯科恩，就像在英格兰的大部分地区，长子将会根据法律继承不动产。虽然在厄尔斯科恩并没有发现这样的明文规定，但对遗嘱和法院卷宗的详尽研究表明正是如此。它也表明，通过将遗产"份额"给予次子和女儿，长子继承制的严苛性就得到了缓和。但总而言之，从1400年的法院卷宗开始，大部分土地还是留给一个孩子。梅因

---

[61] 沙宁：《尴尬的阶级》，第223页。
[62] 埃塞克斯郡档案馆藏：《厄尔斯科恩庄园法院案卷》（ERO D/DPr/76）。

指出，这种"封建土地法为了一个孩子的利益消除了所有子女的继承权"。[63] 就其实质而言，长子继承制和农民共同所有权单位截然对立。家庭并不附着于土地，父母一时兴起或按照庄园习俗选出一个心仪之人来继承地产。我们已经表明，地产中的长子继承制和完全的个人所有权紧密相连，很明显，到 13 世纪时，两者在英格兰都稳固地确立下来。[64] 如果农民阶层和长子继承制在原则上彼此对立，我们就可以料想，长子继承制法则有限地存在于西欧部分地区。看起来，事实正是如此。洛伊（R. H. Lowie）在很早以前就注意到，"长子继承制在欧洲广泛分布的主导地位"使其与非洲和亚洲区别开来，并且，近期有关财产权的一个全面的调查说明，上层阶级的长子继承制"世间罕有"。[65] 然而，通过援引当代评论者，瑟斯克表明：就此原则的应用而言，即便在欧洲，英格兰看起来也属于最为极端的情况。[66] 确实，乡绅和贵族阶层中的长子继承制在欧洲分布广泛，更进一步的研究可以表明，只有在英格兰这个国家，长子继承制广泛存在于社会下层阶级，亦即广泛存在于那些原本可以构成"农民阶层"的那些阶级。尽管在许多地方，可分割继承颇为常见，次子也可以得到现金或商品；但是，这一习俗明显产生了深远的影响。

其中一个影响是，在 16—17 世纪，英格兰出现了非常高比

---

[63] 梅因：《古代法》（Maine, *Ancient Law*），第 225 页。

[64] 波洛克、梅特兰：《英格兰法律史》第 2 卷，第 274 页。

[65] 洛伊：《社会组织》（Lowie, *Social Organization*），第 150 页；基尔南（Kiernan）引自古迪编：《家庭》，第 376 页。

[66] 见古迪编：《家庭》，第 185 页。

例的地理流动性。以厄尔斯科恩为例，1700年居住于此地的那些家庭就不再是1560年居住于同一教区的家庭。即便在一个少受战争和饥荒干扰的农民社会，由于男性一系香火断绝，家庭也很可能出现客观的变化。但是，厄尔斯科恩的情况更富戏剧性。例如，1677年，厄尔斯科恩两个庄园的租赁名册上列出了274块地产，其中，追溯至两代人之前的1598年时仍由相同家庭持有的只有23块，尽管我们把女性家系也包括了进来。甚至，在更短的时段内，我们也能看到巨大的变化。通过比较16世纪厄尔斯科恩庄园的两个租赁名册，我们发现，在1549年列出的111块地产中，大约40年后，在1589年的名册上，只有31块由同一家庭所有（同样，这些家庭也把女性家系包括进来）。[67]结果就是，诸多个人出现了，逐渐获得了对土地的持有，然后家庭消失了，这一切全部发生在一两代人之间。看起来，大部分人，尤其是次子、次女不会在他们出生的教区终老。教区或村庄远非一个有边界的共同体，人们由生至死都居住于此。它是一个地理区域，数量巨大的人口流经此间，他们待上几年或是一生，但不会世世代代安家于此。

对此特殊土地持有情形而言，它的另一影响与社会流动性有关。沙宁已经阐明，俄国农民阶层的典型特征表现为流动性体系中的两大特征。在个体农民家庭层面，整个家庭都经历了所谓的"循环流动"模式，沙宁把该模式描述为一个随时间推移时升时降的波浪状运动。[68]某些消极和积极的反馈机制使之在一个中间值

---

［67］ 埃塞克斯郡档案馆藏:《厄尔斯科恩庄园法院案卷，含租册，1588》（ERO D/DPr/99）和《厄尔斯科恩庄园租册，1395—1678年》（ERO D/DPr/110）。

［68］ 沙宁:《尴尬的阶级》，第118页。

上下震动。例如,当家庭变得更加富裕,孩子数量增加,地产不得不在更多的家户中分割,以致每一个家庭就变得更穷了。然而,较为贫穷的家户则通过合并他们持有的财产变得更加富有。这一机制的必然结果是:在漫长的时期里,永久性"阶级"都没有出现,"中间"的农民占据主导地位,令富者愈富,贫者愈贫的螺旋式积累也杳无踪影。我们已经通过一定篇幅,用一个独立但与沙宁模型令人惊讶地类似的模型,讨论了这两大体系之间的对比,以及这两大模式得以形成的原因。我在该模型中表明,都铎和斯图亚特时期的英格兰已经出现了一种不同的现象,它已经有了螺旋式积累。[69] 厄尔斯科恩和其他一些地方的档案记录说明,某些个人会崛起,然后他们的一个子女也可能会如此。整个家庭不会一起流动,而是会淘汰掉部分更小的或缺乏天赋的子女。结果就是,数代人之后,就像斯普福德(M. Spufford)所举的例子,[70] 同一个人的孙辈可能位于财富阶层的两极。该模式的长期影响是,在少数富有的土地所有者和穷困的劳动力之间产生了不断增大的鸿沟,这是英格兰广为人知的普遍现象,被认为是15—18世纪英格兰的特征。自托尼以来,社会史书写的中心主题之一即是:绝对分化不断加剧,以至于到了18世纪,人们就可以谈论"阶级"而不是财产了。分化的进程已经在英格兰启动,但直到18世纪的第一年也没有在俄国出现。在厄尔斯科恩教区,通过比较16世纪初和18世纪末期的土地分配,我们就会支持这种分化不断加剧的

---

[69] 麦克法兰:《资源与人口:尼泊尔古隆人研究》,第191—200页。

[70] 见1974年2月在剑桥大学国王学院社会历史研讨会上的谈话。

观点。这与亚洲部分地区的情况形成鲜明对照,在那些地区,生产的临时增长会被投资于人口或社会扩展,而不是由其中一个继承人积累和储存。

很清楚的是,我们所讨论的不是16—18世纪厄尔斯科恩教区的"农民"村庄。通过比较埃塞克斯郡其他村庄的档案记录,特别是相邻的大泰伊(Great Tey)教区,以及哈特菲尔德·佩弗里尔(Hatfield Peverel)、博勒姆(Boreham)和小巴多(Little Baddow)教区,我们就可以说明,在埃塞克斯郡,厄尔斯科恩教区并非个例。然而,我们也可以论证,埃塞克斯郡异常成熟。关于在英格兰具有生态学差异的其他教区,我们也可以简要考察一些已经发表的研究。

霍斯金斯(W. G. Hoskins)描述了莱斯特郡(Leicestershire)威格斯顿麦格纳(Wigston Magna)教区的开放式耕地(open-field)。这里家族姓氏的更替不像厄尔斯科恩教区那么频繁。1670年,当地82个家庭姓氏中,44%的姓氏在一百年前就出现了,20%的姓氏在二百年前就存在了。其他方面,社会流动和土地市场的模式似乎同埃塞克斯郡的模式相同。据说,"自有记载以来,威格斯顿的农民之间就存在大量的土地买卖行为",而到了17世纪后期,"在威格斯顿持续活跃的土地市场当中,入地费(fine)、转让、抵押、租赁、婚姻财产协议让人眼花缭乱"。[71]从存货清单也可以清楚地看到,农民是在为市场而生产。这一社会流动模式导致了与前述俄国状况完全相反的情况——贫富差距不断拉大。

---

[71] 霍斯金斯:《中部农民:莱斯特郡一村庄的经济与社会史》(Hoskins, *Middle Peasant*),第115、194—195、196页。

15世纪末的威格斯顿,就像整个中部地区一样,出现了一部分农民处于财富的平均线之上,这些我们可以从1524年的平信徒补助金(Lay Subsidy)的情况看出。[72]在16世纪晚期和17世纪,贫困问题不断加剧,少数家庭积聚了一个村庄几乎所有的土地。在1766年的调查中,村庄已经分化为极少数富人和大量无地的劳动力。[73]俄国农民阶层的循环流动模式并没有出现。

根据斯普福德的研究,剑桥郡(Cambridgeshire)的奇彭纳姆镇(Chippenham)的史料记载,伴随着活跃的土地市场,该村庄也同样发生了土地的快速分化。剑桥郡畜羊和玉米生产区域的教区在14、15世纪就出现了高于平均值的土地持有的不断增长。[74]但是作者认为小农被淘汰的关键时期是1560—1636年。经济上的两极分化意味着,1544年大致平等的土地分配状况(由当年的调查所表明),在1712年被几乎全部土地由外居大地主(absentee large landowners)持有的情况所取代。[75]在这一分化的关键时期,庄园法院超过半数的交易是地产出售——大概超过半数发生在非亲属之间。作者同样认为,此间大量移民外迁,在此时段大部分时间里,这都有助于限制人口的增长。[76]

如果我们对村庄研究的专著做一番更加广泛的考察,就可以

---

[72] 霍斯金斯:《中部农民:莱斯特郡一村庄的经济与社会史》(Hoskins, *Middle Peasant*),第141—143页。

[73] 同上书,第217—219页。

[74] 斯普福德:《共同体对比:16、17世纪的英格兰村民》(Spufford, *Contrasting Communities*),第65页。

[75] 同上书,第67、71页。

[76] 同上书,第90页。

表明，在17世纪以及更早的时候，有些地区的地理和社会流动性没有那么明显。[77]但是，在关于都铎和斯图亚特时期英格兰的研究中，我没有找到任何接近于真正的"农民阶层"的证据。人们怀有最高的期待，在北部和西部边缘的"高地"（upland）区域找到一个证据。那些熟悉这些地区的人普遍接受：与其他地区相比，亲属关系和家庭在这里更加重要；我们将在这里找到以家庭劳力为基础的家庭经济，如果某处有这种经济的话。在全部高地区域中，典型的家庭农场可能位于坎布里亚郡（Cumbria）南部。据我所知，这里出现了一种以小型家庭"地产"为基础的特殊的社会结构形式。在那里，庄园制度（manorialism）颇为薄弱。并且，据说，在北部山区经济落后、社会联系紧密的共同体中，居住着真正的农民阶层。在一篇针对该问题的补充性论文中，我已经联系柯比朗斯代尔教区的情况，对此论断做了一番考察。从表象上来看，就像人们宣称埃塞克斯拥有农民阶层一样，它也是一个神话。[78]我们在埃塞克斯发现了高度个人化、地理和社会性的流动，这些情况也符合我们在卢恩河谷（Lune valley）发现的情形。财产由个人持有，子女在早年即离开家庭，生产、消费和所有权的基本单位不是家庭。我们仍然在期待一个农民阶层社区的案例。

按照本章开头提出的更为精确的定义，16—18世纪的英格兰不是一个农民社会，这一发现引发的问题和它所解答的问题一样多。一个小问题是术语学上的问题，除了否定性术语或联系更早

---

[77]黑伊：《英格兰的乡村社区：都铎王朝和斯图亚特王朝时期的米德尔》（Hey, *Myddle*）；豪厄尔的文章收入古迪编《家庭》一书。

[78]见史密斯编：《土地、亲属关系与生命周期》，第10章。

或更晚些时候的"国家",我们找不到一个单词来概括此社会结构的特征。因此,"非农民""后封建""前现代"等描述都不能让人满意。另一个问题是英格兰在多大程度上不同于当时欧洲的其他地区:欧洲还有其他非农民的乡村社会吗?我们也需要知道,这一模式于何时出现。如果 16 世纪的英格兰没有农民阶层,那么农民阶层是什么时候消失的呢?正如希尔顿所论证的那样,近期也有人证明,在 14 世纪晚期明显还存在着农民社会的结构,但相关证据表明,农民社会到 15 世纪中期时就消失了。[79] 既然在 1380—1450 年并没有一个明显且由外部因素导致的断裂,这一说法就令布兰查德(I. Blanchard)和我们感到困惑。显然,人们在这时应考虑如下结论,即英格兰从未有过农民阶层。

最后,我们回到这个问题:如何归纳这个高度特异的社会。它是乡村的,也与农业相关,但与我们通过人类学、考古学或历史调查了解的其他大型农业文明相比,它几乎在每个方面都颇为不同。这篇文章致力于说明,我们不能把英格兰描述为"农民的"。在这个废墟之上,我们有必要确立一个社会模型选项。如果它不是农民的、工业的或封建的社会,那它是什么社会呢?

---

[79] 希尔顿:《中世纪中后期的英格兰农民阶层》(Hilton, *English Peasantry*);布兰查德(Blanchard)对该书评论收入 1977 年 5 月《社会史》(*Social History*),第 661—664 页。

二　人　口

生殖模式

由于人口在世界许多地方的持续高速增长,以及大部分生育计划运动的失败,孩子的价值与可欲性就不再只是一个纯粹的学术话题。如果能够设计出某种普遍理论,阐释不同社会中迥然不同的生育率,以及对生育的态度,那么在实践和理论层面,这一普遍理论就非常重要。尽管我们进行了密集的研究,花费了大量时间与金钱,但仍然不知道如何影响生育。这是因为,很大程度上我们不知道儿童为何会受到高度重视。然而,针对这个难题,有些解决方案注定过于雄心勃勃了,这一主题的重要性证明了这些解决方案的正当性。在此之前,有些理论已经提供了一些解决的线索,但其形式尚显粗糙,还没有被人们接受。首先,我们可以对这些理论做一番简要的梳理。我们想要回答的问题是:对生育孩子的态度,不同的社会具有极大的差异,是什么导致了这种差异呢?[1]

---

[1] 有些人对本文较早的人口统计学部分做出了有益的批评,参见西蒙斯和戴森:《对麦克法兰再生产模式一文的评论》(Simons and Dyson, 'Comments')。他们提出如下正确观点:当我们描述生育计划运动时,若将之统称为"失败",那就过于偏激了;某些狩猎-采集群体既不能控制他们的生育率,也没有显著地降低生育率;泰国和缅甸的生育水平相对较高;个人主义模式并不必然导致低生育率,正如英国在

一种建议是从人口统计学上寻找答案。维持高生育率已成为传统智慧的一部分。有观点认为，高生育率和对孩子的高度渴望源自婴儿的高死亡率。因而，在许多社会中，为确保后代的存活，父母需要储备一些孩子，正如古尔德（K. H. Gould）论证的那样。[2]实际结果是，在婴儿死亡率得到控制前，生育计划不会产生效果。这其中有一定的道理，但是，作为要对时空中一切差异做出解释的普遍理论，它还是过于简单。相比婴儿死亡率低得多的地区，在婴儿死亡率高的地区，人们也会表现出对生育计划更大的热情，我们不难找到这样的例子，比如20世纪60年代后期的台湾。[3]17世纪英格兰的历史数据也表明，生育计划可与很高的死亡率结合在一起。[4]为何它们之间缺乏一种直接的联系呢？一个原因是如下事实，即认知与态度在其中发挥着影响。死亡率可能下降，但个人仍然会像死亡率很高那样行动。生殖行为与当代事件之间没有任何直接联系。马斯尼克（G. S. Masnick）与卡茨（S. H. Katz）关于爱斯基摩人社区的研究很好地表明了这一点。他们的研究表明，妇女的生育率不能反映她们当下的经济环境，而是

（接上页）19世纪具有高生育率的情况；我们很难在实践中把社会归类为纯粹的"个人主义"社会或纯粹的"农民"社会。更多富有启发性的改进性意见与评论见史密斯：《核心家庭与低生育率：一种虚假的相关性》（Smith, 'Nuclear Family'）。关于本章的论题，我还有一篇更为完整、较少二元性的论述，参见麦克法兰：《英格兰的婚姻与爱：1300—1840的生殖模式》（Macfarlane, *Marriage*），第1—6、14章。

[2] 见马歇尔、波尔格编：《文化、出生和生育计划》（*Culture Natality and Family Planning*），第188—191页。

[3] 坎特纳、麦卡弗里：《东南亚的人口与发展》（Kantner and McCaffrey, *Population*），第273页。

[4] 里格利：《前工业时代英格兰的家庭局限性》（Wrigley, 'Family Limitation'）。

反映了她们开始生育时的经济环境。[5]它也表明，即便在死亡率很低、许多孩子得以存活的地方，生育也受到鼓励，人们对生孩子也有很高的渴望。一个简单的人口统计学解释就只让我们获得一条小路。正如曼达尼（M. Mamdani）所言："绝大多数人……都有许多孩子，这不是因为他们高估了他们婴儿的死亡率，而是因为他们想要更大的家庭。"[6]

其他人看到，我们可以从广义的"技术"与非人类资源去进行解释。大体而言，这正是马尔萨斯立足之所。他注意到，在人口增长率上，瑞士的畜牧和耕作区域差异明显。在畜牧地区，人口颇为稳定，在耕作地区却迅速增长。当他说，玉米种植国家比畜牧国家拥有更多人口时，他甚至做了进一步归纳。[7]他也注意到，土豆种植区的人口密度要高于小麦种植区。[8]他没有考虑到博塞拉普（E. Boserup）对关联提出的另一种解释，即人口密度改变农业技术。[9]对马尔萨斯来说，生存方式的本质就是要"允许"生育超过死亡。当我们更仔细地阅读马尔萨斯时，就会发现，他并未预测食物的每次增长都**必然**导致人口增长，但他却预言，倘若没有其他阻碍与限制，食物的增长就会导致人口增长。在这个过度简化的序列中，新技术的发现，或新食物资源的"意外"出

---

［5］见卡普兰编：《人类生育的人类学研究》(Kaplan, *Human Fertility*)，第37—58页。

［6］曼达尼：《人口控制之谜：一个印度村庄的家庭、种姓与阶级》(Mamdani, *Myth*)，第43页。

［7］马尔萨斯：《人口论》第1卷（Malthus, *Population*, I），第314页。

［8］同上书，第73页。

［9］博塞拉普：《农业发展的条件》。

现排在第一位,然后是食物的增长,它能够允许更高生育率产生的自然压力。近期,一种替代性的、富有吸引力的技术决定主义形式在许多人类学家的作品中浮现出来。这种观点认为,工具/产量与"生产方式"将会普遍地决定劳动价值,劳动价值又将决定人们要孩子的态度。人们以三种十分不同的方式运用了这一论证,我们可以看一看这三种方式。

在一项近期的调查中,纳格(M. Nag)已经尝试考虑如下事实:甚至在人口稠密的国家,例如印度,贫穷的父母也想要更多的孩子,尽管在生育的计划者看来,这违背了他们的自我利益。纳格的论证是:这是理性行为。纳格在工业与农业社会之间做了概括性的二分,他提出的一些统计数据表明:在没有机器的时候,至少在力量上面,人类劳动是稀缺因素。[10]这是对金斯利·戴维斯(Kingsley Davis)在很久以前提出的一种论证的发展。[11]它是"人口统计转型理论"实质性的构成部分之一。这种理论认为,生育率注定会快速下降,因为重工业令人类劳动变得多余。在一个旁遮普村庄里,人们的生育欲望破坏了在这个区域大力推行的生育计划工程。曼达妮最有力地提出了一种解释,把它当作这个现象的主要解释。人们还需要额外的劳动:"既然收入很低,甚至雇佣一个农作人手都可能意味着灾难。如果这个农民刚好只能维持生存,为了获得必要的劳动力,他就必须依赖他的家庭。"[12]"(在

---

[10] 见马歇尔、波尔格编:《文化、出生和生育计划》,第3—23页。

[11] 戴维斯:《欠发达地区有利于高生育率的制度模式》(Davis,'Institutional Patterns'),第37页。

[12] 曼达尼:《人口控制之谜:一个印度村庄的家庭、种姓与阶级》,第76页。

28 生产中,) 劳动是最重要的因素。对他们而言,生育计划意味着资源减少家庭劳动力。"[13] 除了十分年轻和年老的人,所有人都可以为家户的经济作出一些生产性贡献。[14] 由于精耕细作的农业,以及对劳动十分明显的季节性需求,孩子在经济上是有价值的。但是,他论证说,在引入其他力量形式后,对生孩子的渴望就会下降,拖拉机在上层贾特人(Jat)中间的引入就产生了这一效果。"所以,的确如此,农夫们在实现机械化以后,他们新婚的儿子就是最支持使用现代避孕手段,实施生育计划的贾特人群体。"[15] 在非洲的锄头文化中,女性劳动力通常比男性劳动力更有价值。在亚洲与欧洲的"犁头"文化里,对男性劳动力的需求则意味着它们具有专门的生育男童的渴望。[16] 通过对比非洲的"锄头"文化与欧亚的"犁头"文化,这类论证就被赋予了一种补充维度。在两个地域,人类劳动都是财富与威望之源,孩子长到十几岁的时候就成为纯生产者了,它们对孩子都有很高的欲求。既然这个理论看起来貌似真实有理,也解释了许多现象,对我们来说,其中就有许多富有吸引力的内容。然而,它还是太简单了。我们知道,有些社会拥有相同的农业技术,但是,在它们之间,在要孩子的态度和生育率方面都有很大的差异。例如,在 20 世纪早期,日本和中国就具有彼此对立的生育模式,尽管两者都是水稻种植国家;

---

[13] 曼达尼:《人口控制之谜:一个印度村庄的家庭、种姓与阶级》,第 103 页。

[14] 同上书,第 129 页。

[15] 同上书,第 87 页。

[16] 博塞拉普:《妇女在经济发展中的作用》(Boserup, *Women's Role*),第 15—52 页;古迪:《生产与繁殖》(Goody, *Production*)。

或者泰国北部与印度的生育模式也彼此对立。进而言之，我们知道，在许多最简单的社会，亦即狩猎与采集社会中，生产中使用的人类劳动更加基础，畜力匮乏。这些最简单的社会也很少强调生育。

看起来，理论不足的原因在于如下事实：从经济学家的观点来看，作为少年以及后来作为成年人，儿童劳动力的客观价值都不是我们要处理的问题，他们对父母的价值才是。孩童能为父母的声望与经济收入做出贡献。关键因素在于贡献的长度与本质，以及人们期待他们为家庭收入做出多长时间的贡献。这表明，在马克思的意义上，我们很可能在生产方式中，而非在生产关系中找到答案和原因，解释对孩子的渴望，以及为何相同的技术却产生了完全不同的生育模式。这就是马克思的马尔萨斯批判的核心。如果我们想要看到是什么决定了生育模式，就必须看一看包括了家庭组织的专门的"生殖模式"："在不同的社会生产模式中，促进人口增长和限制人口过度增长的法律也多种多样"。[17] 只以两个变量（生殖与生存方式）之间"错误且孩子气的"简单关系概念为基础，马尔萨斯就制定了一条普遍性法律。在这么做的时候，"狒狒"马尔萨斯就在过度简化的路上走得太远了。事实上，我们需要在"具体的历史发展"中看待"复杂而多样的关系"。[18] 稍待片刻，我们将要做这件事情。但是，在这样做之前，我们值得花时间考虑一个更具普遍性特征的假设，这个假设关注生育的决定

---

[17] 马克思:《政治经济学批判大纲》(Marx, *Grundrisse*)，第604页。
[18] 同上书，第605—606页。

因素，它与根据生产关系做出的分析最为接近。

社会结构（一如在亲属关系中展现出来的）以何种方式影响生育呢？针对这一问题，人们提出了两个独立论证，它们尽管深陷泥潭，但仍有可能获得解救。首先，家庭结构与生育之间具有相关性。其次，在一个社会中，家庭结构只是亲属关系的一个方面，而且包括血缘认定方法在内的整个亲属关系体系是重要变量。弗兰克·洛里默（Frank Lorimer）很早以前就论证，具有"法团"亲属群体的社会通常意味着只通过男性或女性来追溯血缘的社会，在这种社会中，生育率要更高一些。由于形成了有界限的群体，当它们想要扩展一条特殊的血脉时，孩子就尤为珍贵。[19]所以，具有单系亲属关系的大规模社会（例如印度或中国）就有很高的生育率。在现代工业环境中的双系社会，甚至通常拥有共同血缘的狩猎与采集群体就不怎么强调生育率。这个论证中似乎存在某种可行性，但是，它开始受到怀疑，这很大程度上是因为人们把它与另一个关注家庭性质的论证混淆在一起。尽管单系体系也会发生改变，但经过一段时期之后，它常常会产生这样的家庭，在那里，兄弟在婚后仍与其父母生活在一起。为何永久性群体与庞大、复杂的家庭的结合就能鼓励生育呢？金斯利·戴维斯表明，原因有好几个，并将这些原因归纳如下：

1. 养育孩子的经济成本并不会像在一个"原子化"家庭体系中一样，在相同程度上直接冲击父母。

---

[19] 洛里默：《文化与人类生育力》，第247页。

2. 照顾孩子的不便与付出不会如此沉重地单独落在父母身上。

3. 结婚年龄可以非常年轻，因为在联合家庭条件下，丈夫不需要一结婚就立即能够独自维持妻子与家人的生活——一个女人和她的孩子被吸收进了一个更大的群体中。[20]

尽管很吸引人，论证双方却都受到了攻击。关于家庭构成，我们可以找到许多证据（例如，印度）证明，在"原子式"结构的家庭中，生育率经常比在"联合"家庭里更高。[21]越来越多的研究都无法表明，家庭结构与生育率之间存在任何简单的关联。[22]莱德（N. Ryder）最近的一项研究检验了尤卡坦半岛（Yucatan）上的一个假说，并且支持了这些研究。根据住处进行界定，蒙哥马利（Montgomery）来自南印度，他近期发表的作品也没有发现任何相关性。[23]这里的困难在于，反面证据（counter-evidence）主要来自于人口普查那一类型的数据。如果我们更加仔细地去构建假设，不是对比住处，而是对照其**操作行为**（operation），那么这个假设就有更多的生存机会。一个印度村庄可能兄弟与其父母构成的那些群体，兄弟与其父母虽然分开居住，但他们却操作着比原子式家庭更大的社会与经济单位。在这样一种情境中，相比起现代西方或小型狩猎团体等体系，我们经常能够找到一种对待

---

[20] 戴维斯：《欠发达地区有利于高生育率的制度模式》，第34—35页。

[21] 米尔达尔：《亚洲的喜剧》第2卷（Myrdal, *Asian Drama*, Ⅱ），第1515页；弗里德曼：《人类生育力社会学》（Freedman, 'Human Fertility'），第50页。

[22] 见卡普兰编：《人类生育的人类学研究》，第93—97页。

[23] 见马歇尔、波尔格编：《文化、出生和生育计划》，第50—56页。

生育的不同态度。在现代西方或小型狩猎团体这类体系中，有效单元是与亲属切分开的丈夫与妻子。人们对论证的消极面做出了第二个主要攻击。据预测，如果其他一切条件平等，非单系体系中的生育率将会更低一些。根据这个简单的形式，我们很容易找到反例，纳格也引用了他研究的两个美洲部落群体，它们具有很高的生育率，其中也"没有呈现出法人单系血缘"[24]。然而，他承认，"在两个部落中，传统理想是基于从夫居住的得到扩张的家庭体系"，即便大部分家庭现在都是原子化单位（正如他们通常位于单系体系中）。他也承认，这两个部落中也有"双系亲属群体"。20世纪50—60年代，一种新的对比浮现出来，它不仅在单系与非单系之间做了区分，也对如下社会做了区分（无论它们是同宗的、父系的还是母系的社会）：在有些社会，人们可以通过一种以祖先为焦点的血缘体系来形成群体；在另一些社会，因为人们从**自我**（ego）来认定血缘，它们就不能形成任何群体。[25]现在，鉴于这一新的对比，许多针对洛里默的批评就是无关痛痒的了。如果使用这一新的区分，我们就可以重构论题，论称：但凡**群体**（groups）得以形成的地方，无论群体按照何种原则产生，生育行为都会得到支持；但凡关系网络的核心为**个人**（individuals）的地方，就像在最简单的狩猎和采集群落或最复杂的现代都市里，对生育的强调就会受到削弱。但是，这样一个论题只是朝向提出新解释迈出了一个步子而已。我们需要用经济，尤其是财产所有权，

---

[24] 纳格：《影响非工业社会生育力的原因》（Nag, *Human Fertility*），第69页。
[25] 福克斯：《亲属关系与婚姻》（Fox, *Kinship*），第1、6章。

来补充亲属关系。为了做到这一点，我们就必须从另一个方向来理解这一困惑。

在历史和比较人口统计学中，近期工作具有何种基础呢？对此，我们有可能表明，三个模型就描述了大多数有历史记录社会的人口模式。我有一部著作论述了尼泊尔的古伦人（Gurungs of Nepal）[26]，在这部书中，我分析了上述三种模型。"前转型阶段1"模型假设，长期未受控制的生育率因为持久的高死亡率才得到控制，它们彼此抵消，维持了人口的稳定。很少有社会长期符合这样一种模型。更常见的是，它们适合一个"危机"模型，在那里，长期未受控制的高生育率没有被每年的高死亡率抵消，但是，间歇性的危机——战争、瘟疫、饥荒——削减了人口，然后人口又会再次增至峰值。这就是中国、传统印度，以及欧洲许多地方的特点。第三种模型是"自我平衡"模型。在此模型中，生育率因为社会和经济管理得到了控制，甚至在资源丰足时也是如此，死亡率不是阻止人口增长的主要因素。这个模型适合某些动物和人口数量，以及17—20世纪的西欧部分地区。在讨论生育率时，我们可以结合第一个模型，构造一种"未受控制"的情景，结合第三种模型，构造"受到控制"的情景。一如马特拉斯（J. Matras）的论证[27]，出于特定的目的，根据结婚时间，我们可以将每种模型都一分两半，于是：

---

[26] 麦克法兰：《资源与人口：尼泊尔古隆人研究》，第303—310页。
[27] 转引自埃兹拉·祖布罗：《人口人类学：定量方法》（Zubrow, *Anthropology*），第211页。

		生育率	
		未受控制	受到控制
结婚时间	早婚	A	B
	晚婚	C	D

这让我们有可能比较那些从 A 变成 C 或从 A 变成 D 的社会。但是，对于当前论证的目的来说，只要两个模型就够了："未受控制"模型与"受到控制"模型，无论控制方式是避孕、流产，还是晚婚——如此这三种方式就把马尔萨斯的审慎限制（独身主义、晚婚）与"邪恶"手段（避孕、流产）融合起来。让我对这些模型做一番总结，它们注意到了大概的位置和一些例证，除此之外，它们没有试图解释，它们为何出现在不同的社会中，它们与什么样的社会、经济或意识形态事实相关。其他试图找到解决方案的人提供了一些线索。为了推进这一更加艰难的任务，我们可以首先看一看这些线索。

需要记住，答案似乎不在生产方式当中，而是位于这些与生产关系结合在一起的生产方式中。换言之，正如马克思所言，答案存在于信念与实践的整个集合中，他还为此集合贴上了"生产模式"的标签。曼达尼也间接地提到，但从未直接面对这一点。在解释限制育儿欲望的可能增长时，他并未满足地止步于拖拉机；他发现生产关系也有所变化：人们为劳动者的工作支付报酬，而非按照约定俗成的方式给予数捆小麦。"简而言之，在曼努普尔（Manupur），劳动正在变成一种商品。封建的劳动关系正在为资本主义劳动关系让出道路。"这是一条重要线索。另一条线索是他的如下论述,即"家庭是基本工作单位,具有重要的社会影响"[28]。它也具有重要的人口统计学影响。但是,这些影响并未得到明确的追查研究,因为只有通过比较印度和其他国家,曼达尼才会看到,他认为是某种特定农业类型之结果的东西,实际却是某种社会结构或生产模式的结果。这一化解之道受到如下共同假设的间接暗示,即"农民"几乎普遍具有一种支持生育的态度。33 "农民"不仅意指那些生活在农村的人,也指按照某种方式组织生产的人。古迪(W. J. Goode)假设,在农民社会中,生育率受到高度重视;[29]诺特斯坦(F. W. Notestein)说:"在欧洲,以及几乎整个世界,农民社会的组织方式都有力地推动了成员的生殖。"[30]加莱斯基(B. Galeski)注意到,波兰农民的家庭与众不同,他们比其他群体拥有更高的出生率。[31]乍一看,这非常恰当。如果我们将一幅地球上人口密集地域图与一幅农民分布图精确地重叠在一起看,那么,中国、印度和欧洲既是人口密集地区,也是农民分布地区。当然,鸡生蛋还是蛋生鸡的困难仍然存在。既然根据"农民"这个词的定义,它的部分特点必然会导致人口稠密,那么同义反复就很可能存在。然而,我们仍然可以找到一些迷人且值得追求的事物。为了做这件事,让我们进一步构建两个理想类型的"生产模式"。看起来,它们与我们先前提到的"受到控制"与

---

[28] 曼达尼:《人口控制之谜:一个印度村庄的家庭、种姓与阶级》,第91、132页。

[29] 古迪:《世界革命与家庭模式》(Goode, *World Revolution*),第111页。

[30] 诺特斯坦:《人口变化的经济问题》(Notestein, 'Economic Problems'),第15页。

[31] 加莱斯基:《农村社会学基本概念》(Galeski, *Basic Concepts*),第58页。

"未受控"的生育模式颇为一致。

根据人们的想象，我们可以把第一种模型称为"农民"或"家室"（domestic）模型。这个模型的核心特征是：生产和消费牢不可破地与生产单位或家庭绑在一起，社会与经济生殖单位是同一的。我们发现，作为生产财富与生育孩子的场所，农场与家庭结合在一起。索纳将农民阶层的这个核心特征描述如下：

> 生产单位的标准是我们第五个和最后一个标准，它也是最根本的标准。在我们的农民经济概念中，典型的和最具代表性的生产单位是农民家庭的住户。我们把一个农民家户定义为社会经济单位，它主要通过家庭成员的劳作来耕种作物。[32]

正如沙宁提出的那样，"家庭是农民财产、生产、消费和社会生活的基本单位。个人、家庭与农场表现为一个不可分割的整体……"。[33] 或者，正如查亚诺夫对其立场的总结："农民农场经济的第一个根本特征是，它是一种家庭经济。其整个组织取决于农民家庭的规模与构成，也取决于消费需求和工作人手数量之间的协调。"[34]

然而，这与居民家户没有关系，甚至与亲属系统也没有关系。基本上，我们都会声称，在许多农业社会中，基本的或最小的生产与消费单位不是个人，而是只由父母与孩子构成的家庭成员，

---

[32] 见沙宁：《农民和农民社会》，第205页。
[33] 同上书，第241页。
[34] 转引自伍尔夫：《农民》，第14页。

或一个更大的群体。所有那些因出生进入这个最小群体的人都平等地拥有享受资源的份额与权利。劳动也在这个群体中汇聚起来，"地产"一代一代传承下来，没有萎缩。在此情形中，每个新生的孩子都是一份资产，他能够劳动并抽取一份公共资源，当他们成长到壮年就能为父母的福利贡献力量，他们会增加群体的特权、政治权力与经济福利。在个人主义式西方法律毁坏许多原始构造之后，曼达尼发现了这个体系。在此机制中，生育计划显得恰好违背了群体与个体的利益。生产单位与生殖单位重合在一起。为了提高生产，人们就要增加生殖，反之亦然，一如马尔萨斯的论证，如果生产增长，生殖也会增长。莱德也做出了富有洞见的评论，"只要家庭结构与对人口的控制和经济资源的分配有关，我们应该联系家庭结构来考察生育率"。[35] 在生产/消费的基本单位为家庭群体的地方，生育率都会受到高度评价，无论家庭群体是居住在一起还是在工作与消费行为中联合起来。这可能与国家或生育计划者的利益相悖，但是，每个小型群体都要努力扩大其规模。生育率会受到重视，也会持续走高，正如在传统中国、印度和东欧的情况。在我们认识这一点之前，农民们不情愿放弃被他们视为营生之道的东西，任何强迫他们放弃的努力都注定要失败。经济、社会结构、政治、意识形态与人口统计学彼此交织；控制生育也就是部分地改变这个精致的结构，这也会威胁许多其他的领域。

这一假设的模型只有在我们将之与其他模型进行对比的时候

---

[35] 参见卡普兰编：《人类生育的人类学研究》，第98页。

才会获得重要性。人们可能会反对,认为上述论证只会复苏非工业/工业、群体/个人、前转型/后转型之间古老且持续经年的对比。如果我们能够把所有非工业社会归并到"家庭"或"农民"模型之下,这就是真实的。然而,幸运的是,我们还有一个可替代的模型,它在社会与经济上与我们此前描述过的"受到控制"模式相关。

我们将为这一选项贴上标签,标注为"个人"模型。这一模型没有得到那么广泛的描述。其核心特征是,最底层的生产与消费单位不是家庭,而是**个人**。它极大地强调了,个人在每个方面都与群体相对;亲属体系(正如在许多狩猎-采集群体或现代英格兰和北美的"爱斯基摩"术语中)以自我为中心;财产并非由共同体所有——要么完全没有集体财产,正如在最简单的狩猎团体中,要么存在极端个人化的财产权;生产不是以家庭为基础,而是以非家庭的路线为基础(资本主义市场、封建纽带);恒久的消费单位从未大过丈夫和妻子。

在忍饥挨饿的伊克人(Ik)中,此类"占有性个人主义"的极端和最终形式得到了直白地阐述。这些伊克人作为孤独的个人行动,为自己找寻食物;他们把自己的孩子推开,不与孩子分享食物,还让老人活活饿死。[36] 在一种没那么绝望的条件下,在今日欧洲和美洲的部分地区,我们仍然能够见到这样的社会。所以,这一模式超越了正常的部落/农民/工业边界。通过聚焦于个人而非家庭,许多人口统计学特征都发生了变化。正如马尔萨斯预测

---

[36] 特恩布尔:《山民》(Turnbull, *Mountain People*)。

的那般,与其说是人口数量的扩大,不如说是维持生计手段的增加改善了个人的生活质量。他们(He or She)没有看到:生产与生殖的关系密不可分;性与生孩子是两件独立的事情;女人的主要角色不再是生产与生育机器;过多的孩子不会增加一个群体甚至父母的威望与福利。事实上,过多的孩子威胁到了父母的幸福、母亲的健康、父亲的平和与钱包,成为安装在个人身上的"排水管"。即便人们投入这种劳动是为了未来"储蓄",也不能补偿这个"排水管"带来的消耗。这一模式有助于解释,为何只有那些具有自我中心体系的社会热衷于进行生育控制。用亲属关系术语来说,自我中心体系也意味着同源血统。人们常常注意到,狩猎-采集团体采用许多办法来限制生育,[37]在亚洲,那些具有同源亲属关系的社会都对生育进行了控制,大致包括泰国、缅甸,以及日本。而日本的例证尤其明显。中国提供了一个有趣的例证,在那里,当"家庭"模型因传统家庭的瓦解而遭到放弃时,史上最成功的生育计划运动才成为可能。我们注意到,此类社会有一个显著性的标志,这就是:人们高度尊重这两个地区佛教与基督教僧侣制度中奉行的独身主义。注意到这一点,我们就可以更深入地推进这一论证了。但是,为了呈现论证线索,我们已经说得够多了。当然,另一主要例证是现代欧洲/北美家庭体系,它们常常与受到控制的生育结合在一起。

让我们对此论证加以总结:在一个"农民"或"家室"模型中,生育增加了最小社会单位的福利,尤其是那些不得不进行生

---

[37] 道格拉斯:《原始群体的人口控制》(Douglas, 'Population Control')。

殖的社会单位，亦即父母的福利。一个西班牙农民曾经告诉诗人劳里·李（Laurie Lee）："购买土地并生养儿子吧，你绝不会做错。当战争、窃贼来临，收成遭到破坏时——他们毫不在意……如果有谁像我这般血气方刚，并广泛地四处播种，人类必然会繁荣昌盛。"或者，又如旁遮普的一个取水人曾经错误地把曼达尼当成几年前访问过他的生育计划工作者，并谴责了她：

> 在1960年，你就努力说服我，说我不应该生更多的孩子了。现在，你看，我有了六个儿子、两个女儿，我也悠闲地安坐家中。他们长大了，给我赚来了钱。他们中有人甚至在村外做小工。你曾经告诉我，我是一个穷人，无力支撑一个大家庭。现在，你看，因为我的大家庭，我成了一个富人。[38]

37 在生殖上投资就是增加生产和消费。这个等式骇人地简单：生产的农民/家室模型与高生育率关联在一起。反之，在有些社会中，人们不是因为亲属关系，而是因为权力（封建主义）、经济（市场资本主义），或只是因为地理上的临近（狩猎-采集团体）而团结在一起；在以这种方式建构起来的社会中，孩子既是一种资产，也同样是一种负担。个人必须在孩子与其他闲暇的好处之间，在一个孩子与抵押财产之间，在一个孩子与地理流动性之间做出选择，或许还要在一个孩子与财富之间做出选择。无论是在伊克人中还是在现代西欧居民中，贪婪的个人主义（acquisitive

---

[38] 曼达尼：《人口控制之谜：一个印度村庄的家庭、种姓与阶级》，第109页。

individualism）看起来都与受到控制的生育模型密切相关。

作为一种假设，上述论证表明：农民＝高生育率，个人主义＝受到控制的生育。我们可以在文档中找到许多与前者有关的案例，或许其中最好的案例都与印度有关。现在，许多文献都在论述印度的情况。让我们看看更近的身边，在前工业时代的西欧，我们在许多地方都可以找到证据，它们表现出一种对孩子的极大需求。然而，我们很难找到表现一种特殊的"个人主义"模型的例子。我们考察的例子位于光谱的两端，它们要么是最简单的人类群体，例如伊克人、哈扎人（Hadza）、昆人（Kung）、爱斯基摩人（Netsilik Eskimos），要么属于我们假定最复杂的那一类，例如现代欧洲、美国与日本社会。我们或许想要知道是否存在一些处于中间位置的社会，它们的主体仍然是农业性的，但拥有堪与中国、印度等大型农业文明对比的邦与城镇。东南亚的一些部分很可能适合这个范畴。但是，有些例证通过实践阐明了我们抽象描述的机制，在所有这些例证中，13与14世纪之间的英国很可能是有文字记载的最好的一个。

1200—1750年英格兰的情况[39]

在给这段时期的英格兰归类时，大部分历史学家与社会学家会认为，它正在从"农民"社会转型为原始工业（proto-industrial）

---

[39] 这一论证的完整文献，参见麦克法兰:《英格兰的婚姻与爱：1300—1840的生殖模式》，第3—7章。我在以上章节中也提到了此处引用或转述的所有史料。

社会。这一时期的大部分时候,英格兰都被认为是一个农业社会,类似于此结构中的其他欧洲国家。如果这是真的,我们就可以期待,因为根据我们的假设,它本应该具有一种高生育率模式。我们可以把这一体系的特征归纳如下:在典型的农民社会里,维持生育,以及维持尽可能高的生产和消费的欲望,也以许多方式得到了表达。人们认为,婚姻的主要目的是生育孩子,而不是建立伴侣关系。如果妇女不能生育,她就要被退回娘家。妇女的地位依赖于她生育孩子的数量,她的主要作用就是分娩。所以,典型的情况是,在结婚之前,她的性能力要受到小心守护,青春期一过,她就要迅速结婚。为了确保作为生殖企业(reproductive enterprise)的婚姻的成功,那么在一段时期里就可能会有对性的测试或"和衣同睡"(bundling),据我所知,西欧就是如此。未来的丈夫并不会认为婚前怀孕是可怕的。人们认为,所有具有这种生理能力的妇女,一切结婚的和没结婚的人在社会上都被视为尚不成熟。如果一对夫妇不能生出足够多正确性别的孩子,他们就会领养儿子和女儿。人们是为了生殖目的才与妻子性交,而不是为了内在的欢悦。人们很少避孕,流产、杀婴、弃子只是偶尔为之的手段。通过青春期仪式、怀孕仪式、促进生育的药物与仪式,妇女的生育受到鼓励。人们的陈述中有大量证据表明他们想要孩子。没有一个农民社会完全符合所有这些原型,但大部分农民社会都具有这些特征。如果上述两大前提是正确的,亦即农民阶层暗示了对生育的高度强调,英格兰是"农民"社会,那么我们就可以期待,在工业革命之前的五百年里,英格兰展示了这个模式的大部分特征。

只要粗略地阅读早期现代的资料,我们就可以清楚地获得如下信念:人们结婚主要是为了生殖。例如,我们仍然在使用的爱德华四世(Edward Ⅵ)第一和第二祈祷书就一再重申关于"结婚因由"的古老教会优先权:"首先是生育孩子……其次,缔结婚姻是治疗原罪的药方……再次,结婚是相互的社交、帮助与舒适,一个人本应从他人那获得这些。"小册子作者们也提供了一些证据,证明生育后代是一个重要动机。有人曾写作论述妇女的月经不调,他们论称,不育症是"最大的不幸",教士也论证说,婚姻的一大目的,是"通过孩子与继承,他的家庭与姓氏获得扩张"。奥斯本在其《给儿子的建议》(Advice to his Son)中就谈到了那些人,"他们呼喊着,给我孩子吧,否则我的姓氏绝矣"。占星家们也常被问到,一个人是否会有后代。然而,如果我们寻找可能性最大的文献资源——16—18世纪丰富的自传体作品,那么这种说法便站不脚了。当人们写下他们为何决定结婚的时候,他们给出了各种各样的理由。有人结婚是为了有人陪伴,获得支持。1613年,约翰·平恩(John Pym)"在世界上看到了那么多邪恶,在人间看到了这么多伤亡之后,认为为自己真诚地选择一个伴侣,娶一个妻子乃是美事一桩"。约翰·弥尔顿论证,婚姻是全部关系的总和,其主要目的是控制"孤独的缺陷"。它表现为情感与生理上的吸引、对舒适与陪伴的渴求、"复杂的浪漫之爱"。在这段时期的英格兰,"复杂的浪漫之爱"把大部分人推入婚姻。这并非如下情形:除了在更高阶的贵族之间,在亲属群体之间安排的婚姻是为了巩固一份地产,或提升一个亲属群体的政治经济权力。这种浪漫之爱的意识形态与认为婚姻是一种伴侣和快乐的观

39

点一致，与把婚姻当作获得合法子嗣的主要机制不相符。正如塔瑟（Tusser）提出来的，结婚也有经济动机："若要兴旺发达，就得娶妻生子。"然而，有趣的地方在于，人们认为，"兴旺"不是因为生孩子导致劳动力增加，而是源于这样一个事实，通过让妻子治家，他节约了因仆人和食宿产生的开销与损失。所以，在1605年，一个教区长受到指控，指责他向一个女孩骗取婚约，只因他说："我孤身一人，因为我没有妻子，我每年就要因为食宿支付给威多森夫人10英镑。"当自传作家托马斯·怀特（Thomas Wright）的第一位妻子去世时，他又找了几个仆人，"其中一个是不可救药的醉鬼，他对我而言十分昂贵，这已经得到证明；另一个则是我见过的最大的骗子和最恶劣的窃贼"，所以，"我现在清晰地认识到，我必须有一个妻子，要不然我就完蛋了"。在16世纪晚期，当一位牧师的妻子忍受着巨大的痛苦，即将临盆之际，他列了一个清单，写下如果她去世，自己一定会遇到的困难。他列出来的大部分都是社会和经济上的困难，没有任何一个与生殖有关。

40　　　　首先是对再婚的恐惧，因为结两次婚是危险的。同时也可能不再结婚。在宗教事务，以及其他令人舒适的事务中，失去一位合适的伴侣。财力的丧失与衰减。照管家庭的事务就要落到我的身上。荒废学习。关心和照顾孩子。失去我们的边界。担心失去她的亲属的友情。这就是其中的一些困难。

我们认识到，未来夫妻之间的经济、社会关系，以及性欲本质才是重要的,并且,这种关系还会在时间中成长。弗朗西斯·培根的格言对此做了概括,其格言有云:"妻子是年轻人的情妇、中年人的伴侣、老年人的保姆。"要将不存在事物记录在案总是不可能的。但是,与我们理想类型的农民社会相比,婚姻中对繁衍后代兴趣的匮乏也非常显著。我们的预测似乎并没有起到作用。

  人们结婚,在很大程度上是用来生育孩子吗?对此,一个间接指标是,对那些不会生育孩子的结合、对不孕不育,人们持有何种态度。人口人类学家们(demographic anthropologists)以此作为一个指数。从传统的西爱尔兰,穿过非洲到新几内亚,我们可以在许多社会中找到足够证据,证明没有孩子的妇女会遭到极大的嫌弃,甚至几乎让人们感到恐惧,于是"婚姻"破裂,她们也被遣回娘家。[40]一如对旁遮普的报道[41],妇女经常因为没有孩子受到指责。对个人来说,没有孩子常常是一个极大的悲剧和屈辱,"子嗣繁多的妇女则备受尊崇;妻子若不生养孩子,她就成了怜悯的对象,还经常引人轻视"。[42]再一次,我们只需泛泛地看一看英国的证据,就会认可这种观点。占星家门庭若市,顾客们想要知道怎样才能要上孩子。人们提倡各种魔法和其他治疗方案来治疗不孕,人们甚至相信,上帝会施以援手,例如,派出一位天使,给斯特拉福德(Strafford)的父亲涂油。然而,再

---

[40] 纳格:《影响非工业社会生育力的原因》,第 70 页。
[41] 曼达尼:《人口控制之谜:一个印座村庄的家庭、种姓与阶级》,第 140 页。
[42] 沙佩拉:《人类学家对人口增长的方法》(Schapera, 'Population Growth'),第 25 页。

一次，如果我们探寻得更深入一些，证据完全指向与鼓励提高人口出生率社会相反的方向。不孕不育不再是法律所认可的**取消婚姻**（*a vinculo*）或**拆散**（*a mensa et thoro*）已婚伴侣的基础。"性无能"或男女无法完成性行为才是取消婚姻的基础。性关系在真正婚姻中必不可少，生育则不是。妇女不能由于这个原因就被赶走，不孕不能证成婚姻的破裂。我找到了多卷本的法庭材料，它们处理了教会与其他法庭中的性与婚姻事务。在所有这些卷宗中，我都没有发现任何在此基础上离婚或取消婚约的尝试。我们也找不到任何证据表明，不孕被认为是可耻的。在伊丽莎白时代，骂人的词汇极其丰富，在诸如"嫖客"（whoremaster）、"鸡奸者"（bugger）、"好色之徒"（lewd fellows）、"顽劣之徒"（jackanapes）、"混蛋"（bastard）等词之中，我从未遇到任何形式的将"不孕"（barrenness）作为某种辱骂用语的情况；在教会法庭数量巨大的诽谤、中伤案例中，我也未曾听闻，人们就这一主题开过玩笑、进行冷嘲热讽，或是传布丑闻。在这个社会中，巫术的信念广泛传布，但是，在苏格兰和欧洲大陆，女巫能够使男人和女人无法生育，在英格兰，女巫的力量从未因产生此效果而受到审判。看起来，它并不是一件女巫引起的足够严肃、神秘的事件。我们也找不到任何证据表明，没有生育孩子的妇女受到了特别的欺凌，她们的地位也并未因孩子数量的增加而得到改善。如果人们深刻地感受到这一点，我们原本可以期待，在那些不屑于自杀，拜访占星师的女性中，很大比例的人都有这个原因。但是，无论在案例簿中，还是在关于为何自杀的普遍讨论中，人们都没有把不孕不育当成动机来强调。进而言之，看起来，人们已经普遍认识到，不能生育的原因很可能是因为男性的机能，也可能因为女性。若要发现妇女还是男人才是不能生育的一方，人们可以使用民间的和半医学的方式——在17世纪，卡尔佩珀（Culpepper）曾经建议过一种方法，即拿一把小麦放到需要检测的尿液中。有时候，无法生育的原因在妇女身上："有些妇女的子宫宫颈很长，变得坚硬……使她们不能受孕。"经血也会受到指责，一个女人可能行经太早，在青春期到来前就有了月经，或者遭遇了某种事故。但是，不育症可能是男方血液糟糕或生殖器缺陷的结果，甚至是因为夫妻双方过于相似，如"具有同一气色"。最重要的是，不孕症可能是先天的，因为它是由神送来的，尽管它可能是由更加乏味的原因导致的，例如，过于频繁的性交或过度饮食。我们也很难把没有的东西记录在案，但是，当我们有可能排除了地位更高的乡绅和贵族，人们对不孕症异乎寻常的宽容态度就凸显出来。正如在今天的英格兰，我们可以清楚地看到，有人对不能生育孩子感到不满。但是，看起来，撕裂婚姻、贬低妇女的灾难、羞耻和嘲笑明显消失了。让我再说一次，英格兰没有满足人们的预测。

不能怀孕会给人带来羞辱，尤其是对女人来说，不孕的羞耻与其在社会中的角色紧密联系在一起。总而言之，在我们典型的农民社会中，她们是孩子的生产者，那是她们的主要角色，她们的声望以及亲属的财富皆源于此。这在人类学文献中有广泛记载，我们只需要提起三个例子就可以了：在传统的爱尔兰，有人告诉我们，女人的主要功能就是生育孩子，她们也据此受到评价；在19世纪的法国，她们被许多人视为"生育机器"；在非洲，她们

42

主要被看作是可以生殖的资产。[43]人们并不认为，女性的首要价值是理智、独立性与身体上的吸引力。从法律与社会角度看，当我们把女性视作生孩子的机器时，她们的地位常常极为低下，她们的影响也颇为有限。所以，我们可能期待发现，在前工业时代的英格兰，妇女角色是根据生育孩子来定义的，她们的地位也很低。然而，这一期望被再次推翻了。当代人把英格兰描述为"已婚女性的天堂"，他们是对的。与其他农业社会相比，她们的法律、经济和社会地位都高得惊人。并且，没有任何证据表明，她们的地位与其生育能力有任何关系。当她们没有结婚，铁定没有孩子的时候，她们具有最高的法律、经济地位。孩子出生后，她们在婚姻中的权力也不会以任何明显的方式增强。孩子并不会让婚姻变得更加牢固。在任何地方，我们都找不到证据表明，她们的地位、声望，或权力因为生育行为得以提升。再说一次，我们不可能证明一种消极的发现。但是，在这些数量可观的文献里，以及在这一时期的法律中，我们找不到任何有力的证据表明，相比起只有很少的孩子或完全没有孩子的妇女，一位生育繁多的已婚妇女受到了更为优越的对待。在生育孩子之前，女人都不完整，这个观念出现在有些社会中。有时候，它也出现在如下观点中：在生育孩子之前，女人就没有灵魂。但是，我们在英国的任何地方都找不到这样的观念。没有孩子，妇女也是完满、完全的人，并且，看起来，在许多个世纪里，她们具有许多独立于生育能力

---

[43] 阿伦斯贝格：《爱尔兰乡下人：一项人类学研究》（Arensberg, *Irish Countryman*），第89页；爱德华·肖特：《现代家庭的形成》（Shorter, *Modern Family*），第77页；弗兰克·洛里默编：《文化与人类生育力》（Lorimer, *Culture*），第370页。

的角色和影响。人们为她们写诗，赞美其美丽、智慧与优雅。这诗却没有赞美她们能生养的丰乳肥臀，或肥沃的子宫。17世纪的戏剧认为，妇女们有主见、有谋略，且生活独立——她们不是男人生育孩子的附庸，也不会因为一个又一个孩子的出生而变得越来越有声望。

这一理想模式还有进一步的特点，即保护婚前女性的"荣誉"或贞洁。她们的子宫是丈夫或丈夫的亲属的快乐，所以，她们的性就不能受到损坏。在不同的社会中，这一点也得到了不同的强调与表达。根据传统印度的方式，女儿一旦有了初次月经，一个信奉印度教的父亲就应该把女儿嫁出去。一个已到适婚年龄却尚未婚配的女儿是一种威胁和诱惑，她与家人的荣誉也不能被置于危险之境。在地中海地区，它采取了"荣誉与羞耻"的复合形式，女孩受到家人密切的关注，一旦他们姐妹的荣誉受到玷污，兄弟和亲属就可以为之报仇。新娘潜在的生育能力应该完整地留给丈夫。人们还要对新娘的贞洁与完整进行最后的测试，检查洞房溅血的床单。如果床单染血，这就表明处女膜是初次破裂。有人告诉我们，在希腊萨拉卡萨尼（Sarakatsani）牧羊人中间，童贞几乎能激发起一种敬畏感，人们着重强调女孩在婚前的贞操；在一个土耳其村庄，女孩在结婚前要接受检查，看她们的处女膜是否完整。[44]在约鲁巴兰（Yorubaland），生育受到人们的高度重视，那里也有检查处女床单的习俗。[45]尤其是，一本被转译成16世

---

[44] 坎贝尔：《荣誉、家庭和赞助：希腊山区的社区制度和道德价值观研究》（Campell, *Honour*），第100—101、178、278页；斯特林：《土耳其村》（Stirling, *Turkish Village*），第184页。

[45] 马歇尔、波尔格编：《文化、出生和生育计划》，第130页。

纪早期的语言，描述了同时期德国的作品，对那些保持贞洁的人给予极大的赞扬，对那些没有保持贞洁的人则施加社会压力，我们可能会期待，英格兰也有一些类似的制度。再次，在这个主题中，我们可以找到许多只具有轻微兴趣的初步线索：人们会悲叹在不适当的时间失去贞操；人们去找占星家询问"她是否还保留有处女膜"；其他人则梦到，有许多女人来查看她们是否为处女。然而，证据的分量再一次迫使我们得出另一种结论。看起来确定的是，如果检查新娘床单制度得到展示，那么自传或文学作品中就已经留下了它的一些踪迹。可是，我们找不到此种痕迹。甚至，我在任何地方都没有看到对它的间接提及。在当代人看来，这一点颇为明显。在17世纪晚期的助产士之书里，夏普夫人（Mrs. Sharp）了解到，按照利奥·艾弗瑞坎努斯（Leo Africanus）的描述，作为某些非洲部落的习俗，人们展示沾染了血迹的床单，把它当成处女的标志。但是，夏普夫人不仅没有把它与在英格兰的任何类似情况联系起来，而且她还怀疑，在任何情况下，它是否构成一种测试："流血的标志或许不会如此普遍地确切可靠；在年龄较大的未婚女子身上，它就不像在年轻女孩身上那般可靠；流血无疑是贞操的象征，但是（淫荡的）年轻姑娘们可能因为不贞的行为失去它，即便她们并不认识任何男子"。

在教会法庭的记录中，我没有看到任何对如下情况的提及：一个男人因为妻子不是处女就要求离婚或获得某种补偿。实际上，少有证据表明，家庭或亲属对这个主题具有极大的兴趣。根据当时的材料，我们就有可能对婚前性行为展开细致的分析。这一分析表明，许多父母防护、保护并支持着他们缺乏自制的孩子，教会法庭和村庄官员也努力防止冒犯行为发生。我在任何地方都没有见到，有人因为夺取了处女的贞操，或威胁了她的兄弟与父母的荣誉而受到身体上的攻击。我们可以从源自这一时期的绘画和样品看到贞操带（chastity belt）。看起来，贞操带一度在西班牙、意大利和德国非常流行，但从未在英格兰得到使用。在青春期和婚姻之间有一段很长的时间。在这段时间里，两性之间可以在没有女性监护人的陪伴下自由交往。这并不符合一种"荣誉与羞耻"的高生育率结构。

另一种制度则表现的与检查新娘床单和贞操带完全相反，那就是在婚前对妇女生育能力的测试，或"和衣同睡"习俗。为了确保妻子能够生养，在许多社会中都有这样一项制度：人们如果了解到一对夫妇具有严肃的结婚意图，就允许，甚至强制他们有性同居。如果女人怀孕了，他们就结婚，如果测试"失败"，他们就不结婚。例如，在非洲，这被认为是一个指标，表明对孩子具有很高的欲求。[46]看起来，这个习俗在前工业时代欧洲的许多地方都存在。在逻辑上，处女床单与之对立。实际上，在前工业时代的欧洲，在没有处女床单的所有地方，它都可能已经出现了。所以，我们发现，有报道称，在斯堪的纳维亚的许多地区，在法兰西，以及在苏格兰（例如，在奥特勒群岛 [Outler Isles]），有人"试婚"长达一年之久。[47]如果没有怀上孩子，他们的关系也就随之破裂。如果我们转向英格兰，初看起来，英格兰似乎有一种与之颇为相符的制度。在正式订婚后的一段时期里，大众意见甚

---

[46] 索撒尔编：《现代非洲的社会变革》（Southall, *Social Change*），第311页。
[47] 肖特：《现代家庭的形成》，第102—103页；古迪：《生产与繁殖》，第44页。

至民政部门也允许夫妇同居。与此相关的证据很多。[48]然而，通过更加密切的考察，我们就会发现，这一制度并非一种生育能力的测试，而是相反。年轻人一旦订婚，尤其是如果他们的婚约因为性交得到强化，在教会眼里，他们就已经结婚了，解除婚约就像离婚一样困难，它只有在有限的范围内才能实现。年轻的夫妇必须结婚，无论妻子是否怀孕。他们最好在两个月之内结婚，无论如何，我们很难知道，妻子这时是否有了孩子。在对婚前性行为的广泛描述中，或在由解除婚约的失望爱人带来的那些案例中，我从未遇到因为不能怀孕而终止关系的例子。在走向完满、牢不可破的联合的过程中，婚约只不过是第一阶段。看起来，另一个表层论证可能会支持"生育测试假设"。贯穿整个时期，两性之间允许存在极大的性自由，包括性挑逗的自由。他们获允整日整夜亲吻拥抱。在罗杰·劳（Roger Low）的日记和托马斯·怀特的自传中，对求爱的描述表明，年轻夫妇夜以继日地长久讨论，并保持身体的亲密接触。我们很容易将此误解为是一种制度化的"和衣同睡"形式，尤其当表面描述看起来更加相似之时。然而，在英格兰，我们找不到证据表明：年轻夫妇要努力查明女孩是否有能力生养孩子。实际上，当她怀孕时，男人经常逃走。我们也找不到任何证据表明，父母有兴趣发现妻子能够生养孩子。那些根据当地证据对这个问题进行最广泛研究的17世纪的历史学家们同意，在这一时期的英格兰，对性和生育的绑定并不存在。[49]在那时流行的建议录式著作中，或在任何其他文学作品中，人们从未

---

[48] 拉斯利特：《我们已经失去的世界》，第138—154页。

[49] 拉斯利特：《先辈的家庭生活与私情》（Laslett, *Family Life*），第110页。

向年轻人建议检测配偶的生育能力。斯塔布斯这样的人细致地揭示了同胞的过错,认为"卖淫"成为一种普遍的恶习,"现在已经成为一个游戏、一种消遣、一项运动"。在他们看来,造成这种现象的原因之一是,人们想要确保婚姻不会枯燥乏味。看起来,促使许多人生活在一起,或在生前就发生性关系的原因是性的满足、陪伴与"浪漫之爱",以及其他动机,而非查证妻子能够生养的欲望。

在以增加儿童数量为目标的情况下,一种显而易见的策略是尽可能早地开始性关系,尤其是对妇女而言。所以,按照"不受控制"的模式,在大部分人口中,随着"降低生育率"效果(the effect of the "reduced fertility")在后月经初潮时期逐渐消失,女性青春期刚过就开始了性结合,并在青少年晚期开始生育孩子。妇女的生殖能力在30多岁末期通常变得越来越弱,这就给予她们一段长达20年的有效生育时间跨度,以两年为间隔,她们可以在这段时间生育10个后代。这是在大部分农业社会中都存在的模式,尤其是在传统印度、中国和东欧的许多地方,以及在大部分非洲部落。如果目标是将生育率推向最高峰,那么,我们本可以期待在英格兰与欧洲具有一种类似的模式。在近15年以来,情况并非如此,这一点变得越来越明显。

约翰·哈伊纳尔(John Hajnal)和其他人的著作都已经表明,在西北欧的许多地区,尤其是在英格兰,至少从16世纪早期开始,女孩们并不具有这个20年生育时间跨度。在英格兰,妇女结婚并生育第一胎的平均年龄有所起伏。从16—18世纪中期,在这个国家的许多地方,这一婚育平均年龄位于25—30岁之间。[50]实际

---

[50] 哈伊纳尔:《欧洲婚姻透视》。

上,这将减少三分之一到三分之二的生育时期,对完整的生育率产生巨大的影响。不仅如此,因为上一代人与下一代人之间的间隔大概会从 18 年延展到 28 年,长期的人口增长就会极大地放缓。如果我们相信,人们"设计"了一种类似结婚年龄的机制,专门用来限制生育率,从而将其功能与相关行动者的目的混为一谈,那我们就太轻率了。尽管如此,颇为清晰的是,凡是存在这一机制的地方,我们也很难看出,对大家庭的强烈渴望何以能够共存。如果女孩们在快到 30 岁仍然单身,也没有孩子,那我们就很难相信,有一种强大的压力在推动高生育率。

在人类社会中,女人青春期结束后就会迅速结婚,这是正常的。不仅如此,而且通过确保没有身体或精神缺陷的所有女人(以及大部分男人)都会结婚,生育就在最大程度上得到鼓励。人们报导了一些社会的"普遍"婚姻,来自这些社会的统计学证据能够表明这一点。在大部分非西方社会中,人们对那些不结婚的人抱持什么态度呢?关于这个问题的统计学证据也能表明这一点。尤其是对女人来说,结婚不是一个选择或机会的问题,它是一个生命循环的舞台,正如青春期或死亡不可避免。当我们转向英格兰或欧洲西北部,哈吉纳再次表明,高生育率期待失效了。现在,我们可以找到许多证据,在 16 和 18 世纪期间,男女两个性别中都有大量未婚或不婚的人(unmarried and never-married persons)。人口统计学家佩蒂(Petty)注意到,由于晚婚与高比例的不婚结合,"100 名身体健全的女性,只有 32 人结婚,这 32 人每年只生育 11 个孩子"。20 世纪早期,年龄 45—49 岁的女性中,独身比例高达 15%,明显超过了 16 和 17 世纪。大龄单身汉也很多。这一模式与邻近的凯尔特人社会形成了对比。正如阿瑟·扬（Authur Young）在18世纪注意到的，在凯尔特人社会中，结婚几乎是普遍情况。统计学的情况与对未婚人士的极大宽容结合在一起。在私法中，未婚女性与男人具有平等的地位和态度。我们也找不到证据表明，不婚被认为在身体或精神上是危险的。在此时的日记和书信中，我们很难找到证据表明，不婚人士受到了嘲笑或指责。在这一时期的戏剧和诗歌中，人们嘲弄的主题是婚姻，而非单身生活。

我在其他地方提出的证据表明，根据其他一些指数，英格兰很明显不符合我们对"农民"社会所做的预测。[51]据论证，英国对独身评价颇高，婚姻则被认为是较次的选项。人们只有较为温和的结婚压力。与此同时，整个这一时期的性伦理都导致生育率得到控制。性关系本身就被认为是一种目的，而不只是生育孩子的手段。女人不再被视作赖以生育孩子的被动的性关系对象，而是一项快乐活动中平等的一方。在孕期和生产之后对待女性的态度也表明，人们对性愉悦的关注超过了生育，的确，怀孕甚至被视为一种不幸的疾病。生育之后，人们并不努力通过性交禁忌来保护年幼的婴儿。另一项对孩子的渴望指标是对孩子的领养，它也表明了一种消极态度。的确，在19世纪之前的英格兰，领养孩子在法律上不可能，我们甚至很难找到半领养的案例。由于这一消极态度，并不令人惊讶的是，当前的历史人口统计学工作表明，至少在17世纪的有些教区，一些有效的生育计划手段得以实施，

---

[51] 麦克法兰：《英格兰的婚姻与爱：1300—1840的生殖模式》。

我们可以找到数量可观的流产和杀婴证据。[52]所有这些发现都表明,英格兰明显缺乏对生养孩子的强调;它们全都不符合农民模型的预测。为了确立这一论证,我们可以简要地考察最后一项指标。

如果在这个社会中,就像在许多非工业社会中,我们发现了一种鼓励生育的态度,那么,一种提高生育数量的巨大焦虑就应该在艺术和文学中产生回响,并在传记与其他资料中有所反映。我已经收集了数量可观的信息,它们与这样一种解释再次直接对立。从日记、自传以及其他资料来看,总体而言,人们非常乐于生育一到两个孩子,但是,如果再多生,孩子就变成了一种负担和麻烦,这一点是很明显的了。甚至,他们生育那一两个孩子的动机也令人好奇。为了解释"男人和女人为何想要孩子",卡尔佩珀在17世纪中期给出了一些原因。如果我们认为,在大部分农业社会中,这些孩子是一种社会、经济的必要,甚至常为礼法所必需,那我们就可以来看看这些原因。第一个原因非常抽象:"他们是神的赐福,所以圣人也渴望着他们。"但是,卡尔佩珀立即承认,最多只有百分之一的人因此被感动,并认为它是生育孩子的一个重要的原因。其次,"因为小孩漂亮可爱,可以与他们一起玩耍,就像人们渴求把玩自己的爱物一样",易言之,他们是情感满足的一个源头,或者,根据较为粗糙的现代人口统计研究理论,孩子是一种消费品,在给人带来快乐这一点上,我们可以将之类比为其他事物,例如,宠物。但是,卡尔佩珀认为,人们想要孩子的主要原因,"最有可能是色欲(Lust)",与其他原因相比,色

---

[52] 里格利:《前工业时代英格兰的家庭局限性》。尽管里格利现在不再那么坚定地认为,家庭限度得到了执行。

欲才是生育更多孩子的原因。当然，从这个观点来看，孩子是为性爱付出的代价；性爱不是为了生育孩子，而是为了性爱自身；快乐总有成本，在这种情况中，孩子是副产品。在许多社会中，人们以其他方式看待事物，性爱只是手段，孩子才是目的。对他们来说，这种观点不同寻常，对广泛传播的生育计划来说，它是一个实质性的前提。我们注意到，卡尔佩珀原本可以提及，但又没有提及的两个强大的动机。这也令人好奇。父母并不欲求孩子来扩大或维持其家族谱系，不欲求向孩子寻求经济上的支持，在中年时获得劳动力，老年时获得照顾。实际上，孩子常常被视作经济上的灾难。弗兰西斯·夸尔斯（Francis Quarles）写道：

你看到那丰产的子宫了吗？它如何在每一年晃动摇篮；它为你的父亲又生育了一个新的儿子，你那简朴的餐桌又邀请到一位新客。恐怕，你的父亲希望最好养育较大的孩子，把繁殖看作一项不值得感谢的额外的工作……恐怕你也要抱怨，你那微薄的资产不能令简朴的餐桌变得丰盛，并认为他是这份微薄资产的诅咒；贫穷悲惨的人啊，你到底会变成什么模样？

相比起我们一开始提到的关于旁遮普农民的引文，这种观点直接对立。并且，我们也可以找到许多证据，表明它并非可由知识分子归于"农民"的观点。它是一种态度，很容易导致对生殖的谴责，认为生殖造成了浪费。这种态度也很容易导致17世纪晚期日记作者的讽刺，他写道，"牧师……开始变得臃肿，他们也不怀着慈悲之心，开始生育孩子：就好像除了天主教的生殖事业，他们什么也不遵守"。

对此论题的重新审视

如果我们把"农民阶层"初步等同于"未受控制的生育率"，那么，对英格兰来说，这全然就是错的。历史学家和人类学家们完全同意：17世纪以前，这个社会从任何意义上都是一个"农民"社会。然而，根据我们使用的每一个指标，它都与我们所期待的内容刚好相反。英格兰是一个典型的生育率"得到控制的"社会。早期狩猎-采集社会与后工业社会是两个有文献可考的极端类型。对居于两端之间的"中档社会"而言，英格兰是我们拥有的最好的例子。显然假说已经被证伪了，但我们放弃这个例子前，不妨简单地看看这个问题未经考察的另一端。正如传统智慧假设的那样，在13与18世纪之间，英格兰是广义上的农民社会吗？它真的以"家庭生产模式"为基础，以农场和家庭的同一为基础，在结构上与印度、东欧和传统中国的农民阶层类似吗？我已经在别处颇费一番笔墨考察了这个问题。[53] 在那里，我仍然维持这样一种观点：详细的文字记录始于13世纪中叶，至少从那时起，在本文先前定义的意义上，英格兰绝不是一个"农民"社会。它的亲属体系与财产法、基础社会结构与意识形态，总是与个人体系更为接近。然而，我们却不知道，为何它原本应当如此。但是，这

---

[53] 麦克法兰:《英国个人主义的起源》。

使之在许多方面远离了其他"农民"社会,无论是在凯尔特边缘地带、欧洲大陆、欧洲东部,还是在亚洲和非洲。这一区别不是市场资本主义或清教主义在16世纪欧洲扩张产生的结果。有些事物看起来像是对原始假设(original hypothesis)的彻底反驳。在此论证中,如果我是对的,它就把这些事物转变为对原始假设最强有力的确证。这一针对生育率的、格外受到控制的态度非常适合这样一种经济与社会体系,它最终的基础是个人,而非更大的群体。父母没有收回他们在孩子身上的投资,我们也找不到任何通过生育孩子而壮大的更大的亲属"世系"或"群体"。当我们在考虑养育孩子的"成本"时,光看开销还不够。我们必须看到孩子给我们的回报。正是在这里,在前工业时代的英格兰,亲属关系与经济的结合意味着,父母不能希望从他们的孩子身上获得任何补偿,甚至不能期待获得许多爱与依恋。人们把英格兰的孩子比喻为家养的宠物。人们生养孩子主要是因为他们"很可爱,可与之玩耍",而非因为他们会持续一生,或可以为家庭企业贡献劳动,或在年老之际提供支持。马克斯·韦伯强调,现代资本主义的两大实质性前提之一是,"生意与家庭的分离,它彻底主宰了现代经济生活……我们合法地将公司与个人财产进行区分"。[54] 这看起来也是成功实施生育计划的前提之一;在所有权以某种团体形式出现的地方,例如一个"家户"或"世系",提高生育并因此增加生产与消费就符合父母的利益。在个体孤独且"自由"的地方,孩子不能提供获得财富或社会声望的手段,但他们必然被选定为

---

[54] 马克斯·韦伯:《新教伦理与资本主义》(Weber, *Protestant Ethic*),第21—22页。

一系列道路中的一种，但其他道路更为有效。"要么抵押财产，要么选择孩子"（mortgage or the child），这一体系并非后工业社会的无根性的产物。我们能够将之推回，直到越过那一点。

我们已经努力表明，生殖与生产模式（在马克思的意义上）之间的确存在密切的联系。这的确与技术存在莫大干系，在同一时期，英格兰的农耕文化与欧陆的农耕文化并无明显不同。在很大程度上，它也不会服从于迅速的变化。当记录对其观察的文献浮现出来之时，基本的、非农民的"个人主义"社会与经济体系似乎也就出现了。简而言之，它在13世纪就已经出现，并一直持续至今。黑死病、内战与工业革命都没有完全动摇这些模式。当然，单单这一个假说就表明还存在许多别的问题——英格兰模式源自何处呢？英格兰为何如此与众不同？据说，这一论题的最终版本还需要许多条件：一个大而复杂的社会（例如英格兰）总是存在诸多派系、群体与社会阶层。然而，在长达五个多世纪的时间里，英格兰并不符合这些条件。例如，贵族与中上阶层可能符合另一种模式。但是，在下降到例外状况之前，了解其法则是大有裨益的。为了当下的生育计划方案，我们也需要研究其潜在内涵。很明显，技术并非这一问题的根本，亲属以及经济和社会关系才是根本。现在，那些希望生育得到有效控制的人知道，提供技术尚且不够，我们还需要一种强烈的限制家庭的渴望。上文列出的论题表明：除非细致理清生殖与生产之间的联系，这样一种渴望就不可能。既然人们认为，生殖能够提高生产与消费，人们就不愿意控制生育率。

三　暴　力

农民与强盗

关于15—18世纪之间，暴力在英格兰的水平与性质，历史学家们存在着某种分歧。一方面，比蒂教授（Professor Beattie）这样的人认为，英格兰刑法体系"在农村与小规模共同体"中运转良好；并且大部分英格兰人直到18世纪80年代都还生活在农村和这种小规模的共同体中。结果，"严重的犯罪很少出现，非正式的控制与皇家法院的威胁结合在一起，充分限制了更小的侵犯"。[1]关于这个主题，许多历史学家都没有看到：在16—18世纪之间，人身暴力的数量、性质或处理都有一个剧烈的或革命性的断裂。然而，另一个强大的思想学派自20世纪30年代就一直在成长，这个学派认为：在暴力诸维度与性质的巨大变革中，我们假定的从"封建"或"农民阶层"向"资本主义"或"工业主义"的转型也得到了反映。

社会历史学家中的一些领袖人物在其著作中叙述了他们的调查。他们的调查表明，他们中有许多人相信，在18世纪之前，英格兰居民在本质上要更加粗朴、"野蛮"，比我们更少受到控

---

[1] 比蒂：《1660—1800年英国的犯罪与法庭》（Beattie, Crime），第624页。

制。[2]根据我们眼中呈现出来的图景,在16、17世纪,暴力高涨,犯罪率、身体性暴虐行为高企,法律与秩序崩坏。这个学派宣称,这是两个特征的副产品。首先,忍受着贫穷、常年患病与高死亡率折磨的人们拥有一种特别的残忍。一种新的资本主义生产模式渗透进来,破坏旧有的社区控制,摧毁前资本主义社会的道德秩序,从而使这种残忍变得更为严重。从一种生产模式向另一种生产模式的革命性转变令许多历史学家们预料到强化的暴力,而且,很明显,他们也找到了得到强化的暴力冲突。我之所以写作这篇简短的文章,目的就是要检验这一预测。

在早期现代时期的英格兰,暴力具有何种本性与维度呢?要对此问题做出评价,阐释清楚比较框架就颇为有用。当人们谈起一个社会,把它看作是"暴力的"或"不暴力的",他是在比较什么呢?看起来,根据某些历史学家所遵从的程序,他们常常将之与他们对自身社会的印象进行对比,而他们对自身社会的印象又常常未加考察。看起来,如下做法就颇为重要:通过把一个实质上的农业社会(例如1780年以前的英格兰)与另一农业文明进行比较,来补充这些史学家的程序。对比较案例的选择并非易事。世界上有几千个民族与社会,我们几乎可以在它们历史上的任何一点挑选出其中的任何一个。为了比较的目的,我选择了四个研究地域:第一个是史景迁(Jonathan Spence)分析过的17世纪晚期的中国;第二个是勒高夫(Le Goff)、萨瑟兰(D. M.

---

[2] 参见麦克法兰、哈里森:《正义与马雷的啤酒:17世纪英格兰的法律与无序》(Macfarlane, *Justice*),第1章。

G. Sutherland）、欧文·休夫顿（Olwen Hufton）、尤金·韦伯（Eugene Weber）描绘的 18、19 世纪的法国；第三个是安东·布洛克（Anton Blok）调查过的 19、20 世纪的西西里。第四个是霍布斯鲍姆（E. J. Hobesbawm）对强盗所做的总体性研究。[3]这些细致的研究展现了，在广义的"农民"社会或正在经历由"农民"向"现代"转型的那些社会中，我们发现的一些暴力维度。如果我们让人留下这样一种印象，认为在这些研究中记载的、频繁出现的极端暴力行为是"前现代"社会的普遍特征，那这既不准确也不公平。然而，这些论述的确表明，我们在 16—18 世纪的英格兰可能找到的一些特征。我们可能估计会发现强盗、某种类似于**黑手党**（mafiosi）的组织、青年团伙（youth gangs）、家族不和与仇杀，并发现身体性暴力行为达到了很高的水平，偷盗却仍处在较低的水平，而且还会发现由流浪的乞讨者构成的流民团伙（wandering bands），以及普遍蔓延的恐惧、不信任的氛围。

　　关于 16、17 世纪的英格兰，我们有许多资料。为了解这些资料在多大程度上展现了某些"农民"社会的暴力，或在这些农民阶层遭到破坏，一个现代资本主义社会正在浮现时，得到强化的暴力就产生了，我们可以首先看看其中的一些资料。在 16、17

---

　　[3] 史景迁《王氏之死》（Spence, *Woman Wang*）；勒高夫、萨瑟兰《18 世纪布列塔尼的革命和农村社区》（Le Goff and Sutherland, 'Britanny'）；休夫顿《18 世纪朗格多克对权威的态度》（Hufton, 'Languedoc'）；尤金·韦伯《农民变成法国人：法国农村的现代化，1870—1914》（Weber, *Peasants*）；布洛克《西西里村庄的黑手党》（Blok, *Mafia*）；霍布斯鲍姆《匪徒》（Hobsbawn, *Bandits*）。

世纪，在这个国家四处旅行的人可以给我们一个印象。从他们的旅行中，他们获得了一个富有秩序、得到控制的无暴力社会印象。[4] "喝醉的巴纳比"（Drunken Barnabee）专门在最可能出现侵犯事件的场所——酒吧——频繁露面，甚至，像他们这样的人也很少注意到任何身体或语言的暴力。[5] 他们常常独自旅行，走过很远的地方，有时还要穿越据称荒无人烟的北境。然而，令人好奇的是，他们没有看到某些现代历史学家在其社会中发现的事实。那些在此时期写作自传与日记的人也表明，关于渗透在他们世界中的暴力，他们一无所知，无论他们是像皮普斯一样生活在城市，还是像约瑟琳一样生活在乡下的村庄，无论他们是像托马斯·惠索恩（Thomas Whythorne）那样的乡绅，还是像罗杰·劳那样的学徒，或是像惠特克罗夫特（Wheatcroft）那样独立门户的裁缝。这些自传作品给我们的强烈印象是，在这个社会中，人们不由非理性的愤怒驱动，人们无须在恐惧中生活或旅行，尽管在物质上有些艰难，但人们心里怀有着极大的温柔与热情。[6]

---

[4] 例如，莫里森《行程》（Moryson, *Itinerary*）；马歇尔《马背上的古董》（Machell, *Antiquary*），主要写作于 1692 年；莫里斯编《西莉亚·费因斯日记》（Morris, *Celia Fiennes*），主要写作于 1702 年。

[5] 参见《巴纳比日记》（*Barnabee's Journal*）（1878 年第 7 版），该书首版于 17 世纪上半叶，很可能由肯德尔治安法官查德·布莱斯怀特（Richard Braithwait）写就，他使用了昵称"喝醉的巴纳比"。

[6] 莱瑟姆、马修斯《塞缪尔·佩皮斯日记》（Latham and Matthews, *Diary*）；麦克法兰《拉尔夫·乔斯林日记（1616—1683）》（Macfarlane, *Ralph Josselin*）；奥斯本《托马斯·惠索恩自传》（Osborn, *Thomas Wythorne*）；萨克斯：《罗杰·劳日记》（Sachse, *Roger Lowe*）；克里：《〈阿肯弗伦纳德的惠特克罗夫特〉和〈伦纳德惠特克罗夫特自传〉》（Kerry, 'Leonard Wheatcroft'）。

我们可以论证，直到18世纪，来自旅行者与自传叙述的证据并未完全证明粗野蛮横的农民生活图景。我们或许会想，由于受过教育，具有读写能力和较高的文化素养，这些作者就忽略了这一维度。相较于法国、中国、西西里研究，为了更加严格地收集材料，我们需要使用详细的村庄研究与司法记录。一开始，我们可以从这些乡村研究来观察18世纪之前生活的印象。

特定教区或领主的旧式地方志中，描绘复杂、高度规范、具有财产意识的社会时，倾向于认为这些地区少有暴力。[7] 所以，在书写、刻画兰开夏郡北部的霍克斯黑德（Hawkshead）时，考普尔（H. S. Cowper）总结道，"正如它当今的情况，在坎伯兰郡（Cumberland）、威斯特摩兰郡（Westmorland）与弗尼斯郡（Furness）……任何类型的犯罪都很少出现，人们也不怎么知道卑贱的行为与小偷小摸"。[8] 在更为晚近的时候，对特定教区的经济与社会的研究也给我们一种印象，认为那里少有身体性暴力。[9] 当然，他描绘的村庄像是经历了巨大的经济变迁、日益严重的贫穷问题，以及宗教分化。但是，当穷人是农民，犯罪、离经叛道者、土匪与世仇几乎完全消失了。这些历史学家使用了来自当地的档案，它们的性质就可以说明这一点。土地记录、遗嘱、教区登记和其他文档通常都表明了一种高度复杂、持久、有效的政府机器，

---

[7] 这一类型的例子，参见米利肯：《霍斯特黑德和斯坦宁霍尔的历史》（Millican, *History*）；伦内尔：《三月的山谷：威尔士赫里福德郡边境庄园群的历史》（Rennell, *Valley*）。

[8] 考珀：《霍克斯黑德》（Cowper, *Hawkshead*），第199、224页。

[9] 关于这一路径两个著名的例子是：霍斯金斯《中部农民：莱斯特郡一村庄的经济与社会史》和斯普福德《共同体对比：16、17世纪的英格兰村民》。

也展现出许多控制和组织。所以，在发表了众多对哈利法克斯地区（Halifax area）的记录之后，作为最伟大的地方志学家之一，霍斯福尔·特纳（J. Horsfall Turner）写道，"读者们可能会为一件事受到触动，浪漫与不真实的魅力不得不为生活的真相让出位置，实际上，他们的生活与今天的公共生活少有差异"[10]。如果像许多历史学家近期所做的那样，使用法律记录，我们就只会找到人为添加的暴力维度。

威斯特（F. West）研究了林肯郡弗兰格尔村（Lincolnshire village of Wrangle）在1603—1637年这段时期里的纠纷。他使用了地方法庭的记录，即便如此，他仍然总结称，"法庭中的案例研究给我们这样一种印象，不只是弗兰格尔村，而且荷兰全境都显然没有严重的犯罪"。[11]甚至，更加令人惊讶的是，我们只看到了少量的轻微罪行，威斯特将犯罪的匮乏归因于基层警员效率低下。犯罪真实存在，只是没有被发现，或没有得到呈现，这一"暗影"对研究暴力问题的史学家来说是一个永恒的问题，也是我们稍后要回来讨论的问题。如果我们转向其他在村庄层面关于犯罪与暴力的细致研究，它们将不能证实关于血腥社会的普遍预想。沃克（J. Walker）近期出版了一部研究伊丽莎白时代埃塞克斯郡犯罪行为的著作。他在研究中发现，"只有少数教区经历过频率为每年一次的重罪，在伊丽莎白统治的整个45年里，超

---

[10] 霍斯福尔·特纳：《布里格豪斯、拉斯特里克和希珀霍姆的历史》（Horfall Turner, *History*），第238页。

[11] 威斯特：《弗兰格尔东芬村的社会经济史，1603—1657》（West, *Wrangle*），第25页。

过25个教区没有任何犯罪记录"。[12]在对埃塞克斯郡的凯尔维登教区（Essex parish of Kelvedon）的研究中，夏普（J. A. Sharpe）横跨1600—1640年期间，考察了大约500人的情况。他发现了24例偷窃、夜间盗窃以及入室盗窃行为，但是，在对身体的暴力侵犯上，他只发现了一例过失杀人与两例杀婴行为（其中一例的罪犯是邻村女孩）。[13]关于埃塞克斯郡厄尔斯科恩教区的研究跨越了更长时期——近乎两个世纪的时间（1560—1750年），这项研究使用了多种方志与犯罪记录，考察了800人的情况，在一定程度上揭示了暴力侵犯的数量：1608年，一名妇女因杀死自己的孩子被判处绞刑；1626年，另一名妇女受控毒害她的丈夫，但最终宣判无罪；1667年，一名男子因杀死继子被处以烙刑；接下来一年，人们发现一名男子犯有杀人罪，并将其驱逐出境。但上述案例里，宣判无罪的妇女后来再次结婚；获得烙刑的男子四年后以厄尔斯科恩教区主要居民的身份签署了一份请愿书，请求获得一份教职；受到驱逐的重犯后来重回村庄生活。[14]既然人们难以藏匿死尸，那么这些很可能就构成了大部分的杀人案件。在相邻的特林（Terling）教区，超过140年时间里（1560—1699年），在大约一半规模的人口数量中，我只发现一例杀婴行为的报道，犯

---

[12] 沃克：《伊丽莎白时代埃塞克斯的犯罪和死刑》（Walker, *Crime*），第47页。感谢沃克先生允许我引用他的论文。

[13] 参见科伯恩编：《英国犯罪，1550—1800》（Cockburn, *Crime*），第100、109页。

[14] 在麦克法兰等人著的《重建历史共同体》（Macfarlane, *Reconstructing*）书中描述了这一研究的资料与方法。

人是一个精神不稳定的妇女，以及一例杀人案件的报道。[15]没有人对过去一两个世纪的英国村庄做过与之相比的研究。并且，我们也难以想象案件数量会如此之低。

　　细致的村庄研究没有确证，广泛存在的暴力可以通过如下方式搪塞过去：这部分是因为人们没能发现暴力和犯罪，从而导致数据失真，部分是因为记录受到破坏。我们可能希望找到多种多样的方式来解决这些问题。其中一种方法是，如果其他资料能让我们洞悉在官方记录以外所发生的事情，那就使用这些资料。基层司法官员、警员、高级警官和法警的账本和笔记就是这类资料，但是，令人惊讶的是，在我已经看到的例子中，它们很少是负面的。[16]例如，17世纪90年代，为了纪念约克郡的斯基普顿（Skipton），理查德·威格尔思沃斯（Richard Wigglesworth）保存了一本账簿。亚瑟·雷斯特里克对其内容进行了归纳。威格尔思沃斯表现得像是警员、教堂管理员、村庄兽栏管理员、地方司法官，以及济贫官。这本账簿细致记录了许多走失的动物、贫穷流浪者的住所与流动，以及对地方法规的执行。鉴于所有这些执法行为，我们本可以期待，在这边远荒野之地，可以找到与其行为相对应的诸多迹象。然而，雷斯特里克总结道，"在他担任警员的这几个年头里，其职责多有变化，但这个地方颇为和平，所以在他的日记里，他没有记录任何暴力或偷盗的行为"。[17]

---

　　[15]　赖特森、莱文：《英国村庄的贫困与虔诚：特林，1525—1700》(Wrightson and Levine, *Terling*)，第116—117页。

　　[16]　一个例证参见《1681年高级警员登记册》(France, 'Register')。

　　[17]　雷斯特里克：《老约克郡山谷》(Raistrick, *Yorkshire*)，第62—71页。

另一可靠的资料是时人对村庄生活的描述。理查德·高夫（Richard Gough）在 1700 年描绘的什罗普郡（Shropshire）的米德尔（Myddle）教区是其中的佼佼者。[18] 这一描述价值非凡，大卫·黑伊（David Hey）详细的地方研究将此描述置入其他记录的语境中，又进一步提升了它的价值。米德尔是一个由小牧农和佃农构成的教区，大约有 600 人。由于多种原因，它完美地适合这一关于过去暴力的研究。米德尔离威尔士边境只有几英里远，所以处在英格兰社会的边缘地带。而且，在 17 世纪，同时代的许多人强调在英格兰全境，像米德尔这样的森林地区最"散漫且不受法律约束"。高夫也是一个完美的年代编录者，因为，正如黑伊评论所言，"引起轰动的事将他吸引"。[19] 在一段长达 50 年的时期里，根据记忆和经验，高夫的确发现了暴力行为。他报道了一例用铁锹杀人的行为、一例谋杀婴孩的行为，还记录了许多"害怕丈夫"毒杀她们的妇女。[20] 高夫也提到了几起自杀行为，以及一定数量的偷盗（多是些小偷小摸），以及私通和酗酒行为。但是，在此之外，身体暴力行为主要的、几乎唯一的例子出自一名叫威廉·泰勒（William Tyler）的男子的案件。对村庄而言，威廉·泰勒是一个大麻烦。他拒捕、顽抗，但最终还是被送进了监狱。尽管他犯下了多种重罪，他还是得到了释放。根据高夫的记录，在这 60 年里，社区中有两人被判处死刑——一个窃贼、一个杀人犯。黑伊

---

[18] 高夫:《什罗普郡米德尔教区的古物和回忆录》(Gough, *Myddle*)。

[19] 黑伊:《英格兰的乡村社区：都铎王朝和斯图亚特王朝时期的米德尔》，第 188、224 页。

[20] 高夫:《什罗普郡米德尔教区的古物和回忆录》，第 30、72、91 页。

评论说,"恶毒的犯罪""非比寻常"。的确,黑伊的印象是,尽管存在一些臭名昭著的个人和家庭,但总体上,"相比起英格兰今天的情况,其犯罪率似乎更低一些,人们也严格遵守道德规范"。[21]很明显,要证明这段陈述,我们不仅要求米德尔的犯罪记录得以保存、分析,我们还应把它们与今天的情况进行仔细地比较。然而,这个印象颇为有趣,它再次和我们的预期相去甚远。事实上,当我们抛开高夫的论述不谈,最有趣的是它所缺乏的内容:我们看不到任何巫术、世仇、派系、路匪、黑帮暴力,以及施虐狂。他没怎么记录人与人之间的暴力行为。在他的作品中,我们也可以找到许多反证据,发现家庭之内与邻人之间的温暖、幽默、宽容、和善、爱与深情的证据。

为了把所有怀疑能够带来的益处赋予"暴力过去"论题,我分析了一系列不同寻常的档案。首先,我选取那些最有可能提供暴力证据的记录,即刑事法庭的诉状与证词,治安法官的笔记和文书。这些材料与地方记录结合在一起,使我们能够超越更为外在的表象,超越案件总数,深入到内在层面,了解暴力如何显现、受到控制,并包含在17世纪的英格兰社会之中。进而言之,它们使我们能够看到,人们如何认知暴力,以及暴力渗入思想与行为的程度。

其次,我选取了坎布里亚郡的档案。该地与苏格兰接壤,被认为是英格兰最荒凉、最暴力的地区。当地边远、贫困,罪犯们能轻而易举地藏匿于山林与荒野之中,同时,边界地区也便于罪犯们潜逃。如果有血亲复仇、强盗横行以及随处可见的公开暴行,

---

[21] 黑伊:《英格兰的乡村社区:都铎王朝和斯图亚特王朝时期的米德尔》,第224、225页。

那一定在坎布里亚郡。这里在被人们习称为威斯特摩兰郡和坎伯兰郡的适于放牧的高地。再次，我选取 17 世纪 80 年代这段特别的巨变时期。1679 年，一场编造的反天主教阴谋之后，又发生了许多其他的叛乱威胁，蒙茅斯郡的反叛与驱逐詹姆斯二世成为这些叛乱的顶点。在这一地区，统治阶层分裂了，他们在政治上的不确定性因为糟糕的天气和物资匮乏而恶化了。

最终，我在北方巡回法庭的记录中选取了一系列独特事件。他们关注由钱币切割者、路匪、窃贼和其他人组成的松散联合的行为。17 世纪晚期，我们在该地区几乎找不到其他严重的犯罪案件。关于 17 世纪 80 年代柯比朗斯代尔教区北部及其附近的刑事暴力，我们进行了广泛的案例研究。我们想要知道，通过对此案例研究做出有针对性的分析，我们可以获得何种印象呢？[22] 如果我们在世上其他地方挑选出一些农民阶层，那么这一暴力模型如何与他们的暴力模型进行比较呢？斯莫思威特兄弟（Smorthwait brothers）、爱德华·班布里奇（Edward Bainbridge）及其同伴的行为可以告诉我们什么？针对控诉治安法官丹尼尔·弗莱明（Daniel Fleming）先生与其他本地具名的行为，人们做出了回应，这些回应又可以告诉我们什么？在都市和工业革命的前夜，在 17 世纪晚期，暴力具有哪些类型，达到了什么程度？

就犯罪性质而言，与已经引用过的、其他农民阶层的罪行记录相比，北英格兰居民控诉的犯罪行为就形成了鲜明的对比。在其他地方，主要的侵犯行为是身体攻击，包括性侵和对儿童的攻

---

[22] 对这些案件更加充分的论述，参见麦克法兰、哈里森：《正义与马雷斯的啤酒：17 世纪英格兰的法律与无序》，第 1—10 章。

击，杀人也颇为常见。但是，在威斯特摩兰郡，这些行为几乎全都不存在。在1650—1699年这半个世纪中，我们遇到的具有谋杀或杀人嫌疑者不足10人。至于包括丢胳膊少腿或重伤在内的确实严重且残忍的侵犯，在那里几近于无。甚至斯莫思威特兄弟及其同伙也从未杀人或致人残废。在他们最严重的一次暴力攻击中，他们让受害人三周内无法行走。但是，通常情况下，他们只不过作弄一下受害人，捏捏他们的鼻子或耳朵。西西里存在着大量杀人案件，两相对比，威斯特摩兰展示了一个完全不同的世界。

在对农民阶层的研究中，关于其他主要侵犯行为的证据也少有提及。这些主要的侵犯行为亦即强奸、纵火、大规模的牲畜盗窃。1650年后的一百年里，我在文献档案中没有发现柯比朗斯代尔人犯下任何此类案件。在1650—1699年的这段时间里，我在保存下来的记录中也很少发现，在整个威斯特摩兰郡出现过一个这样的案例。尽管班布里奇兄弟发出威胁，要将邻居的房子付之一炬，但是，我们找不到任何因为仇恨攻击房主的干草堆或外部房屋的记录。除了偶尔有一例谋杀新生私生子的案例，我们也找不到攻击孩童的记录。在这一时期的威斯特摩兰郡，我没发现一例强奸诉讼。甚至，在威斯特摩兰郡事务中，我也没有发现任何与性侵有关的迹象。我们不可能把偷窃一只羊、一头牛或一匹马的行为归类为牲畜或羊群盗窃（cattle or sheep-rustling），正如人们对西西里的描述，牲畜或羊群盗窃要赶走整群牲口或动物。"农民"犯罪只有微弱的呈现。

另一方面，与金钱和私有财产有关的所谓的"资本主义犯罪"在数量上要更多一些。其中最明显的是伪造钱币——在我们的样本研究中,在任何金钱匮乏的农民经济里,我没有提到这样一种侵犯行为,但这种行为在英格兰极为重要。它在最低水平上预设了影响广泛的对铸币的使用和需要。其次,各种形式的财产盗窃十分常见。这不只是盗窃食物或小手帕(一如我们对法国的描述),而是有预谋的盗窃,旨在获得金钱或可以售卖的有价值的东西。在入室盗窃与拦路抢劫时,盗匪计划获得几百镑财物,即便强盗常常受到误导,他们仍能获得数额巨大的金钱,或为现金,或为支票与债券。盗窃是一种具有"资产阶级"或资本主义特征的犯罪,至少从 14 世纪起,它在英格兰是最主要且受到诉讼最多的刑事犯罪。

犯罪的性质与犯罪动机相关。土匪或"农民"倾向于因为愤怒或当前的需要犯下罪行。时有发生的盗窃源于绝望。人身攻击则常是荣誉受损的结果,或是为了防范另一方可能做出的侵犯行为。但是,在斯默思威特案件中,我们找不到可以展现这些动机类型的证据。表面上,如果我们只有诉状,我们可能已经相信:他们偷窃小牛,甚至偷窃金钱和衣服,是饥肠辘辘的农民做出的反应。但是,根据与此案有关的行为以及他们的其他行为的立场、证词和地方档案补充的信息让我们能够看到:真实情况远非如此。很清楚,犯罪被认为是增加财富的捷径,而非为了免于饥饿。为此才能揭示,为何绅士威廉·福斯特、富裕的自耕农威廉·斯默思威特或牧师埃德蒙·洛基(Edmund Lodge)这一层次的人都愿意参与到这些行动中来。他们的行为也令同代人感到困惑。据报道,1688 年关于伪造钱币的一场对话告诉了我们一些认识这类犯罪动机的线索。一个人对另一个人说:"我认为,你是想要过上有钱人的生活。威廉·阿特金森（William Atkinson）回答他说，你这样说，可真是一个傻瓜，因为我能过上比你更好的生活。"[23]人们在解释犯罪动机的时候，认为犯罪源于贪婪和冒险的结合，这种解释或许再简单不过了。班布里奇努力声明，偷窃罗伯特·罗宾逊（Robert Robinson）不是什么犯罪，他很可能在暗示，罗伯特·罗宾逊非常富有。在此事实之外，关于人们具有劫富济贫的渴望，并认为劫富济贫并非政治与社会批评的对象，我们找不到任何线索来证明这一点。看起来，人们只是认为，与其他赚钱方式相比，伪造钱币与盗窃要更加简单。就像其他消遣一样，风险值得人们一试又增进了快乐。这些行为都是副业：一个人可以把种田、打铁或酿造艾尔酒结合起来，同时还偷点东西、造点假钱，正如另一个人可以将其与狩猎或编织袜子结合在一起。

社会动机的缺乏也表现在受害者的本性中。据说，土匪与农民很少抢劫他们相近的邻居。他们偷窃地主、城里人，或其他相距更加遥远、社会地位更高的人。然而，斯默思威特兄弟及其同伙并未以这一方式行事：他们偷窃彼此的财物，也盗窃相距咫尺的邻居、亲戚，也偷窃比他们贫穷、柔弱的人，他们偷窃仆人、脚伕、牲畜贩子。他们偷过的距离最近的乡绅是老迈的罗宾逊，或寡妇班布里奇。布雷德里克（Bradrick）及其同伙没有盗窃乔治·弗莱彻先生的住房或院子，尽管他假装追求那里的一位仆人，并在此期间察看过弗莱彻先生的房子。他偷了附近一位农夫的木屋，从中偷出了少量钱财。他们甚至盗窃隔壁的邻居，一如在老

---

[23] 威斯特摩兰书记官弗莱明的手稿，WD/Ry/57。

哈顿（Old Hutton）或者霍金霍尔（Hawking Hall）的情形，从此，他们需要戴上面具，并改变说话的声音。本村村民维持了强盗的生计，既然他们被认作亡命之徒，他们就无须自我伪装。但是，斯默思威特兄弟随身携带面具，把它放在口袋里；他们还带着武器，骑马夜行，像躲避治安法官一样躲避他们的邻居。

所以，暴力模式没有揭示城镇与乡村，或社会阶层之间的分裂。在对其他农民阶层的报道中，关于农民与"地主"之间的战斗，我们找不到任何线索；或者，关于任何类似于在朗格多克（Languedoc）攻击领主的事件，或任何类似人们描述的在19世纪法国偷猎者与守门人之间的战斗，我们都找不到任何线索。[24]在威斯特摩兰郡，"地主"和其他阶层之间不存在明显的区分，所以，如果那里存在此类战斗，反而会令我们感到惊讶。斯默思威特兄弟等人自己就是地主，尽管是小地主，他们也没有攻击任何地位更高的乡绅；例如，弗莱明或乔治·弗莱彻（George Fletcher）或其他任何一个法官。威廉·斯默思威特（William Smorthwait）自己就在某些场合被认定为"绅士"，在另一些场合则被认定为自耕农或农夫。

如果暴力没有凸显假设中的各阶层之间的冲突，那也就没有凸显家庭群体之间的冲突。根据人们描述，在法国、中国和西西里的境况中，历史久远的世仇和家族积怨，以及以血还血的复仇方式是核心特征。但是，我们在英国完全找不到与之相关的证据。

---

[24] 18世纪早期，南英格兰的部分地区出现过模糊的近似于这些斗争的事件，它们记录于汤普森：《辉格党与猎人》（Thompson, *Whigs and Hunters*）；亦请参见海伊等：《阿尔比恩的致命树：18世纪英格兰的犯罪与社会》（Hay, *Albion's Tree*）。

但凡亲属关系纽带牢固，国家正义虚弱的地方，报复与对和平的维持就常常掌握在亲属手中，暴力与亲属关系联系密切。但是，在来自斯默思威特案的证据中，没有任何迹象表明血仇、长期的家族积怨，或任何具有这类性质的事情。班布里奇兄弟和斯默思威特兄弟不是作为任何其他某个特定家族的竞争者浮现出来，也没有任何迹象表明，假设出现在这一案件中的罪过会传递给下一代，并在下一代人中得到纠正。1650—1750年，在柯比朗斯代尔，我们也在其他法律文书中找不到任何家族世仇的标记。很明显，个人之间的仇恨，甚至一个家族与另一家族之间存在的仇恨，与别处描述的暴力的代际世仇相比，其特征如此不同，以至于我们应当将之归为另一类事物。世仇与家族积怨的缺失显而易见、位居核心、意义重大，如果这类现象广泛存在，我们就很难相信，司法文书与其他记录会彻底忽视这类现象。例如，在这个案件中，我们找不到记录，表明有人抓住了机会，对强盗或其家庭成员进行报复。

这种境况有助于解释，为何人们并不害怕受到攻击。甚至，直到19世纪末，在法国农村，或直到现在的西西里，对旅人来说，许多地方都不安全，山区或森林地带尤为如此。看来，斯默思威特案中描述的事情揭示了，在正常情况下，英格兰北部的情况与之不同。斯默思威特兄弟恐吓商人和其他过往人员。弗莱明认为，由于斯默思威特兄弟造成的反常状况，对这一同伙采取严厉的行为就是正当的。斯默思威特案证词中的大量材料表明，在这里，如下情景颇为常见：妇女只身旅行，个人携带盘缠在夜间独自穿越旷野。在17世纪，许多行经此地的旅人记述了自己的经历。看起来，旅人

三　暴力　103

们在旅行期间并不担心受到侵扰或抢劫,他们的记述证实了上述印象。我们找到记载了穿越此地的旅人的大量文献材料。在行经此地的旅行中,有人赶着载满货物的马队,有人驱赶着畜群,也有人携着金钱从市场回家。很明显,他们都不担心被抢劫。

我们也找不到证据表明,旅人或边远村庄与农舍的居民平日都忧心忡忡,担心受到流民团伙与半饥不饱的农民的侵扰。这类团伙,有些很常见,其他则由严重的自然灾害导致。据编年史记载,在12世纪以前,世上许多地方都出现过这种自然灾害。在我们考察的其他农民阶层当中,这些团伙构成了对法律与秩序的持久威胁。更重要的是,长久以来,人们都认为,成群的乞丐和流浪者是此时英格兰的首要特征。人们假定,16、17世纪的资本主义革命导致了混乱,并将乞丐和流浪者群体归因于此。在为数不多的教区登记册中,有一个登记册提到,坎伯兰郡的格雷斯托克(Greystoke in Cumberland)出现了饿殍,这也表明,该地区的生存"危机"至少一直持续到17世纪中叶。[25]尽管极度匮乏这种最糟糕的情况已经结束,但是,很明显,在内战后的一百年里,这些边境地区可能承受了始于南部与东部经济革命的全部影响。所以,威斯特摩兰郡为有组织的流浪生活提供了理想的条件。但是,关于该时期的这样一种现象,我们在法庭证词或其他记录中都找不到任何痕迹。据我们所知,没有一个这样的群体尽如肯德尔(Kendal)或柯比朗斯代尔。关于后者,庄园法庭的记录非常详细,列出了所有想在城镇安家的人;教会委员的账目给穷人支

―――――――

[25]　阿普尔比:《英国都铎王朝和斯图亚特王朝的饥荒》(Appleby, Famine),尤其是第7、8章。

付报酬；警员给地方法庭呈递了完整的报告；治安法官也进行了仔细的监督。考虑到这一切，看起来确切无疑的是，如果那里曾经长久存在且反复出现的流浪者问题，我们就应该有所耳闻。这些记录的确表明，流浪汉与乞丐个体是存在的。但是，我们看不到任何标志，表明四处漫游的乞丐对法律与秩序构成了重大威胁，无论是以个体还是集体的形式。

关于在农民阶层中经常出现的混乱无序——在教区内，代表不同群体的青年帮派之间，以及不同村落之间的斗殴——还有另一潜在原因，但这个原因也是不存在的。许多传统农民阶层都具有一个核心特征，相邻社区之间具有明确的边界，还伴随有对外人的敌意。法国的事例对此做了最充分的描述。如果威斯特摩兰郡存在与之类似的村庄内部的激战，以及来自不同村落的四处游荡的青年帮派，那么，我们几乎不用怀疑，司法记录一定会提到了它们。并且，如果曼瑟的班布里奇兄弟的行为激怒了基林顿（Killington）的居民，他们也会用武力进行反抗，那我们也应当有所耳闻。然而，在1650年之后的一百多年里，这个教区的记录，以及威斯特摩兰郡在这一时期前50年里的其他记录都没有任何迹象，向我们揭示与帮派斗争相似的事物。依据人们的描述，在晚近的法国，这种帮派间的斗争一度存在。在已有的报道中，我没有见到任何因为饮酒或在足球比赛之后出现的青年帮派之间的打斗，也没有见到每周一次的打斗。当然，由于无视穷人居所的权利以及对他们的责任等问题，在教区之间，尤其是边界两端的教区之间会产生冲突。但是，这些冲突是在法庭上解决，而不是通过武力解决。至于社区之间或社区内群体之间的打斗，它们似乎整体上在这一地区消失不见了。

在威斯特摩兰郡,我们见不到身体暴力与日常恐惧,这点在武器与防御工事的性质上有所反应。广泛分布的暴力、拦路抢劫的强盗、流浪者团伙,或家族世仇常与数量巨大的武器相伴,尤其是火枪、匕首与刀剑、强化防御的房屋以及猛犬。据人们描述,在18世纪的朗格多克与19世纪的西西里出现了火枪数量的巨大增长。但是,如果我们查阅斯默思威特的法庭证词与其他地方文献,那就是另一幅图景了。斯默思威特兄弟及其同伙的确持有长剑与手枪,但是,人们认为,只有在例外的情况下,他们才会携带武器骑行。遭到他们攻击的受害人通常没有武装,或只是采取了简单的自卫手段。玛格丽特·班布里奇(Margaret Bainbridge)的丈夫有一把古老的长剑,但是,寡妇班布里奇甚至不想增加麻烦,把长剑放到卧室里,尽管她怀疑强盗可能进入卧室。亨利·普雷斯顿(Henry Preston)有一柄剑,基林顿的警员有一把老猎枪。但是,在其他情形中,当人身侵犯与盗窃发生时,没有人提起受害人持有的武器,正如罗伯特·罗宾逊(Robert Robinson)的抢劫案,以及发生在坎伯兰郡的抢劫案中的情况。除了普雷斯顿,那些被攻击者都没有使用棍棒、刀剑或匕首自卫。据我们所知,所有这些地方都没有用猛犬来看家护院,或攻击入侵者,尽管在两起夜晚的盗窃案中,犬吠唤醒了主人。我们也看不到任何证据表明,房屋本身采取严密的防范措施,尽管许多房屋都是边远的农舍。大部分房屋都装上了百叶窗,并在前门装上一根铁条,以此作为防护手段。在罗宾逊的房屋里,百叶窗常常都是打开的。在威斯特摩兰郡,至少在17世纪80年代之前的120

年里，当地人就不再建造防护工事来加固房屋，我们在建筑结构上也找不到需要防护的痕迹。[26]

让我们更加仔细地看看出现过的武器吧，在1500—1720年，柯比朗斯代尔教区的412份储物清单样本中，只有24份清单中提到了武器；超过百分之九十的人没有什么值得一提的武器。当我们以10年为单位来审阅这些清单时，很可能会看到，在这个时期，人们拥有武器的情况并无明显变化。1610—1619年的33份清单中没有提到任何武器。在其他时候，关于涉及武器的清单总数，我们能够以如下方式表达"无武器清单"及其比例：

1590年以前，17∶1
1590—1599年，11∶1
1600—1609年，25∶1
1620—1629年，21∶1
1630—1639年，15∶1
1640—1649年，6∶1
1650—1659年，11∶1

1660—1669年，20∶1
1670—1679年，12∶1
1680—1689年，16∶1
1690—1699年，18∶1
1700—1709年，37∶1
1710—1719年，22∶1

正如我们可能会料到的那样，在17世纪40年代，包括内战在内的10年产生了最高的武器占有率。并不是所有的小型武器

---

[26] 例如，1692年，古物学家马歇尔（Machell）游览威斯特摩兰南部及附近地区时发现防御工事已经衰败很久了，参见《马背上的古董》。布奇、琼斯：《莱克县经济和社会简史，1500—1830》（Bouch and Jones, *Lake Counties*）第36页论述："从16世纪中期到17世纪晚期，大型房屋……很少或从不为防御进行准备。"

（例如匕首或弓箭）都被列举出来，尽管清单的确记载了三把匕首和若干张弓。因为这一事实，记录在册的武器比例要低于真实的情况。但是，很明显，许多"武器"首先是为了打猎，而非打斗，这一事实就使上述情况得到了弥补。所以，这412份清单中提到了16支"枪"，其中4支被专门标记为"猎枪"，另有一支被标注为"老"枪。许多剑也被标注为"老"，暗示着它们基本上是家庭的祖传遗物。[27]

显然，攻击性武器在这里颇为匮乏。原因之一似乎是，它们通过法律得到了有效的管理。根据针对约翰·班布里奇（John Bainbridge）的授权令，他"拥有好几条枪、好几支手枪，以及其他一些武器（尽管他并无合法资格可以持有它们）"。我们这就提到了关于持有武器的法律。在弗莱明法官（Justice Fleming）的那本《法条》（*Statues*）中，在"枪械与弓弩"的条目下，他将这些法律概述如下（弗莱明添加的内容以斜体字表现出来）：

> Ⅰ. Stat. 33. H. 8. 6. 任何人都不能在其房屋中，或在别的地方发射或保存弓弩、手枪、火绳枪，除非他的地产每年可为之带来100英镑，否则，每违反一次，他就需要支付10英镑的罚款。匕首、手枪、以及石弓（*stonebows*）也包含在此法条中……

---

[27] 如果将其与一本由达勒姆的牧师在1569年持有的花名册进行比较，就颇为有趣了。甚至对这种战争处境来说，在此边境地带，"在总数为6477的人口中，4000多人没有任何武器"。见詹姆斯：《家庭、血统和公民社会》（James, *Family*），第37页。

Ⅲ. 除非在战争时期并身列行伍之间，任何人都不得携带弓弩或枪支旅行（这样就可节省 *100 英镑*）。除了保卫自己及其房产，或是在生死关头，任何人也不得在城市、自治市镇或集市城镇的四分之一英里之内射击，否则处以 10 镑的罚款。

在这一地区，每年 100 英镑是可以从地产中获得的很高的年收入了。在柯比朗斯代尔教区，除了一两位居民，是否有更多的人达到了这一水平呢？这一点颇值得怀疑。

然后，弗莱明归纳了一些例外情况：例如，上议院的神职议员和俗世议员，城市居民，自治市镇、集市城镇可以持有大型枪支。但是，在四分之三码的距离内，任何人不得射击、携带或持有任何枪支，违者罚款 10 英镑。对拥有 100 英镑财产的人来说，只要看见了这样一件武器，他就应该将之据为己有，并在 20 天内销毁。但凡谁的社会地位低于男爵，他都不能在一个城市或市镇里射击。当然，至于法律在何等范围内得到了有效执行，我们尚需做进一步的调查。

人们明显不持有武器，也很少诉诸身体暴力，这与其他两个显著特征有关。首先，在强盗与秩序的力量之间没有激烈的斗争。这与人们描述的中国、法国和西西里的情况存在巨大的对立。在那些地方，警察与军队重度武装，经常配有坐骑，他们控制乡野，时常与强盗和劫匪发生激战。尽管弗莱明一度设想过使用受过训练的队伍——一个由脚伕和马伕构成的业余组织，但没有证据表明他召集起了这样一个组织。在不同情况下，谁若涉嫌私藏弓弩，他就派警员或法官将其逮捕。据我们所知，这些警员和法官要么完全没有武装，要么就只携带了剑或棍杖。有时候，强盗们会逃跑，但是，哪怕是威廉·斯默思威特，我们也没有任何证据表明他曾经用剑或手枪拒捕，尽管他曾经夸口有力气举起弗莱明等法官。当然，根据报道，没有任何人在被捕中受伤。很早以前，人们就注意到英格兰的这一特点：英格兰没有常备军；以及在19世纪，英国形成了正规、职业的警察力量，但除了警棍，他们没有配备任何武器。这是一个持久的传统，这个传统可以一直追溯到17世纪之前。尽管强盗曾以小群体露面，他们的武装、骑行和攻击导致人们产生非同寻常的警戒，但强盗们基本上都是独立行动的个人。他们和一些甚至更为肆虐的罪犯都没有构成严重的威胁，以至于不得不用强大的惩罚性力量加以应对。

其次，人们无须被保护起来，不受暴力伤害，或如布洛克在论西西里黑手党与黑手党成员的著作中的描述，当地人通过不太正式的渠道，以资助的形式来获得正义与保护。在西西里，一边是村民，另一边则是城镇里的官僚机构及权力与地主，这两端之间存在一个巨大的裂口。所以，在日常生活的暴力中，一系列中间保护者成长起来。更为普遍的是，人类学家已经记录了贯穿整个地中海的农民阶层，通过保护人-当事人（patron-client）的纽带进行保护的重要性。[28]中央政府与国家法律的弱点导致了由"教父"或其他保护人提供的政治保护的重要性。在斯默思威特事件中，我们难以找到这种政治保护的痕迹，也没有人提到教父或其他"被构造出来的"重要的亲属纽带。弗莱明处在一个做保护人

---

[28] 盖尔纳、沃特伯里编：《地中海社会的赞助人和客户》（Gellner and Waterbury, *Patrons*）。

的首要位置，他在处理这一案件时，最为确切地揭示了这样一种体系。的确，他曾伸出援手进行金钱上的资助；有些书信，尤其是罗伯特·罗宾逊和亨利·斯默思威特的来信，还在向他寻求保护。但是，在人类学家与社会学家的研究中，我们观察到一种根深蒂固的、制度化的模式，这就是从这种模式深处发出的呐喊。尽管斯默思威特兄弟对人们进行了威胁，但很明显，他们自己从未利用自身引发的恐惧去收取保护费或变成政治上的保护人。当需要保护的时候，人们可以通过雇佣专业的代理人或出庭律师，用现金在开放的市场上购买保护。

实际上，人们在刑事法庭之外解决争端的方法非常重要：除了诉诸威胁或武力，人们将会使用法庭与非正式的谈判解决争端。证词让我们对许多案件有了非凡的洞见，在通常情况下，这些案件不会引起我们的关注。在这里，我们发现，人们雇佣律师，把对方告上民事法庭，或者请求富有影响力的本地居民加以仲裁，支付现金，在法庭外解决问题。在班布里奇偷盗案中，这两种方法都有所展现。在其他更加微小的案件中，例如，在斯盖夫（Scaif）的扒窃案中，人们就准备好接受案犯归还他们的金钱。总而言之，看起来，许多人都不愿进行刑事起诉，这不仅伤害感情、花费金钱，还很可能产生反作用。如果有可能，他们会在庭外私了。如果没有这种可能，他们将会选择高度复杂的司法系统。这就确证了历史学家的想法，在得以保存的司法记录中，许多犯罪并未记录出来。尤其是在斯默思威特兄弟案中，如果这个案件没有发展到如此严重的地步，那么看起来，至少有一半的主要罪行永远不会被起诉。

人们不愿进行诉讼,却乐于诉诸谈判、罚款而非诉诸身体暴力的方式解决争端。这又一次与我们在许多农民阶层中发现的情形相冲突。人们在纠正假设的罪行时,常常施加那种在身体上颇为残忍的惩罚。根据人们对中国、西西里或法国的描述,自然而然地,削鼻割耳、致残或杀死就是对犯罪自身的邪恶同等程度的回报。这种暴力既是邻人与亲属在地方层面进行非正式复仇的特征,也是国家施予惩罚的特征。正如在典型情况下,农民叛乱的残忍会被地主与国家一方的暴虐扑灭,所以,节制暴力犯罪的唯一方法就是借助野蛮的惩罚。

但是,在斯默思威特事件中,在非正式层面,我们找不到一个"民众"复仇的例子。在19世纪的传说中,我们可以找到唯一的线索,即米德尔顿(Middleton)人民起来反对斯默思威特兄弟。在与爱德华·班布里奇的关系中,民众报复的缺失得到了最大程度的体现。班布里奇骚扰邻居长达30年,盗取邻居的钱财、威胁他们,让他们敞开大门。然而,从表象上看,邻居们做的一切就是努力与之论理,促使他放弃恶行,或者,最后进行诉讼,在法庭上对他进行控诉。很少有证据表明,人们使用伤害身体的方式威胁或无情的攻击来惩罚彼此。当然,在那里,人们也攻击他人;关于对房屋与田地具体所有权,人们也会争吵打闹。但是,就其规模与性质而言,相较于我们在其他社会观察到的攻击与争吵,它们就属于另一个层级。

我们可以做出有力论证,这是因为国家垄断了暴力,正如上层阶级垄断了对危险武器的使用。如果我们只读法学教科书和法律条文,那么,就表象而言,这确为事实。在我们看来,有些事情只是细微的冒犯，尤其是那些针对财产的侵犯行为；对于这类侵犯行为，官方的惩罚十分严厉。但是，如果潜在的惩罚是重大的，那么，多少人真正被判犯有这些侵犯罪行，多少人尽管被判有罪，却又得到原谅，以及在实际执行过程中，惩罚在何种程度上得到了减轻呢？这里不是对此进行细致研究的地方，但是，斯默思威特事件支持了这种观点：法律制裁在理论上非常严厉，但实际上对大众的压力较小。在这个案件中，人们不情愿宣判的情绪也得到了很好的展现，因为尽管明显存在大量的证据——主要人物曾经逃跑，班布里奇和汤普森也一再逃跑。[29] 众所周知，当被法庭宣判有罪时，在实际执行中，近一半被判有罪的人都因为缓刑或谅解而逃过了惩罚。[30] 班布里奇与汤普森都获得了谅解和缓刑。根据弗莱明就法条写给巡回法庭书记员的信，人们在努力谅解斯默思威特兄弟的罪行。在威斯特摩兰郡的监狱日志中，按照诉状，有些人应当被处死，而这些人名字旁边，日志上经常写着"缓期执行"或"移送"字样。甚至，当一个人即将被处死的时候，他的刑罚还经常被削减。例如，偷工减料和伪造铸币是严重的叛国罪，在理论上，犯下这些罪行的人要被送上绞刑架，套住脖子，在活着的时候就断其手足，将其肢解，要让他眼睁睁地

---

[29] 贝克（Baker）评论道，16—18世纪，宣判无罪的比例占到"起诉案件的四分之一到一半之间"。见科伯恩编：《英国犯罪，1550—1800》，第23页。

[30] 贝克引用科伯恩（J. S. Cockburn）和拉齐诺维茨（L. Radzinowicz）的作品，声称："据估计，整个时期，那些被判有罪的人中，真正被处死的人在10%—20%之间；那些被判刑的人中，真正遭受刑罚的比例平均约为一半。"见科伯恩编：《英国犯罪，1550—1800》，第43页。考虑上面所述及前条注释，被起诉的人中，真正受到惩罚的重罪比例在2.5%—7.5%之间。

看着自己的脏器被烧灼,最后,他的尸体要被切分为四大块。实际上,犯有此罪被处以极刑的人都是以正常的方式被绞死的,或者,至少是被绞死之后才开始后一阶段的刑罚。如果一个妇女被判活活烧死,在这种情况下,在遭到焚烧以前,她们常常就已经被勒死了。[31] 或许,对正式体系的最好归纳就是:存在一部严酷的法典,但法典的执行却允许存在许多灵活性和妥协。所以,在17世纪下半叶,整个威斯特摩兰郡,或许有6人因为普通的刑事犯罪被绞死。

关于中国、法国与西西里农村暴力与匪患的研究披露出一些情况。这些情况与斯默思威特事件展示的内容有所不同。我们还可以使用许多其他指标来指出它们之间的差异。例如,根据霍布斯鲍姆的观点,绿林好汉与寻常强盗相对,界定绿林好汉的核心特征之一是侠盗(social bandits),他们要受到农民同伴的崇拜,并得到来自农民同伴的帮助。当班布里奇等人鼓励其他人支持他们,并论证说,抢劫罗伯特·罗宾逊不是什么罪过,看起来,他们就没有获得民众的支持。一些证据可以证明:一些年轻人模仿斯默思威特,喝醉之后四处游荡;有些陪审员则太过"支持"他们,不情愿指控他们,他们的不情愿表明了一种特定的同情,但是,我们难以论证,斯默思威特兄弟及其同伙真正接近了霍布斯鲍姆描述的立场。通过攻击近邻的房屋和人身,在深夜恐吓本地妇女,引起普遍的混乱与焦虑,他们与许多人疏远开来。当他们偷工减料和伪造铸币,却没有引起普遍的愤怒时,很明显,无论

---

[31] 阿特金森:《约克造假案审判》(Atkinson, 'Trial at York'),第225页注。

斯盖夫这样的扒手偷盗衬裙或整扇小牛肉，还是抢劫年老的绅士、脚伕和牲畜贩子，人们通常认为上述行为只是普通犯罪（尽管花样繁多）。村民们取出搜查令，当地居民提出诉讼。这些人还不是逃脱法律制裁的职业强盗，而是威胁身边那些人切勿背叛自己的兼职强盗。我们的确距离侠盗非常遥远。

现在，我们必须努力回答这个艰难的问题：为何我们引用的少量证据（如果得到了确证）表明，英国的情况如此特殊。我们能够在英国的法律与社会体系中找到一条线索。并且，英国的法律与社会体系还有一个突出特征，使其区别于其他国家的法律与社会体系，我们已经研究过这个突出特征。地方共同体内部的文化与控制通常被称为小传统（Little Tradition），更广泛的社会与国家的法则及规范则被称为大传统（Great Tradition）。它们之间的对立是农民社会最显著的特征之一。农民与领主之间、牧师与诸职业之间，以及郡与镇之间存在纵向的裂痕，这些裂痕汇集起来，往往导致村民与政府职能部门之间的显著对立，甚至导致村民与国家法律前提之间的显著对立。例如，在18与19世纪的法国，村民们对法庭的正式机构与政府官员深恶痛绝，并与之保持距离；法官与警察被视作邪恶的威胁，中央政府也不得不承认其对村庄的掌控是薄弱且表面的。

威斯特摩兰郡的档案给出了一幅相反的图景。非正式冲突的解决机制可能广泛存在，即便解决起来需要代理人参与，并诉诸法庭。警员或许不愿陈述案情，但是，当他们受到法官传唤，他们就会出现。没有迹象表明，民众反对国家法律或法官及其他执法人员的活动。人们不希望在法庭出现，或以证人的身份露面，而保证金体系却能有效地让他们这么做。通过保证金体系，人们受一大笔金钱约束，必须作为证人或原告。同样，如果有人扰乱治安，就处以一笔数额相近的罚款，这一制度大体上也得到遵守。而且，大部分成年男性自己就是次要的司法官员。在斯默思威特案中，司法官员包括了要犯与守法者。这意味着，如果非正式控制拒绝职业法律人和司法官员的大传统，那么，我们根据当地习俗的小传统与非正式控制之间的对立做出的任何分析都是错误的。长期以来，英国体系具有许多别具一格的重要特征，自我管理就是其中之一。[32]

人们获得的法律经验反映在这一案件的证词和书信中。除了其他法律记录，这些证词和文书表明：人们深刻意识到了法律如何工作，以及这些法律是什么，人们也达成了一种普遍共识，即法律适用于当地，也会被人遵守。在国家法律之外，那里并不存在另一种社区法律。有时候，我们发现，仆人或许过于强调他们的天真无邪，声称自己不确定某种行为是否合法。但是，总体印象是，大量重叠的法庭与法律渗透进最底层的居民之中，普通人也能很好地应用国家刑法体系的知识。关于威斯特摩兰郡居民在那时候的法律行为，人们有所记录。这幅图景当然非常适合既存的那些记录。令人难以置信的是，在法国、中国或西西里，大量村庄居民发起复

---

[32] 对此立法与执法体系，道森的《世俗法官史》（Dawson, *Lay Judges*）提供了一种从早先时代开始的卓越论述。很明显，在这里，治安法官是一个关键人物。弗莱明或许是例外，但是，这个案例的确支持了约翰·朗根（John Langbein）的竞争理论；亦即法官在为重罪和轻罪准备案件时，法官在指控和调查中扮演了重要角色。实际上，斯默思威特事件，以及弗莱明在此事件中的行为恰好符合朗根的期待，尽管他自己不能找到支持其案件的结论性证据。见朗根：《文艺复兴时期的起诉犯罪：英国、德国、法国》上编（Langbein, *Prosecuting Crime*, part I）。

杂的法律诉讼，指控同村村民，以至于级别最高的法官虽然身在二百英里之外，住在国家的首都，也能对此进行审理。然而，这就是在威斯特摩兰郡发生的事情。1550—1720年，仅在一个中央法庭，即大法官法庭上，大法官们听说了数十个来自柯比朗斯代尔的案件，若将每个案件的证据都记录下来，其篇幅可以扩展到数页的规模。这些案件与教区中小块土地财产和其他财物有关。对参与此类诉讼的人们来说，不仅在大法官法庭，而且在王座法庭、民事诉讼法庭、教会法庭等地，斯默思威特的事务似乎并不复杂。英格兰社会以两个主要机制（金钱与法律）为基础，并因这两个机制融为一体。法律与经济双柱互相支持，避免了使用暴力或宗教说服的必要性。爱德华·汤普森（Edward Thompson）明确提出，在18世纪，乡绅与贵族的统治"不是通过军事力量，或通过祭司或媒体的神秘化，甚至不是通过经济强制进行展示，而是在治安法官的学习仪式中，在地方法庭和巡回法庭的庄严审判中，以及在泰伯恩剧场（theatre of Tyburn）中得到展示"。[33]

如果英格兰与诸多同时代的其他社会之间的关键差异的确就存在于此，我们就要再次关注，自12世纪以来英格兰普通法的独特发展。治安法官体系、地方法庭与巡回法庭原则上建立于13世纪，尽管某些特征直到14世纪才得到确立。在这里，我们不能把故事回溯到那些时候，但是，我们或许能够引用一个小事例来结尾，这个事例来自更早的一个时期。

我们看到，人们经常表明，绿林劫匪与农民经常联合起来。

---

[33] 汤普森：《辉格党与猎人》，第262页。

人们也进一步论证，绿林劫匪只是整个非正式的暴力体系的最极端最显著的特征。在英格兰，到了斯默思威特的时代，这一非正式的暴力体系已经消失了。如果我们能够找出，绿林活动何时停止，关于整个农民暴力模式的消失，我们或许就能获得某种线索。霍布斯鲍姆关于绿林好汉的著作是一个起点。他引用了遍及世界的绿林劫匪的例子，共计120多个名字，但是只有两名英国绿林劫匪包含在这个名录中，他们是罗宾汉（Robin Hood）和迪克·特平（Dick Turpin）。霍布斯鲍姆甘愿承认，特平的行为与斯默思威特的行为很像，他完全不是绿林好汉，而是一个被偶然浪漫化的路匪。[34] 英国给了世界一个侠盗的国际范式——罗宾汉。自17世纪早期以来，英国就不再有任何与真实侠盗有关的记录，这就使罗宾汉成为一个特别重要的人物。[35] 这是一篇颇为有趣的叙述，暗示着在17世纪早期之前，英格兰的确有记录在案的绿林劫匪。但是，他们并未得到引用，我也不知道哪位历史学家发现，在16、15、14或13世纪有相关记录。[36] 当然，人们会玩文字游

---

[34] 霍布斯鲍姆：《匪徒》，第39页。

[35] 曼德维尔：《蜜蜂的寓言》，第19页。

[36] 例如，贝拉米《中世纪晚期英格兰的犯罪与公共秩序》（Bellamy, Crime），尤其是第3章，它展现出来的事物状态与霍布斯鲍姆的情况大为不同。强盗团体看起来与"侠盗们"非常不同，例如，"对大部分强盗团体而言，其头目出自乡绅、骑士，以及士绅"（第72页），随后，他们中有许多人当选为议员（第82页）并授予当地官职（第86页）。同样，尽管詹姆士·吉文（James Given）使用了同义词"绿林劫匪""强盗""窃贼"，以及"盗贼"。就其表象而言，他笔下的13世纪的罪犯与霍布斯鲍姆的侠盗大为不同。例如，有人告诉我们，"罗宾汉这样的组织化的团体在很大程度上是神话的虚构，是传奇"，强盗们不攻击地主、城里人和商人，而是攻击"农民"，尤其是那些出现在他们抢劫的房屋中的女人和孩子。见吉文《13世纪英格兰的社会与凶杀案》（Given, Homicide），第111页及第6章各处。

戏，并努力把任何大盗（robber baron）或法外之徒转变为绿林英雄。人们甚至尝试着将整个封建社会转变为一个表面合法的巨大的绿林体系。[37]但是，如果我们认真对待霍布斯鲍姆的定义，他就为所有那些世纪留下了一个人物——罗宾汉。

然而，甚至罗宾汉也淡出了我们的视野。霍布斯鲍姆自己承认，罗宾汉"在许多方面都是劫匪传奇的典范"，在"其他许多方面……他并不典型"。再者，"无可置辩的是人们从未找出罗宾汉的真实原型"。这有点令人泄气：我们不知道曾经存在过这样一个人，即便他存在，也存在与之有关的传奇之中，他的行为也不像一个劫匪应有的样子。霍布斯鲍姆在这里也没有对之进行明确的对照，但他可能在《过去与现在》（Past and Present）杂志里考虑过这一著名论战，在那里，人们努力把罗宾汉转变成一种侠盗、劫富济贫的农民英雄，但这一努力不能表明是否存在一个真实的罗宾汉，也不能表明他是任何一种类型的农民，或者他的受害人属于地主阶级。[38]

一个细致的案例研究也不能证明这个案件，即便对于来自这一时期的旅行者、日记、村庄研究等资料的其他证据而言，这个案件与之颇为适合。它至少揭示了，关于过去英格兰暴力的模式，我们可以找到某些特性。这些特性与我们在别处表达的观点是一致的，即只有非常微弱的证据表明，英格兰经历了大革命

---

[37] "欧洲封建主义主要是成为社会自身，并通过骑士观念获得名望的社会自身。"见巴林顿·摩尔《专制与民主的社会起源》，第214页。

[38] 基恩（M. Keen）发文介绍了这一论战情况，他在文中还做了重要的补充说明。见希尔顿编：《农民、骑士与异端：中世纪英国社会史研究》（Hilton, *Peasants*），第266页。

（massive revolution），才从中世纪的"农民"社会转变为此时期的现代"资本主义"社会。有些论证认为，不知何故，与我们相比，我们的祖先内在地更为粗野，或更加残忍、粗暴，这些证据也让我们对任何此类论证产生怀疑。尽管相信一种稳定的"文明化"进程，一种从野蛮到文雅（civility）的进化令人欣慰，但是，英格兰的证据（这只是其中很小的一部分）似乎并不支持这种看法。我在此引用的内容能够印证自梅特兰以来许多历史学家的工作。通过最早的民族国家（nation-state），英格兰实现了对身体暴力的控制，获得了秩序，这令梅特兰印象深刻。爱德华·汤普森对另一段明显充满暴力犯罪的时期做过详细的研究，并总结说，"在我看来，通过法治来协调冲突，实现有序规制的观念……是一项文化成就，它具有普遍的重要性"。[39] 我同意这种观点，也要补充说，就其表面而言，英格兰很早就实现了这一文化成就。正是因为这个原因，梅特兰把1307年作为他的伟大著作《英格兰法律史》的终点。

---

[39] 汤普森：《辉格党与猎人》。

四 自 然

人与自然世界

英国人具有内在的反都市主义和对"自然"的热爱,现代社会学家们对此感到困惑。例如,曼(Mann)注意到,"农村住宅和城市工作的吸引力十分明显"。要对此做出解释,他只能追随安东尼·桑普森(Anthony Sampson),以一种循环的方式论证,"英国人的部分基本欲求就是成为土地贵族。"[1]在19世纪,一位善于钻研的外国人怀着一定程度的震惊,提出了一系列更为广泛的悖论,这是其中的一个方面。英国是世界上城市化程度最高的国家,但却是一个最向往农村、乡村价值也最发达的国家。在这个国家,公园遍布,花园无处不在,乡村假日产业落地生根,人们梦想着到忍冬花木屋中隐居,并在浪漫派与前拉斐尔派运动中强调"自然"与乡村价值。这些都展现了它奇怪的反城市偏见。关于这些奇特现象,法国人希伯利特·泰纳(Hyppolyte Taine)基于19世纪60年代的英国印象,在其《英格兰笔记》中做出了最敏锐的分析。

当泰纳游览城市公园时,他注意到英国人都市生活中的乡村

---

[1] 曼:《城市社会学方法》(Mann, *Urban Sociology*),第94页。

风格，英国城市公园的"品味与规模都与我们完全不同"。例如，"圣詹姆斯公园是一个真正的农村的一部分，却是一个英格兰的乡村：巨大的古树，真正的草地，湖中住满了鸭子和涉水的鸟，奶牛以及绵羊在永远新鲜的草地上吃草……与杜伊勒里宫、香榭丽舍大道、卢森堡形成了多么鲜明的对比！"[2]他在参观乡村房屋周围的花园和公园时，注意到了这一点：

> 我们参观了七八个绅士的公园……完美的草地在阳光下闪耀，上面开满了毛茛和雏菊……多么新鲜，多么安静啊！你感到放松，得到了休息：这一自然美景用温和的爱抚接受你，小心而亲密……在我看来，这些花园比其他任何作品都更能揭示在英格兰人灵魂中的诗意之梦……他们所有的想象力，所有的天生创造力，都灌注在他们的公园中。[3]

泰纳在工业城镇的布局中注意到了这一点。他围绕曼彻斯特富有的区域行走，写道：

> 在这里和在利物浦，就像在伦敦一样，我们可以在英格兰人的建筑方式中看出他们的性格。这位市民尽了他的一切力量，不再做一个市民，努力在市镇的一个角落建起一座乡间房屋，打造一点与之相适应的乡村气息。他感觉到了这样

---

[2] 泰纳：《英格兰笔记》（Taine, *Notes*），第16页。
[3] 同上书，第147—148页。

一种需要：他需要待在他自己的家中，一个人独处，成为家人和仆人们的国王，以及他的周围需要有一点公园或花园，当结束人为的商业生活后，他可以在那里得到放松。[4]

泰纳同样看到，英格兰人爱乡村胜过爱城市，这与他自己的文化形成了强烈的对比。英格兰人之爱乡村胜过爱城市也在土地布局上反映出来。对于英格兰人来说：

> 城市不是最受欢迎的居住地，我们则最喜欢城市。除了大制造业城镇，在省会城市，例如在约克，居民几乎全都是店主。上层精英们，国家的领导人们，则居住在其他地方，居住在农村。如今，伦敦自身只是一个大商业中心：夏天的时候，人们在这里聚会三或四个月，聊天、自我消遣、看望朋友、关注自己的兴趣、更新他们的熟人。但是，他们扎根在他们的"乡村宅第"上：那里才是他们真正的故乡。[5]

作为一位文学评论家，也是本世纪最著名的英国文学专家之一，泰纳注意到了英国文学中对乡村、自然、田园风光的奇异痴迷。"这些人热爱乡村：你只需要去阅读他们的文学，从乔叟到莎士比亚，从汤普森到华兹华斯和雪莱，都证明了这一点。"[6]

英国是世界上工业化程度最高的国家，在那里畜力已被蒸汽

---

[4] 泰纳:《英格兰笔记》，第220页。
[5] 同上书，第141页。
[6] 同上书，第16页。

机取代，变得没有那么重要，牲畜不再是生产的主力。然而，矛盾的是，英国是全世界最关注动物的国家。无论是创造性的文学作品、绘画，还是对动物福利的关心，抑或宠物饲养的普遍流行，英国人对动物的关注都得到了表达。英国几乎仍旧是所有社会中最爱食肉的，但也是最关心素食主义议题的国家。在这个国家，人与动物分离，大自然被征服，并与人们疏远。然而，正是在英国，达尔文和华莱士最终通过物种进化论成功地连接起了人和动物。这个悖论的核心在于，英国是最发达的资本主义社会和工业社会，当人们生活在十分不自然的人造景观中时，英国人对荒野、自然的尊重和热爱却最为明显。我们该如何解释这些矛盾呢？英国人把一种资本主义形式输出到美国、澳大利亚、加拿大和前帝国的其他地区，上述许多矛盾已被这种资本主义形式吸收。

有人试图归纳证据以解释这些困惑，他做出了最令人印象深刻的努力之一，便是为我们在解释之路上提供了一个好的开始。这就是基思·托马斯的著作《人和自然世界》(Man and the Natural World)。托马斯的中心论点是，这些根本不是真正的对立或者矛盾，它们是作为原因和结果联系在一起的。正是由于城市化、工业化和对自然的普遍疏远和控制，英国人才能发展出许多强烈冲击外国人的特质。

基思·托马斯的观点如下：如果我们比较他所回顾的这段时期的起点（1500年）与终点（1800年），那么，在认知观念和感觉上，一系列彻底的变化就已经发生了。最后，我们身处的世界已经发生了如此巨大的改变，我们就可以合宜地谈起一系列革命，把它们与历史学家界定的工业、农业和政治革命放置在一起。实质上,我们已经离开了前现代、前资本主义、巫术的宇宙论,进入一种现代、资本主义、科学的宇宙论中。韦伯的"世界的祛魅"已经发生,马克思讲的人从自然世界的疏离也彻底完成。1500年,我们处在《圣经》塑造的以人类为中心的世界里。一切生物都注定为人类所用;而"自然"仅是为人类所造,除了人类以外,其他物种没有任何权利。"人类站在动物之前,就像天对地、灵魂对身体、文化对自然一般。"在这一时期,这种由人类规定世界的假设逐步受到侵蚀。例如,物种不再是按照其对人类的效用分类,而是按照其固有特性被分类。这种"认知观念上的变革——因为它仍旧"处在较高的思想和社会层面,"对普通人看法带来了创伤性影响"。因此发生的事情基本上就是人从自然分离。"古人假定,人和自然被困在一个相互影响的世界中",对古老的信仰而言,人与自然的交融"至关重要"。在那里,人与自然之间、思想与感情之间的分离随后发生,它们部分构成了感觉的解体。自然世界不再充满人的重要性。每一个自然事件不再因为人类的意义才被研究,"在17和18世纪,人们看到一种与过去的假设的根本背离"。[7]天真无邪与自然意蕴的遗失反映在华兹华斯(W. Wordsworth)的诗歌里,也已经在一个国家的层面上出现。

人类与自然之间的联系破裂了,矛盾的是,人们更热衷于与某些特定的动物建立密切的关系,并更多地关注一般意义上的动物权益。因此,"宗教虔诚和布尔乔亚式情感的结合……导致了一种新的、有效的"抑制残酷体育的"运动"。这是普遍的"人类王

---

[7] 托马斯:《人和自然世界》(Thomas, Natural World),第35、70、70、75、90页。

朝落幕"的一部分。因此,"世界不是仅仅为人而存在,我们可以公正地认为,对此观点的接受是现代西方思想的重大革命之一"。这场重大革命是许多因素的结果,科学和智识上的发现是其中的一个因素:望远镜扩展了天空,使人在空间上变小,地质学发现则使人在时间上变小,显微镜把自然的复杂性揭示出来,地理大发现和帝国让我们看到了难以想象的物种。此外,还有经济和社会原因。"这种新观念的胜利与城镇的发展和工业秩序的浮现密切相关,在这种秩序中,动物在生产过程中变得日益边缘化。这种工业秩序首先出现在英国;结果,正是在那里,对动物的关心得到了最广泛的表达。"例如,对动物的仁慈取决于新创造的财富;它是"一种奢侈品,不是每个人都已经学会提供这种奢侈品"。[8]

正如这些压力导致了一场认知和对待动物的革命,这场革命对树木和花卉也产生了同样的影响。曾经,森林是野生的,也颇为神秘。随着树木在经济上变得没有那么重要而遭到淘汰,人们开始变得更加喜欢它们,以一种新的方式热情地亲近它们。花卉与之相似:随着野生世界的收缩,家庭园艺形式也在扩张地盘。这是另一场革命。在18和19世纪,花卉园艺大大扩张,"以至于我们能够正当地在早期现代所有其他革命之上又增加一种新的革命:园艺革命"。"那种对待自然世界的非功利态度",那种因为自然世界本身,将其当成目的而非手段的融入自然的喜悦也浮现出来。这也是基思·托马斯这本书的论题。[9]

在这段时期刚开始的时候,英国人就已经在留意城市了。据

---

[8] 托马斯:《人和自然世界》,第159、167、181、186页。
[9] 同上书,第224、240页。

说,"在文艺复兴时期","城市是文雅的同义词,乡村是粗鲁和粗野的同义词"。[10]在这段时期结束时,一切都颠倒过来了。在这个时期开始的时候,直到17世纪末,人们对野性持有一种反感。迟至17世纪后半叶,许多旅行者穿过山区,对乡下感到厌烦或害怕。但在18世纪后半叶,人们对山林的热情开始增长。对于这种新出现的对山林的欣赏,安全和控制是先决条件。因为农业变得更加理性、有序和集中化,所以人们渴望其对立面。新的安全、人们对自然世界日益有力的控制"是更大宽容的基本前提"。只有当被界定为"害虫"的物种几乎完全被消灭,它们才开始受到保护。讽刺的是,"他们动情地谴责发展,因为这种发展,他们自己付出了代价,牺牲了受到教育的审美品味"。[11]

因此,快速的城市化、人造力量对动物畜力的取代、增长的富足与安全、正在扩大的智识范围走向了一种新的悖论。在以前,问题是征服、统治自然世界。然而随着这个问题的解决,一个新的困难出现了,亦即"如何协调文明的物质需求和同一文明产生的新感觉、新价值"。因此,据说,"到1800年,都铎王朝时期英国自信的人类中心主义已经让位于一种完全更为混乱的心灵状态"[12]。

这个论证颇为优雅,非常令人信服,其说明性和支持性证据恰当而给人启迪。大多数作者会在这一点上停下来。许多人会屈服于为我们呈现一种缜密、无懈可击的论证的诱惑。这一无懈可

---

[10] 托马斯:《人和自然世界》,第243页。
[11] 同上书,第243、273、287页。
[12] 同上书,第301页。

击的论证在很大程度上符合我们的期望,但是通过解释如何化解位于现代发展的核心的诸多悖论,它也扩展了我们的理解。然而,托马斯如此严谨、富有学术素养,他已经注意到了他的怀疑和困难。这使我们见到表面之下的一个次要情节,它部分地与主要论证相冲突。因为当我们更深入地检查材料时,故事就不那么清楚了。让我们来检查一下这些线索和矛盾。

关于"世界的祛魅",我们尚不清楚它是否发生在宗教改革之后,因为托马斯告诉我们,"自盎格鲁-撒克逊时期以来,英格兰的基督教教会就站出来反对水井和河流的崇拜。树林、溪流和山川的异教之神被驱逐,在它们之后留下了一个有待成型、塑造和支配的祛魅的世界"[13]。虽然托马斯正确地指出,如果我们直接将这种祛魅与基督教等同起来,那就太简单了。的确,基督教,尤其是基督教在北方的变体强调禁欲,对人与自然的融合、对"魔法"和"象征性思维"怀有敌意。与之密切相关的是,人们假设了一种从对世界的人类中心主义分类,到日益增强的认知自然世界的独立自主的趋势的转变。托马斯论证,这种变化是认知能力革命的中心特征,然后,他继续指出,"当然,关于自然世界有其自身的生命这一认识不是新鲜事"。在亚里士多德的论述中,这一观点就完整地提了出来。不仅如此,虽然我们努力以一种非人类中心论的方式来给事物分类,但托马斯表明,林奈(Linnaeus)自己仍按照人类的用途给狗分类。即便在今天,律师还将人类的标准加于动物之上。与之类似,尽管人们越发因其自身在确切的观

---

[13] 托马斯:《人和自然世界》,第22页。

察中对自然世界产生了兴趣,这种确切的观察又导致了新的植物学与动物学发现,但是,我们被提醒到,"在中世纪的英格兰,许多人就在非常认真地观察自然"[14]。

在论"大众错误"那一节,我们发现了更多令人好奇的特征。从开始显现的表象来看,与其说我们拥有一种古老的"民间传统"、一种源自口头文化的思考与感受方式选项,或一种适于前现代农民社会的宇宙学,不如说,我们真正拥有一堆过时的"科学的"高级文化碎片。事实上,这些信念是"学者的错误,而不是大众的错误",许多信念建立在普林尼、亚里士多德等人的基础上。"17世纪的托马斯·布朗爵士和19世纪早期的威廉·科贝特都是敏锐的观察者,他们都认为古典作家对大多数英格兰的农村迷信负有责任。"在16、17世纪,对"大众错误"的攻击已经不新鲜了,它并不是一种新的世界观战争,而是对过时观点的长久攻击。"激烈的新教徒"可能攻击流行的迷信,但是正如托马斯所说,他们所做的"就像他们的一些中世纪的前人一样"[15]。举一个观点起伏变化的例子,藤壶鹅是从树上的贝壳中孵化出来的这一信念,在1633年就被否定了。这不是一个新的论证。腓特烈二世在12世纪,哲学家伟大的阿尔伯特(Albert the Great)在13世纪抨击了这个信念。约翰·杰勒德(John Gerard)在1597年于他的《草药书》又复兴了这种信念。

总之,人与自然世界的分离不是一种新现象,并不是当人类第一次完全主宰自然时才发明出来。据说,在17和18世纪,我

---

[14] 托马斯:《人和自然世界》,第51页。
[15] 同上书,第77、78页。

们看到了"与过去的假设的根本背离",在那时候,人们因自然本身而研究自然;还有人说,"这是向人类社会与自然的分离论的回归,其先驱是古希腊原子论者留基伯(Leucippus)和德谟克利特(Democritus)"。对分离论哲学的暂时回归并未持续很长时间,因为"即使旧的观点被科学家驱赶走,它也会以浪漫诗人和旅行者感情误置(pathetic pallacy)的形式爬行回来"。人们又给这些岩石和树木注入生命与感情。关于与人类中心主义观点的断裂,一种相同的印象就在我们的进一步思索中浮现出来:我们不是在处理从"传统"到"现代"的变化,而是在对待不断的起伏变化。阐明这是"现代西方思想的伟大革命之一"后,下一句接着说:"当然,有许多古代思想家,犬儒学派,怀疑论者和伊壁鸠鲁学派,他们否认人类是世界的中心,或人类是神特别关注的对象。在基督教时代,对于人类中心论的沾沾自喜,怀疑论思想家提出了一个周期性的挑战。"它并未攻克一切:"正如19世纪关于进化论的辩论所展示的那样,人类中心论仍然是主流观点。"[16]

我们现在可以更加细致地考虑这些转变的副作用。英格兰人是众所周知的饲养宠物和做店主的民族。这个传统似乎可以追溯到很久以前。托马斯指出,"养宠物在中世纪的富裕阶层中十分流行"[17]。例如,我们听说有宠物狗、小鸟、兔子、猎犬、笼中鸟、松鼠和猴子。[18]对于其他人口我们几乎没有证据,但是他们在记录中可见,宠物就是广泛分布的。因此,托马斯得出结论:"在16

---

[16] 托马斯:《人和自然世界》,第 90、91、91、166、169 页。
[17] 同上书,第 110 页。
[18] 萨尔兹曼:《中世纪英国生活》(Salzman, *English Life*),第 100—102 页。

和17世纪，宠物似乎真正作为中产阶级家庭的一般特征被确立下来。"[19]托马斯提供了猴子、乌龟、水獭、兔子、松鼠、羊羔和笼中鸟的证据。除了这些，我们也许还可以补充许多其他动物进来。托马斯·埃迪（Tomas Ady）在1656年列举了大鼠、小鼠、睡鼠、兔子、鸟、草蜢、毛毛虫和蛇，认为它们像宠物一样，"在无辜无害的人民中既合法又常见"。他甚至提及一位绅士，其"曾经将从一只坚果中取出的蛆放到一个盒子里，直到它大到难以置信的程度"。[20]因此，这个范围很宽广，正如托马斯所争辩的那样，如果我们相信，对宠物的品味在18世纪变得包罗万象，这可能是错误的。[21]关于宠物的影响，我们甚至更难获得一些观念，但是，关于饲养家庭宠物的范围，我们可以给出两大标志。在他的儿童百科全书绘本中，夸美纽斯（Comenius）给出一所房子以及养在房子里的动物的图片，其中包括狗、猫、松鼠、猿和猴子，它们"被养在家中，为人们提供快乐"。[22]17世纪末，笛福在重写的《瘟疫年纪事》（Journal of the Plaque Year）中描述道，几乎每所伦敦的房子都一只狗和几只猫[23]，虽然在这里和别处一样，我们面对着如何确切定义何为"宠物"的难题。如果它像花园一样，被认为是非功利性的，然而，我们发现，在16世纪，多数社会中产阶级拥有兔子、黄鼠狼、雪貂、猴子、鹦鹉、松鼠、麝鼠、宠物

---

[19] 托马斯：《人和自然世界》（Thomas, Natural World），第110页。
[20] 托马斯·埃迪：《黑暗中的蜡烛》（Ady, Candle），第135页。
[21] 托马斯：《人和自然世界》，第110页。
[22] 夸美纽斯：《世界图绘》（Comenius, Orbis），第55页。
[23] 笛福：《瘟疫年纪事》（Defoe, Journal），第137页。

狗和其他宠物。[24]如果情况确实如此，即"到了1700年，所有着迷于宠物饲养的征象都颇为明显"[25]，那么，人们将会有力地做出论证，一旦我们有足够的记录去注意宠物，这种着迷的强烈迹象就已经在许多世纪之前呈现出来了。由此，我们可以清楚地看到，这种现象在城市化和工业化之前就得到了很好的发展。相比18世纪的变化，我们可以找到某种位于更深层次的事物，对宠物的广泛饲养只是其副产品。

表现在宠物饲养中的对动物的情感介入与残忍对待动物的主题密切相关。此处图景也没有那么一目了然。有人告诉我们，一开始，英格兰人因为其对待动物残忍、在一种不自然的程度上吃流血的生肉、从事动物搏斗和血腥运动而声名狼藉。后来，英格兰成为反对残忍运动联盟和防止虐待动物皇家协会所在地。这种转变看上去好像是突然而革命性的。因此，托马斯书中的一章命名为《新论》。然而，立即有人告诉我们，"当然，以不必要的方式残忍对待动物是一件坏事，这个观点毫无新意"。托马斯十分恰当地避免了辉格主义的观点，即人逐渐内在地变得更加人道："改变的不是这些人类情感，而是对允许人类运用这类情感的范围的定义。"但是，即使是这种折中的观点也受到了挑战，因为有一些古典和中世纪作家就使用了一种允许向动物展示人道和仁慈的分类，有人引用他们来挑战上述观点。一个突出的例子是诗歌《潜水和贫民》(*Dives et Pauper*)，它写于英格兰，不迟于1410年。

---

[24] 皮尔森:《伊丽莎白时代的居家》(Pearson, *Elizabethans*)，第19页。
[25] 托马斯:《人和自然世界》，第117页。

86 这篇诗歌被人长篇引用,托马斯总结说"这是一个值得注意的段落。但凡有人想要在英国人对动物虐待的思考中追溯到某种发展,对他而言,这也是一个令人难堪的段落"。[26]

托马斯随后发表了一个引人注目的说法:"在15和19世纪之间,一种单一、连贯、明显一贯的态度贯穿在大量反对虐待动物的讲道和小册子中,这就是事实。"他接着总结了这种态度,并得出结论:"当我们关注其主要论证,就会清晰看到历史发展的匮乏","这一立场是一贯"。这就是《新论》的内容。以《新情感》为题的下一章又说了些什么呢?再一次,我们得知,"当然,自发的柔情并不新鲜"。大量文献被引用,以表明在1700年之前,"新情感"就在发挥作用。18世纪发生的事并不是一种激进的新奇现象,而是一种感觉的传播;它们"看起来得到了更加广泛的散布",并且"得到了那个时代宗教和哲学教义的更加明确的支持"。[27]

如果我们从动物转向植物,可以首先考虑"园艺革命"。这一点确实如此,英格兰人是非常热情的家庭园艺师。并且,他们花园的内容在过去几个世纪中也发生了显著变化。据说,"1500年,英格兰也许有200种栽培植物。而在1839年,这一数字为18 000"。但是由于在1500年之前,可供选择栽培的物种几乎没有,这并不意味着花卉园艺是异乎寻常的。商业植物销售者至少在13世纪就已经出现了,我们确信,"中世纪出现的花卉园艺活动比我们有时欣赏的要多",尽管"看上去相当有限"。[28]这些清

---

[26] 托马斯:《人和自然世界》,第150、152页。

[27] 同上书,第153、154、173、174页。

[28] 同上书,第226页。

单受到了英格兰和欧洲本土的限制，但是它是与生俱来的热情的表现，一旦有可能从新发现的美洲和与扩展联系的非洲、亚洲进口外来品种以丰富植物种类，人们就会踊跃地去实现。人们"每日从印度、美洲、塔普拉班（锡兰）、加那利群岛以及世界各地带给我们"的"草药、植物和每年一产的水果"，鲜花以及这些"草药、植物和水果""异乎寻常地"增加了英格兰花园的美丽。在16世纪后期，威廉·哈里森（William Harrison）就对此感到惊奇。结果，"几乎没有一个贵族、绅士或商人没有这些花卉的大储藏室"。哈里森，一个埃塞克斯郡的牧师，他稍稍吹嘘了他自己的花园，"它非常小，整个区域不过300英尺多一点，然而，我拥有很好的运气，购买到了各种各样的药草。尽管我能力有限，但这里面有近300个品种，它们中的每一个都颇不寻常，不易获得"[29]。

从小村舍花园到乡绅别墅的大花园，英格兰人都怀着对园艺的热情。这个如此引人注目与典型的英国特征在16世纪就有了最早的详细记载，被清晰地指示出来。这种园艺热情甚至一直延续至今。据说，"伊丽莎白时代的人只在必要时才待在室内，因为如果他们爱自己的家，他们就是花园的热爱者"，关于那个时代乡绅与商人的花园，皮尔森提供了大量的论述。[30]一旦印刷术变得普及，同时代的园艺论述就开始出版；例如托马斯·希尔（Thomas Hill）就在1563年出版了《最简短、最愉快的论述：教你如何装扮、播种和打造一个花园》。在伊丽莎白时期，人们把纯真、快乐

---

[29] 哈里森：《英格兰记叙》（Harrison, *Description*），第265、270—271页。
[30] 皮尔森：《伊丽莎白时代的居家》，第58ff页。

之泉当成伊甸园的核心主旨。伊丽莎白时代的诗歌（特别是斯宾塞和莎士比亚）与上述伊甸园主旨都表明，花卉、树木造型对自然美的广泛吸收。正如哲人培根在17世纪早期，在其短文《花园》（*Of Gardens*）中指出的那样，"全能的上帝首先种植了一个花园。事实上，这是人类最纯粹的快乐。这是最使人精神振作的东西，没有它，建筑和宫殿不过是粗陋的工事"[31]。

这种欣赏并不局限于十分富有的人。有证据表明，普通人、中产阶级、民间之人都热心园艺。在写到16世纪末和17世纪初的英国约曼时，米尔德里德·坎贝尔（Mildred Campbell）总结道，"既有的花园是气候与英格兰人技巧创造的幸福成果，它们在一年中的部分时间里为农场和村庄风景增加了美丽和色彩"。[32]她提到了一位邻居在1658年7月28日做的一份记录。这份记录记载了某位"好妻子坎特蕾"（一个北安普敦约曼的妻子）的花园里正在盛开的所有花卉。它们包括"双花和单花飞燕草、双花和单花甜蜜威廉、三种紫露草、四色的羽扇豆、紫色和白色的山萝卜、金盏花、鼠曲草、虎耳草、蜀葵等花"，以及茴香、洋甘菊和白百合等药用花草。[33]

当然，我们很难知道园艺与对花卉的热爱如何普遍，但托马斯给出了一些证据，表明它确实在17世纪时已经影响到了普罗大众。他引用了约翰·沃利奇（John Worlidge）在1677年的说法：

---

[31] 培根：《散文或劝告：公民与道德》（Bacon, *Essayes*），第xlvi页。

[32] 坎贝尔：《伊丽莎白统治下的英国自耕农和早期斯图亚特王朝》（Campbell, *English Yeoman*），第241页。

[33] 富塞尔：《英国乡村妇女》（Fussell, *English Countrywoman*），第65页。

"在英格兰南部的大部分地区","几乎没有一座村舍"没有"自己的相称的花园,大部分人都从中得到了极大的乐趣"。几年前,一本主要面向"普通乡下人和妇女"的花卉园艺之书出版,第一版在三个月内就告售罄。[34]我们可以肯定,当城市和工业主义在18世纪后半叶得到发展前,对花卉与园艺广泛而热烈的兴趣已经出现了。再一次,我们必须借助17世纪以前就出现在英格兰的某样事物,来对它做出解释。

我们可以从花卉转向野外,特别是山区。乍一看,我们面对的是1660—1760年间在认知上的革命性变化,当时山区和野外变得吸引人,而不是难以忍受。但更仔细的检查表明,在直到17世纪末这段时间写作著述的那些人中,他们许多人并不热衷于野外风景,这与其说是因为本能的厌恶,不如说是因为这些区域的无用性。因此,丹尼尔·笛福(Daniel Defoe)对英格兰西北部山区感到压抑,因为不同于山顶地区、阿尔卑斯山脉、哈利法克斯周围的丘陵甚至安第斯山脉,这里的一切都是"贫瘠而荒凉,无论对人还是对野兽都没有任何作用或好处"。[35]正如托马斯所表明的,在整个17世纪,自始至终,我们都可以找到乔治·黑克维尔(George Hakewill)这样的山林辩护者,他因为山区"令人愉悦的多样性"而支持它们;我们还能找到许多在山中居住的人,如17世纪末赖德尔庄园的丹尼尔·弗莱明爵士(Sir Daniel Fleming);以及访问山区,发现它们十足地令人愉悦和有趣的人,如来自牛

---

[34] 托马斯:《人和自然世界》,第228页。
[35] 笛福:《大不列颠全岛之旅》(Defoe, *Tour*),第549页。

津的古董商托马斯·梅切尔（Thomas Machell）。[36]事实上，湖畔派诗人（Lake Poets）的神秘敬畏和18世纪末旅行者的浪漫热情看起来具有一种额外的强烈程度。

托马斯论述了人们对树木与森林态度的变化。在论述中，托马斯展示了一种古老的模式。自中世纪以来，对树木和植树的广泛崇拜就出现了。在较高的层面，这不是由城市化和工业化所推动的，而是由"社会自信、审美感受、爱国主义和长期获益"所推动。的确，就像鲜花一样，许多新的品种是从扩张的帝国引进的。但"从破坏树木到保护树木的戏剧性转变"没有发生。更早的时候，英国人就怀有对树木的喜爱。这表现在：在18世纪以前，从那时候起，英国人就让他们的城市遍布公园和树木，使城市尽可能地与乡村相似。这很早就发生了，托马斯给出了许多证据，表明其他城市（例如16世纪的诺威奇）"要么是果园里的城市，要么是城市里的果园"。据说，"花园城市"的概念并不是埃比尼泽·霍华德（Ebenezer Howard）的发明，而是约翰·伊芙琳（John Evelyn）在1661年提出来的。[37]

从很早时候开始，英国人就渴望把城市变成乡村。这种想法多少有些奇怪，因为它展现出一种早期的反城市主义。托马斯在其他地方提出了一个更合习俗的争论，即在17、18世纪某些时候出现的巨大变化。我们已经引用过他的论述，亦即在文艺复兴时期，"城市是文明的同义词，乡村则伴随着质朴和粗俗"，这个观

---

[36] 弗莱明：《威斯特摩兰简介》（Fleming, *Description*）；马歇尔：《马背上的古董》。

[37] 托马斯：《人和自然世界》，第197、205、206、209页。

点在欧洲大部分地区仍然流行。为什么英格兰从这种观点开始改变？托马斯认为他们是在快速的发展中发生了剧变。烟雾、污垢、噪音、过度拥挤驱使早期的城市热爱者变成了乡村热爱者。随着城市和工业活动的快速发展，批评和投诉的数量也成比例增长："18世纪末，对于新建筑、道路、运河、旅游和工业造成的损毁性效果，人们抱怨不已，其数量之多前所未见。"抱怨数量的确在增长，但托马斯也意识到，这些论证本身并不新鲜。人们认为，有用和有生产力的东西"最有可能是丑陋和令人厌恶的"。这种态度颇为奇特。他评论说，这种奇怪态度"有很长的历史"，至少可以追溯到16世纪。[38]

我们已经看到，泰纳在19世纪观察到英国人支持农村、反对城市的诸多偏见。这种对城镇诸恶的批评是这些偏见的一部分。托马斯指出，"当然，长期以来，英国城市居民很可能把这种关于自然和农村生活的成见视为'独特的英格兰性'"。不管是否如此，"这个国家的许多文学和知识生活表现出一种深刻的反城市偏见"。[39]这种偏见在18世纪就十分明显，例如，亚当·斯密假设，"人的自然倾向"会导致每个人想要居住在乡村。[40]然而，英国人想要把时间尽可能少地花在城市中，这一奇特的欲望可以追溯到更久远的时候。

托马斯告诉我们，"甚至早在12世纪，大城镇的富人就在附近乡村持有地产"，以便为其休闲时光提供乡间居所。"在当时，

---

[38] 托马斯:《人和自然世界》，第243、286页。

[39] 同上书，第14页。

[40] 亚当·斯密:《国富论》(Smith, *Wealth*)，第403页。

这种做法已经蔚然成风"。[41] 在15世纪，福蒂斯丘（Fortescue）将英国和法国作比较，他在法国居住多年，发现英法之间存在很大的差异。在英国，农村"满是拥有土地的人，每个小村庄里都居住着骑士、绅士或此类房主。我们通常把这类房主称为 frankelyn，他们拥有巨产，备享富贵"。他认为，"世界上任何其他地方……人们都不会以这种方式"定居。虽然别处也存在着富有而有权者，但他们都居住在"城市和城墙里的市镇上"。[42]

让我们来到16世纪早期。在那时，托马斯·斯塔基（Thomas Starkey）"痛惜不可能说服他们（即贵族）主要居住在城镇"，并且谴责"乡村生活'极大的粗野性和野蛮的习俗'"。[43] 外国人"惊讶于英格兰乡绅对于田园生活的热爱"，屈威廉（Trevelyan）评论道。游客们惊愕地注意到，"每一个绅士都跑去了乡下。很少有人居住在城镇里，很少有人关注城镇"。[44] 1579年，一位作家观察到，"在国外一些国家，绅士们居住在'城市和大城镇'；对英国乡绅来说，'我们的英格兰风俗'是'大部分时间逗留在乡村房屋里'"。[45] 泰纳引用了旅行者波焦（Poggio）的话，他在16世纪写道："在英格兰人中，贵族以居住在城镇中为耻，他们居住在乡下，退隐在森林和牧场之中……他们把自己奉献给了田间之物，出售他们的羊毛和牲畜，并不认为这样的乡村利润是可耻的。"正

---

[41] 托马斯：《人和自然世界》，第247页。
[42] 福蒂斯丘：《对英国政治法的学术赞扬》（Fortescue, *Learned Commendation*），第66—67页。
[43] 托马斯：《人和自然世界》，第247页。
[44] 引用屈威廉：《英国社会史》（Trevelyan, *Social History*），第127页。
[45] 托马斯：《人和自然世界》，第247页。

如泰纳观察到的,"英国贵族的这种田园生活和意大利贵族的都市生活之间的对照""十分强烈"。他补充道,"对一个法国人来说,其对比之强烈也没有丝毫减弱"。[46]从这个证据出发,又一次,这个有待解释的现象(亦即支持乡村的偏见)似乎不仅不寻常,而且在工业和城市革命之前很久就颇为发达了。更具讽刺意味的是,最激烈地反对都市的国家竟然是世界上第一个主要城市和工业的国家。值得记住的是,这种情感和态度上的内部矛盾性一直持续到了现在。

如果确实如此,17和18世纪发生的许多事只是一种强化,是一种数量和速度的增加,而不是彻底的决裂,我们可能想要知道,如何去解释那些看起来在1600年,以及在此之前就已经稳固确立起来的模式呢。工业主义、城市主义、17世纪的政治错位,甚至是宗教改革,它们自身都出现得太晚也过于无力,无法解释托马斯提醒我们注意的这些根深蒂固的独特性。这是一种对动物、园艺、城市和其他自然现象的好奇态度。托马斯提出的一个核心建议是,随着人类得到了对自然的控制,他的态度可能变得更加积极。如果人们需要为了生存与荒野进行战斗,同情和柔情就会很困难;但是,一旦实现了对自然的掌握,那么一种需要关心和保护的情感就会成长起来。与其说动物是危险的,不如说它们处在危险之中。如果我们继续这种解释,就有充分的理由相信,在1600年以前,人们就已经实现了容纳一种悠闲态度的对自然和人类世界的驯化。

---

[46] 特纳:《英格兰笔记》(Taine, *Notes*),第141页。

森林、沼泽、荒野和草甸的自然世界的风景，在英格兰早已被征服并得到了人类完全的控制。托马斯根据达尔比（H. C. Darby）和历史地理学家的工作，向我们表明：到 11 世纪时，甚至更早，自然景观已经被驯化并以合于秩序的方式得到安排。农田和篱笆，道路和小径，多数人类定居点的形状，都已经在 11 世纪被规划好，并在接下来的七百年里变化很小。直到 18 和 19 世纪，危险的野生动物仍旧在欧洲大陆或苏格兰的大部分地区游荡，但在英格兰，它们早就被消灭了。在 16 世纪，哈里森认为，上帝对英格兰最重要的祝福之一是，"这里已经没有了狮子、熊、老虎、豹子、狼等有害野兽，这样我们的村民就可以安全地旅行，我们的牛群和羊群可以在没有牧人和饲养员的情况下留在牧场以外的大部分区域"[47]。他把这种情况与特威德（Tweed）以外的情况做了比较，在那里，猛兽四处出没。人们在很早以前就认知到了农村的安全。在 13 世纪初，英格兰僧侣巴塞洛缪斯·安格里库斯（Bartholomeus Anglicus）注意到，在英格兰"很少或几乎没有狼"，因此羊可以安全地离开，"不必圈在牧场和田地里"。他说，这可以追溯至盎格鲁-撒克逊时代，比德（Bede）就已经注意到了这一现象。[48]

比动物掠食者更为危险的是人类掠食者，而且正是他们经常使牧羊人需要武装起来保护羊群。与控制自然界一样重要的是通过政治和法律手段控制人类的暴力。在这一点上，英格兰似乎又一次被驯服了。在盎格鲁-撒克逊时期，英格兰是一个统一的民族

---

［47］ 哈里森：《英格兰记叙》，第 324 页。

［48］ 安格里库斯：《论事之特性》第 2 卷（Anglicus, *Properties*, II），第 734 页。

国家。持续的不确定性、地区对立以及过于强大的臣民大体上被强大的诺曼人和安茹家族政权消灭。

内部战争和入侵的军队使欧洲大部分地区变得危险，所以，直到19世纪，人们还随身携带武器，贵族和城市修筑防护工事。到中世纪早期为止，这些就在很大程度上已经被消灭了。国王法庭的权力、常备军的缺乏、海疆使国土免受外敌入侵的自由，这些因素和其他因素结合起来，很早就赋予英格兰持续的和平。当然，它偶尔也会被打破，比如在玫瑰战争时期，或在斯蒂芬（Stephen）和玛蒂尔达（Matilda）统治时期。但是，法国、德国、西班牙和意大利遭受了长达几个世纪的破坏，它们之间的对比颇为鲜明。如果进一步调查，政治结构上的差异将有助于解释这样一个奇怪的事实：英国乡绅乐意住在农村，住在不设防的庄园宅邸中，而在大多数国家，他们居住在巨大的城堡防御工事中，或者他们更倾向于最好住在城市围墙里。在暴力时代，城镇和城堡是"礼仪"和"文明"的避难所，因此在欧洲大陆更为重要。例如，正是出于这些原因，弗里曼在努力解释为何英国没有"首都"城市时，将原因归结为政治因素。在法国的城市中，"君主"和"民政"因素比在英国的城市里彰显的更为强烈，这"仅仅是因为，在英格兰王国更加统一，而统一的政府更加强大；又因为英格兰的伯爵或主教不是一个独立的诸侯，英格兰的城市也不是一个独立的共和国（commenwealth）"。[49]爱丁堡或达勒姆（Durham）曾是最接近这种情况的英国城市。

---

［49］ 弗里曼：《历史随笔》（Freeman, *Essays*），第42页。

对一个异常安全,且普通人拥有得到充分发展控制力的经济世界来说,这种由强大的、早期民族国家提供的相对的政治安全是一种具有实质意义的背景。在难以计数保留至今的教堂与房屋中,中世纪英格兰的财富仍然让今天的我们印象深刻。依据来自文学(例如乔叟)与经济史的资料,对当时人口的论述展现了这样一个世界,它已经摆脱了周期性饥荒下的生存水平。周期性饥荒直到 18 世纪还在困扰着欧洲大部分地区。自诺曼征服以来,英格兰就没有了记录在案的全国性的甚至大规模地区性的饥荒。13 世纪以来的记录揭示了衣服、饮食、住房、个人物品和金钱数量的情况。这些情况表明,这是一个相对富裕的农业社会。疾病是巨大的不确定性,但这是我们至今与之共存的不安全。这并不是一个不断处于饥饿至死边缘的绝望世界。在为了生存的绝望的斗争中,这个绝望的世界不能"提供"把自然美景当作目的本身予以欣赏的奢侈品。托马斯认为,自很早以来,这个社会就富有财力与闲暇,能够将动物、花卉和树木当作目的来对待,而不仅仅是把它们当作手段,把它们当作能给人带来快乐与喜悦,并且颇为有用的事物。

经济安全是一种特别的生产方式的一部分,我们把它在后世得到改良的形态称为资本主义。马克思和韦伯都以他们自己的方式表明,这种生产方式产生了一种对环境奇怪而矛盾的态度,一方面产生了矛盾的疏离态度,另一方面又产生了感情上的依恋。在资本主义中,土地和人类劳动力被视为达到目的的手段,正如在市场上购买和出售的商品。理论上,每样东西都有一个价格,并且在市场上有一定的规模。然而矛盾的是,当大部分关系成为契约性的并被商品化,当土地仅仅因为利润才得到耕种,当商业伦理侵入到所有关系中，一种对冲的趋势就逐步确立起来了。在这种对大多数事物的功利主义路径和被小心地排除在市场心态之外的某些保留区域之间，越来越强有力的边界得以确立。人们强调，花卉和宠物、为人所青睐的树木和山峦是无价的，不能按照通常的标准衡量。它们的无用性正是它们的价值所在，它们之所以被特别珍视，是因为它们没有商业效用。因此，宠物不可以食用，树木不可砍伐和烧毁，群山光秃而荒凉，花朵瞬间即逝，就像野百合花，它们既不能用来织布，也不能用来纺线。在这些无用的避风港里，人类的心陷入了与始终计算性的资本主义欢乐的坐卧不安的斗争之中。

从中世纪开始，英格兰就出现了一种独特的个人主义资本主义形式的早期萌芽。既然我们试图理解的这些独特性先于快速发展的城市化和工业化，但与上述英格兰个人主义资本主义形式的早期萌芽同时出现，那么，看起来，资本主义精神和对自然的一些特定部分的爱之间具有"选择性亲缘关系"，我们力图做出的解释更有可能位于这种"选择性亲缘关系"中。看上去，在英格兰，货币关系、市场和资本主义生产关系在很早的时候就发展起来，这不但有助于提供财富和安全（如果我们在欣赏自然时不顾及利益，财富与安全就是必要的先决条件），而且也有助于产生这种奇怪的矛盾——它使资本主义社会在最有力地开发自然的同时，也最有力地保护着自然。[50]

---

[50] 一些类似的论点，参见威廉斯：《乡村与城市》（Williams, *Country and City*），第 295ff 页。

一个与之密切相关的特征是读写能力的本质。很早以来，由于人们在羊皮卷和纸上书写，以及人们对这种书写的利用已经高度发达，金钱和契约关系的广泛支配就成为可能。基思·托马斯的书中有一条富有解释力的信息：印刷业的增长和一个对"自然"文学如饥似渴的公众以某种方式强有力地影响了人们对乡村的兴趣的发展。但书面交流的影响比这更深远，因为在英国，至少从13世纪以来，一种非常发达的使用文字进行记录和传递信息的方式影响了自然世界的概念。书写模式的使用传播十分广泛，以至于破坏了都市、具有读写能力者、高端文化与农村、文盲、口头"小共同体"之间的正常对立。因此才有托马斯让我们注意的影响广泛的"习得错误"，因此才有关于自然对象的新时尚和新品味的快速传播，因此相比欧洲大部分地区，人们的品味才相对缺乏大的地域差异。古迪很好地分析了读写能力在打破对立和施加控制方面的影响。[51]后来，在大众层面，数量巨大的小册子文学得到发展，这也被记录在册。[52]因为政治、经济和物质世界已经被驯服，受到控制，得到合于秩序的安排，所以，信息和思想的世界也沦为羊皮纸和纸上的秩序井然。

在某个节点上，托马斯把宠物的心理功能与宠物在一个现代原子化亲属关系体系中的吸引力联系起来。[53]这个有趣的联想可以得到扩展。在大多数社会中，早婚、持续生育、在身体与情感

---

[51] 古迪：《野蛮心灵的驯化》（Goody, *Domestication*）。
[52] 斯普福德：《小册子与愉悦的历史：17世纪英格兰的通俗小说及其读者》（Spufford, *Books*）。
[53] 托马斯：《人和自然世界》，第119页。

上联系紧密的数量众多的亲属结合在一起,提供了许多人今天在宠物中找到的情感满足。既然我们知道,这种个人主义的亲属关系和婚姻系统在英格兰已经非常古老了,其核心特征至少可以追溯到13世纪,甚至更早,那么,我们就不难看出,饲养宠物和对自然的喜爱是很早就有的现象,也是彼此相关的现象。就像英格兰的孩童是奢侈品,被认为是最高级的"宠物",[54]所以英格兰的宠物也是奢侈品,被认为是孩童的备选项。动物和人类之间,以及开发和保护物种之间的边界颇为复杂。几个世纪以来,我们在英格兰看到,通过将世界仔细地分类为驯服的和野生的、可食用的和不可食用的,我们的祖先也有可能像我们现在一样,成为大食肉者,却又极为喜爱某些特定的动物,并对虐待动物罪保持关注。

毫无疑问,关于独特性的最后一种解释就存在于宗教体系之中。基思·托马斯追随韦伯,正确地强调了这一点。总体而言,对于人和自然的关系,基督教有着一种奇特的矛盾态度。一方面,它采取一种强调开发自然的态度;所有生物都是上帝为人类所造,并能为了人类自己的好处得到使用。另一方面,所有生物都由上帝创造,人类应该尊重祂的创造,并在自然之美中看到上帝之手。伊甸园神话从一个方面展现了宗教对乡村的这个强调。韦伯注意到,在基督教内部,主导英格兰的原始清教和各清教版本强调了一种对自然的反魔法、祛魅态度。在宗教改革之前很久,英格兰就已经消灭了许多不确定性、神话,以及大量由仪式产生的混乱。

---

[54] 麦克法兰:《英格兰的婚姻与爱:1300—1840的生殖模式》,第54—56页。

在大多数文化中，物质世界与精神世界的重叠颇为普遍，但它在英格兰缺席。对那些流行错误的攻击表明了一种对自然的恐惧和敬畏。人们也不再相信神在自然现象中显现，这种信仰已经遭到破坏。在盎格鲁-撒克逊教会下，对流行错误的攻击以及上述信仰的破坏很早之前就已经开始了。清教主义将之带到了合乎逻辑的最终限定当中。在基督教中，一种禁欲主义的、反魔法的倾向也因此与政治、经济、社会等力量相适应，这些力量将人与自然的世界分离开来，将自然置于绝对的控制之下，然后允许按照人类自身的条件实现一种情感的重新融合。这种对世界的祛魅是托马斯作品的核心主题，他对此过程做出如下归纳："他们不再通过自然世界来联想与人类的相似性和象征意义，认为它敏感于人类的行为，他们构建了一种从外部进行观看与研究的客观的自然景观。"[55] 在济慈、华兹华斯和雪莱那里，我们看到了这些联系正在走向最后的消逝，"那歌声已经远逝，我该醒来还是睡去？"

我们从一些悖论出发，这些悖论令 19 世纪前往英国游历的人感到惊讶，它们仍然存在于英国社会之中，以及世界上许多接受了不列颠文化输出的地方。如果回到这些悖论，我们可以在两个层面做出解释。到 1500 年，甚至更明显的是，到 1650 年时，关于英国人对动物、植物和乡村的特殊态度，其先决条件已经建立起来。这是前文简要提及的政治、经济、社会和宗教因素的结果。在这里，我们不能继续讨论其他一些文化要素了，但它们也值得一提。众所周知，根据塔西佗（Tacitus）最早做出的描述，日耳

---

[55] 托马斯：《人和自然世界》，第 89 页。

曼人侵入了原本以城镇为基础的罗马文明，他们偏爱乡村胜过城镇。在欧洲的许多地方，这些乡村民族被罗马世界吸收，最终，以城镇为主的罗马世界用罗马的法律、宗教、语言和城市重建自身。英格兰和北欧受罗马影响较小，英格兰在经历了盎格鲁-撒克逊、维京人和诺曼人的三次定居浪潮之后，其法律、语言和居住形态几乎彻底成为日耳曼式的。日耳曼人对乡村的偏爱从未被抹去，并在第一个工业和城市社会令人惊讶地保存下来。

由于16世纪之后发生的一些事件，这些早期条件和深层文化偏好以一种特别的方式纠缠在一起。在某一段时期里，我们看到：英格兰自18世纪30年代以来出现了前所未有的人口增长，一种新的人为的工业化生产形式占据主导地位，世界上出现了第一次快速的城市化，以及对于另一半世界的探索和统治。在这段时期里，这些初期的趋势并没有消失，而是以某种方式变得更加强大。城市与工业的影响，以及市场价值日益增强的统治地位没有扑灭人们对动物、森林、乡村生活的热爱，而是强调了这些感情。在18世纪后期的某一段时期中，当这些新特征以最快的速度增长时，我们也在浪漫主义运动中看到登峰造极的另一趋势。所以，人们对自然世界的爱与兴趣都在极大程度上增强了，另一方面，一种具有明显敌意的环境也成长起来，这两者彼此适合。我们不应努力消除冲突，而应努力理解这些困境如何产生以及为何许多人感到被拉往相反的方向，这更为有用。资本主义诸趋势的斗争已经蔓延到全球范围，在亚马逊河、喜马拉雅山、世界上各大海洋中，斗争的结果都将会影响我们所有人。

五 邪 恶

万恶之源

"邪恶"(evil)一词源于条顿人。《牛津英语词典》在其强含义与弱含义之间做了区分。在强含义中，人们用"邪恶"指善好(good)在所有重要意义上的对立面，其意为道德腐败的、坏的、恶劣的(wicked)、恶毒的(vicious)。《牛津英语词典》告诉我们，这一邪恶的强含义"很少用在现代英语中"；如果用它来形容人，那它也"过时了"。现在，我们只就其弱含义来使用这个词，其含义为引起不舒服或痛苦，令人不快、受到冒犯与不适，是"不好的"。它可以与"坏的"(bad)、"令人不快的"(unpleasant)、"有害的"(harmful)互换使用。在这里，我将关注"邪恶"的强含义：它是如何、在什么时候，以及为什么变得过时的？邪恶作为一个概念消失了，这是现代社会最突出的特征之一。总体而言，我们再也不可能认识邪恶的抽象力量，很明显，对历史学家和人类学家来说，这一点非常有趣。

邪恶的实质在于诸多特征的结合。首先，它阴暗、神秘、隐蔽，且隐藏自己，未被人们充分地理解。所以，它与黑夜、黑暗、黑色和秘密联合在一起。其次，它具有侵犯性，或者正如《牛津英语词典》提出来的，它具有一种积极的力量。邪恶努力破坏

"正常"社会的诚实、幸福与福利。它是处在萌芽状态的（即便是潜在的）积极进行破坏的蠕虫。巫师们是邪恶的，因为他们攻击社会，导致疾病与死亡。这些攻击不能被证明是合理的，它们要么缺乏动机，要么它们的动机颇为反常。当上帝或祖先折磨人们的时候，他们不邪恶，因为他们的目的是好的：是为了受其折磨的人变得更好。他们纠正着人类，就好像一位慈爱的父亲在纠正一个孩子。然而，当浩劫从天而降，打翻了一个人或一个社会，邪恶就在那发挥作用。[1] 邪恶是对善好的颠覆，社会道德标准因此上下颠倒。邪恶的最高代表是巫师与异端。有人认为，他们吃人肉、乱性、崇拜魔鬼，还浑身赤裸地飞去参加他们的怪异集会。

当不幸发生的时候，人们用一系列因素来解释它们。我们把这些原因放在一个连续的区间，从一种非常人性的、人格原因的极端，通过抽象、半人性的原因，到达机械与非人性的极端。如下原因也在这些原因之中：祖先、巫师、仙女或其他小精灵，神或者魔鬼、星辰、科学命运或机遇。通常在这些解释中，一个社会能够拥有其中两到三个解释。对特定解释的选择也将反映出一个人在与不幸事件的关系中的定位；例如，无论人们是否认为此前犯下了某种过错。长时间以来，在许多令人困惑的问题之中，

---

[1] 感谢大卫·帕金（David Parkin）教授，以及其他"邪恶"研讨班的成员，感谢他们对本文草稿的评论。他们在评论中指出，我们仍然是在较强的意义上使用"邪恶"一词，例如，我用"邪恶"来描述纳粹的大屠杀、集体酷刑、虐待式的犯罪。这完全正确。但我仍然坚持认为，《牛津英语词典》说，当我们把这个词用在人身上时，它就已经过时了，它是对的。人们把与超自然和自然威胁有关的信念结合起来，形成了恐惧、恐怖与谴责的确切结合。在今天，在西欧和北美的许多地方，这一确切的结合如果没有彻底消失，也大体上消失了。

最令人困惑的问题是：为什么不同的社会倾向于不同的解释组合，以及为何这些解释的组合会发生改变。为了表明许多背景因素位于解释框架的选择背后，这篇文章做出了简单的尝试。

在一个四处弥漫着真实邪恶的世界里，我们可以对其本质做出切实的诊断。首先，这个世界存在着秘密。事情并不是它们看起来的样子：笑脸掩盖了仇恨，友好的姿态导致了衰落。同一个人既是邻居，也很可能是一个秘密的、破坏性组织的成员。这是一个善好受到限制，充满嫉妒的、凶眼（Evil Eye）中的世界。尽管形式会因宗教体系而有所不同，但是，如果我们调查所有人类社会，那么看起来的确会出现这样一种情况：内在邪恶的强概念就在人类社会的中间范围内繁荣起来。通常情况下，在狩猎和采集社会中，这个概念会得到微弱的发展，或者缺席。在许多部落社会里，只要那里存在邪恶之人，他通常是其他遥远群体的成员，这些成员是邪恶或抽象的，是非人的精灵。人类学家不得不将人口密集的人类社会标注为"农民的"——中国、印度、南美部分地区和欧洲的天主教地区——邪恶在这里发展成一个重大的道德和实践问题。这些文明中的每一个都具有一种难以理解的神义论。在其神义论中，或许除了某些形式的佛教（这一点令人好奇），人们在解释体系中赋予邪恶一个正式地位。[2]尽管邪恶的位置和属性具有无限的多样性，邪恶与邪恶的概念却具有核心的重要性。

所以，正如人们期待的那样，我们可以论证，农民社会的

---

[2] 帕金：《恶的人类学》（Parkin, *Evil*），第8章。

道德经济里有一种邪恶的经济。在基督教、印度教、穆斯林和儒家社会中,通过使用被建构成可实践的宗教的"魔法",人们花费大量精力来节制或打败邪恶。人们认为,生活与幸福长久地受到妇女、死亡、隐秘的邪恶,以及四处弥漫且不可见的力量的威胁。个人内部的战争,以及反对外在黑暗力量的战争都不会终结。15—18世纪之间,在欧陆许多地方,我们可以看到这样一个世界的典型样本。在1486年斯普伦格(Sprenger)与克雷默(Kramer)写作的《女巫之锤》(*Malleus Maleficarum*)中,作者不仅给我们提供了一份可能出现的邪恶的摘要,还提供了一份指南,告诉我们如何通过折磨、讯问与欺骗来消除邪恶。在整个基督教欧洲,宗教裁判所与国家联合起来,为寻求和摧毁隐秘的邪恶打造了一架精巧的机器。在那"长燃不息的篝火"[3]中,上千人因其假定从事的邪恶工作被烧死,另有好几千人被囚禁,受到折磨。[4]在《欧洲内部的魔鬼》中,诺曼·科恩(Norman Cohn)披露了一个具有持久威胁与邪恶的世界的本质,戈雅(Goya)后来讽刺了这个世界。现在,这个世界变成了一个具有完整文字记载的世界。有人认为,国外存在一个巨大且邪恶的阴谋:堕落的犹太人、吉普

---

[3] 波洛克、梅特兰:《英格兰法律史》第2卷,第659页。

[4] 西班牙宗教裁判所的书记员做过一个早期评估(略伦特:《西班牙宗教裁判所的历史》[Llorente, *Inquisition*],第583页),它将西班牙宗教裁判所的惩罚数据公布如下:"受到指控并处以火刑的人数31 912人;被烧毁的人像17 659;被控处以重刑的人数291 450"。甚至,正如后来的作家论证的那样(例如贝纳萨尔:《15—19世纪的西班牙宗教裁判所》[Bennassar, *L'Inquisition*]),这些数字很可能被放大了,西班牙和葡萄牙宗教裁判所的伤亡人数仍然巨大。据说,葡萄牙举办了900场公开的处决仪式(*autos-da-fés*),大约30 000人被处死,其中有1000人被公开烧死(阿德勒:《信仰审判和犹太人》[Adler, *Auto da Fé*],第169页)。

赛人、共济会成员、巫师、路德会教友——他们全都被认作邪恶的代理人，被人们搜查出来。人们用火与刑架从他们身上清除邪恶。魔鬼有生命、健壮有力，盘旋在欧洲许多地方的上空。很显然，从乡下的农民到多米尼加的宗教裁判所，很少有人怀疑邪恶、邪恶之人及邪恶存在的日常现实。为此，圣战持续了四个世纪之久。[5]

让我们将此与工业世界、20世纪晚期的资本主义社会、贝尼多姆（Benedorm）和蒙特卡罗（Monte Carlo）的世界进行对比，与"无国界青年"和欧洲电视歌曲大赛的世界进行对比，与欧洲经济共同体与黄油山进行对比。尽管电影、电视、科幻小说与儿童故事中存在"邪恶的"挑逗，但在日常生活中，"邪恶"的概念与现实都在很大程度上消失了。大部分人都在一个单向度的世界中活动，这个世界驱逐了圣诞老人、巫师、凶眼与仙女们。除了作为"幻想"存在着，超自然维度已经死亡。就其表象而言，"科学"与"机遇"极大地取代了人格化的解释。正如基斯·托马斯论证的那般，这一转变的原因仍然成谜。[6]在许多方面，与接受

---

[5] 有人表明，在欧洲的普通人中，邪恶的意义没有什么发展。只在少数精英牧师与受压迫的异教分子心中，它才是一个日常的事实。很明显，极端的恐怖汹涌而来，人们不可能维持长久的警惕。我们如果读一读巴罗哈《女巫的世界》（Baroja, World）、科恩《欧洲内部的魔鬼》（Cohn, Inner Demons）、亨宁森《女巫的辩护者》（Henningsen, Witches' Advocate）与拉纳《巫术与政治：公众信仰的政治学》（Larner, Witchcraft）近期的作品，我们就会知道警惕得到了多么广泛的传播，以及它如何深入到社会底层当中。具有象征意义的是，在处决仪式上，对邪恶的驱逐不仅包含了宗教裁判所，还包含了参与这一仪式的所有人。在这里，我援引了尚未发表的关于葡萄牙宗教审判过程的作品。里斯本的古尔本基安（Gulbenkian）基金与剑桥的国王学院支持了一个联合项目，这个联合项目目前正负责这部著作的出版。

[6] 托马斯：《宗教与巫术衰落》和《人和自然世界》。

变幻莫测的命运相比,邪恶与反邪恶的世界,巫术与魔法的世界在心理上要更加可行。那么,问题在于:邪恶几乎被消灭了,尽管是暂时被消灭,但这是如何实现的?

我们可以将传统智慧简要归纳如下。在西北欧的部分地区,邪恶的世界最先得以清除,清教的、资本主义、理性主义的社会在同一地区出现。这是马克斯·韦伯的"世界的祛魅"的一部分。转折点出现在16—18世纪。那时候,从中世纪天主教的神秘魔法宇宙到18世纪理性主义的钟表的机械宇宙,一个革命性的运动发生了。邪恶概念的驱逐最先出现在精英之间,然后越来越多地前所未有地出现在"迷信的"大众之间。这个过程与对"非理性"的另一攻击同时出现,并关联在一起——专制政府、农民所有权和家庭主义情感的非理性。

众所周知,我们难以确立这一巨变的原因。一旦我们放弃了信念,不再认为"启蒙"与理性过程是必要的,就被迫论证滋养邪恶概念根系的社会框架等已经发生了改变。马克斯·格拉克曼(Max Gluckman)表明,变化中的社会、经济世界和道德、解释理论的改变之间可能存在一些潜在的联系。[7]据他论证,在一个世界里,我们可以通过他人(复合多重的、面对面的共同体)获得大部分好的事物,在另一个世界里,我们只能通过非人格的力量,通过金钱、契约、劳动、短期操纵的关系来获得善好,从前者到后者,这个世界经历了根本性的改变。正如善好以这种新形式到

---

[7] 格拉克曼:《非洲的习俗与冲突》(Gluckman, *Custom*),第4章;《部落社会的政治、法律与仪式》(*Politics*),第6章。

来，我们不再倾向于认为，邪恶也沿着私人网络流出。所以，一个扎根深厚、复合多重的面对面的共同体转变为那些高度流动的现代社会，这一变化将导致巫术与邪恶的衰落。对于那著名的从身份到契约、从**共同体**（gemeinschaft）到**社会**（gesellschaft）的变动而言，这便是它的另一个维度。

另一有趣的观点位于基斯·托马斯两部主要作品背后，亦即人更强有力地控制了自然世界，从中产生的安全也日益增加，令人免于恐惧与邪恶。[8]通过技术、工艺、组织和其他改变，人类的脆弱性降低了。神秘的事物被消除了，抑或人们相信，终有一天，一切都可以得到解释。通过提高生活水平，通过保险，通过探索与发现的胜利，人类变得自信起来。风险最小化了，震荡也没有那么频繁，逻辑模式浮现出来。一个计划的、受人控制、人为建构的世界浮现出来。在简·奥斯丁与能人布朗（Capability Brown）礼貌有序的世界里，邪恶难有容身之所。17世纪，荷兰风景画家笔下整洁、有体系的商业世界终于消除了恶魔（demons）。自罗马衰落以来，一直到耶罗尼米斯·博斯（Hieronymus Bosch），恶魔形象遍布于欧洲。尽管浪漫主义运动与哥特式复兴努力重新引入神话和某些恐怖元素，但是弗兰肯斯坦（Frankenstein）、皮特（Pit）、彭杜伦（Pendulum）与沃尔特·斯哥特爵士（Sir Walter Scott）的世界是一个幻想的世界，就像今天的科幻小说，是一种文学类型。就其实质而言，这个论点是，通过市民资本主义的兴起，邪恶之树的根系暴露出来，邪恶

---

[8] 托马斯:《宗教与巫术衰落》和《人和自然世界》。

之树也就被摧毁了。其过程是迂回式的，因为，消除了"邪恶"，人们就能够研究痛苦和不幸的真实原因。易言之，在更为古老的弗雷泽式（Frazerian）公式中，"科学"取代了"魔法"。

在这一论述中，我们可以找到某种具有内在吸引力、貌似有理的事物。我感觉，这就是一直延续至今的我们自己的生活经验。看起来，世界也有一个从童年到成年的自然过程。在童年的世界里，人们害怕黑暗、鬼魂与女巫，在更加乏味的成年的世界，人们把贪婪、机会、心理学与社会学解释提供给灾难。在这个世界中，人们认为，只要知道得足够多，一切都可以得到解释。将此论点予以延伸，人们就认为，如果北欧的社会与心灵机制输出到一个地方，并在北美得到了类似意识形态般的强化，在那里，邪恶就枯萎了。我们还可以找到一些零星的抵抗与妥协，但是，基础的流动、金钱、市场与改进的技术会比传教士更有力量。许多人类学任务就是研究并记录这一连锁反应。

然而，在接受编年记事（chronology）与解释之前，让我们稍微密切地看一看欧洲从这一受邪恶威胁的宇宙论的首次逃离。它发生在英格兰。第一件需要确定的事情是，作为一种实践的可能，邪恶于何时消除？这并不容易，因为众所周知，我们很难深入过去的日常行为与信念层面。在这里，当我们在一个超过四个世纪的时间跨度中，思考一个具有四五百万人的国家时，我们能做的一切都要从观察一个细小的微观世界，从观察一个教区开始。我们如何比较那里与欧陆、苏格兰的许多地方，以及当代农民阶层的境况呢？

在过去12年里，关于1380—1750年间的厄尔斯科恩教区我们已经收集、转录了一切已知的、保存下来的记录，并为其编撰了索引。[9]这个教区平均有700个居民，其位置接近埃塞克斯郡的科尔切斯特镇。它拥有非常详细的庄园、教会和市政记录，因此，我们能够开始分析日常的村庄生活与概念。[10]所有这些记录都被放进一个电脑数据系统，这样的话，我们就可以通过词汇或主题从任何方向对它们进行即时搜索。关于邪恶的概念及与之相关的主题，它们能够揭示什么呢？对此，我们也可以加以检测。

第一个醒目的事实是，人们对"邪恶"（evil）这个词的使用有多不频繁。在10 000页转录文档中，它只出现了27次（如果我们把"邪恶地"［evilly］和"诸恶"［evils］都算在内的话）。尽管这是完整的教会记录和公道的法庭记录，但是上述记录里人们还是频繁地辱骂彼此。这个词在一组关于通奸案的教会证词中出现了6次，而在教会法庭的其他地方只出现过一次。在大法官法庭关于财产权的三次辩论中，它出现了12次。此外，它在如下情况中各被提到一次：在一个庄园陪审团的陈述中、在一个朋友间季度会议记录中、在季度会议备忘录中，以及其他一两个史料里。在所有这些史料中，从表面来看，人们都是在更弱而非更强的意

---

［9］ 感谢厄尔斯科恩项目（社会科学研究委员会为此项目提供了资金支持）的其他成员，即萨拉·哈里森（Sarah Harrison）、杰西卡·金（Jessica King）、蒂姆·金（Tim King），以及查尔斯·贾丁（Charles Jardine）。因为他们的工作，我才得出了这些结果。现在，查德威克·海利公司（Chardwyck-Heley Ltd.）已将这些档案制作成微缩胶卷，在许多大学图书馆，以及英国公共图书馆（British Lending Library）可供查阅。这些文档对"邪恶"及提及的类似单词都列进了主题索引，那部微缩胶卷也包含了这些索引。在这些胶卷中，我们可以看到使用这些词语的完整语境。

［10］ 麦克法兰：《重建历史共同体》和《英国历史档案指南》。

义上使用这个词的。

与16—18世纪相比，15世纪的档案记录尽管没有那么充分，但我们也找不到任何证据证明，在这几个世纪中，人们对"邪恶"这个词的使用有快速上升或下降的趋势。也没有任何证据表明，随着几个世纪的流逝，它的含义发生了根本性的改变。15世纪，人们最早使用这个词时，它与那些盗取他人财物的行为有关，这类人被称为"恶人"。18世纪，人们最后使用这个词时，它用来描述逃避还债的债务人，称之为"邪恶的人"。这两种用法都颇为典型，它们也揭示了最重要的结论。作为一个单词，我们总是在更弱的现代意义上使用"邪恶"，其含义近似于"坏""罪"。人们从未在完全反社会的强意义上使用它。通过审视表达这一结论的短语，我们就能将此重要结论揭示出来。

谁要涉嫌通奸，她就会被指控过着一种"邪恶或不诚实的"生活；并且，她据称从未做出"任何邪恶或不诚实的行为"。一个男人"因为养了一个邪恶的女人在家"而受到教会法庭的警告。闯入者、赌徒、骗子，以及那些欠账不还的人——在提起他们的时候，他们所有人都被认为"邪恶言谈""邪恶性情与狭隘的良心"，也被认为是"作恶者"。邪恶被用来描述普通的世俗犯罪行为。所以，人们受到警告勿犯"重罪、侵占，以及其他罪行……"；人们声称，他们"受到了原告的严重的伤害与恶意的对待"；暴乱也是由"邪恶之人"造成的，"这些邪恶之人是隐蔽的发起者或此类骚乱无序的教唆者"；人们也"的确攻击并恶意地对待"他人。这是在最广泛的意义上使用"邪恶"这个词，正如我们今天以一种非常松散的方式将某种事物描述为坏的或邪恶的。

很明显，没什么是与魔鬼、精神的黑暗，以及另一道德维度联合在一起的。

既然文档的创立通常遵循正式设定，如果某一现象并未付诸文字，那么，由此做出的研究就总是危险的。然而，引人注目的是，当人们在使用这个词时，它总是用在更弱的意义上。当然，没有任何证据表明，在村庄的生活中，更强意义上的邪恶是一种重要的力量。这种第一印象受到其他相关特征的支持。其中的一个特征关注的是基督教末世论中那些关联在一起的概念，即魔鬼（Devil）与地狱（Hell）。很可能，如果在这个世界中，人们对邪恶有着广泛的恐惧，魔鬼就并未远离，人们也就持久地注意着地狱的痛苦。人们尤为期待，在东英吉利的一个地区，对严苛的清教主义来说，这颇为著名。那么，令人好奇的是，在厄尔斯科恩教区的记录中，对大量得以保存的词汇的搜索表明，人们并未单独使用"魔鬼"或地狱（或它们的衍生词）。看起来，在恶毒的争吵攻击中，人们至少从未写过，他们的反对者与魔鬼结盟，或他们应该下地狱。如果我们根据当地的法律记录进行判断，这就是一个乏味的世界，在这里，至少从16世纪中期以来，魔鬼与地狱的重要性就已经边缘化了。在邪恶、魔鬼与地狱的威胁得到强烈呈现的社会中，它是一种如此有用的制裁，以至于这看起来颇为奇怪。然而，按照文档揭示出来的内容，它更广泛地符合社会的其他特征。

在一个地方，如果邪恶是经常存在的威胁与事实，人们就持久地寻求保护，免于受其伤害。为了避开它，保护他们的房屋、爱人与牲畜，他们参与了上千种形式的活动。尽管基斯·托马斯总体上记录了许多这种行为，[11]但引人注目的是，在村庄层面，只有很少的证据保存下来，表明人们采用仪式与魔法来保护自己，使之免于邪恶的伤害。埋葬一定数量的目标对象，挂起马蹄铁，把《圣经》的一部分当作护身符戴在脖子上，无疑，这些行为不会留下正式的记录。然而，教会迫切地想要驱逐这些魔法保护，它们被认为是迷信和不必要的。所以，在厄尔斯科恩教区，一位使用魔法书的占星家受到教会权威的指控。看起来，如果那里存在许多魔法行为，那么人们在教会法庭中就已经注意到了它，或者那位在1640—1683年间写下详细日记的厄尔斯科恩教区的清教牧师就已经注意到了它。[12]拉尔夫·乔斯林（Ralph Josselin）的确不时提到迷信行为，例如竖立五月柱。然而，他从未提到过魔力、护身符、具有魔法的咒语，或被设计出来保护人类免遭邪恶侵扰的标志。祈祷和一个正直的灵魂是唯一的保护措施。

尽管个人显得没有制服邪恶的广泛技能，而正式权威机构能提供的方法甚至更少。自从罗伯逊·斯密（Robertson Smith）发表其著作以来，[13]人类学家就已经注意到，在以邪恶为持久威胁的宇宙论中，人类努力通过各种能够避免危险的仪式活动来抵抗邪恶。在这些仪式活动中，牺牲与驱邪仪式最为强大。在牺牲仪式中，人们破坏一个对象，将这个对象的一部分（常常是鲜血）献祭给诸神、祖先或精灵。在与邪恶的战斗中，牺牲是一种强大的技能。

---

[11] 托马斯：《宗教与巫术衰落》（Thomas, *Religion*）。

[12] 麦克法兰：《拉尔夫·乔斯林日记（1616—1683）》（Macfarlane, *Ralph Josselin*）。

[13] 罗伯逊·史密斯：《闪米特人宗教讲座》（Robertson Smith, *Lectures*）。

牺牲作为避灾装置在起作用，因为牺牲动物承载了世间的罪过，并把罪过带走，从而转移了灾难。借助牺牲，人们就获得了保护，避免了各种各样应得的或不应得的邪恶。我们可以论称，牺牲与得到发展的邪恶概念必然交缠在一起。从此视角来看，据我们所知，贯穿整个时期，厄尔斯科恩教区都完全没有出现过动物或其他牺牲，这一点就非常重要。甚至，因为清教徒对如下事实的强调，基督徒在十字架上的象征性牺牲就显得不重要了：清教徒强调圣餐（communion）不是一种仪式活动，也不是血与肉的牺牲，而是一种纪念性的公共行为，是"为了纪念我"（in remembrance of me）。没有证据表明，教会仪式为抵挡邪恶提供了一块有效的盾牌。

驱邪与恶鬼附身（exorcism and possession）在此地缺席，就此而言，仪式的弱点也颇为明显。尽管英国圣公会（Anglican Church）允许使用驱邪仪式，而且这一时期，驱邪仪式偶尔也会使用。但是，在这些村庄记录里，没有任何证据表明它具有任何实践上的重要性。我们找不到一例记录下来的恶魔附体的案件，也不知道任何驱邪的例子。魔王（the Evil One）在物理世界中的痕迹几乎消失不见。从各种类型的文献里，我们得到一个压倒一切世俗世界的印象——在那里，人们首先关注金钱、权力和社会关系。据我目之所及，那里不是一个因为凶险恶灵的笼罩而变得黑暗的世界。所以，我们找不到任何邪恶时刻或邪恶场所的痕迹，这也就不会令人感到惊讶了。没有任何迹象表明，某些日子本身就是邪恶的，也难以证明墓地或其他地方本质上是邪恶的。当然，不幸的日子总是有的，人们最好不要在这些时日里出门远行、结婚或是做生意。但是，厄运与不幸不同于邪恶。

此外，凶眼的概念也明显缺席。正如在整个埃塞克斯郡[14]，在厄尔斯科恩教区也一样，我们找不到证据表明，人们发展出一种观念，认为在一个善好受到限制的世界里，忌妒会危及一切生命。几乎在所有其他的农民阶层中，人们认为，有人天生凶眼，只要他心怀忌恨地看着一个东西，它就会枯萎或死去。在部分苏格兰地区，在地中海欧洲和其他地方，这类观念得到了非常有力的发展。然而，在我们厄尔斯科恩教区或更广泛的埃塞克斯郡的材料中，这个与邪恶信念联系如此密切的概念，我们找不到丝毫的迹象。

巫术与仙女观念的真实性与重要性更加重要。在一部概论性的著作中，我研究了1560—1680年间埃塞克斯郡的巫术信仰与指控，我也在那里表明，埃塞克斯郡是最有巫术意识的郡之一，并且16、17世纪经历了巫术信仰与巫术指控的顶峰。[15]然而，当我们把巫术信仰和巫术指控置于教区内一切事件的语境之中，它们就不会给人留下那么深刻的印象了。在厄尔斯科恩教区，数百个性犯罪案例被记录在案，数百个指控关注的是经济事务。然而，没有一个人作为女巫受到谴责。1581年，在副主教法庭发生了最接近正式指控的事情，那时，科恩寺监指控玛丽·格林，强烈怀疑她会"妖术和巫术"。她没能让邻居代她宣誓，遂遭开除教籍。我们没有听到更多与她有关的内容，所以，她很可能搬走了。指向她会"妖术"的措辞表明，她很可能是一个"行善的"女巫；

---

[14] 麦克法兰：《都铎与斯图亚特时代英格兰的巫术》（Macfarlane, *Witchcraft*）。
[15] 同上。

亦即她在非法行医，救治病人，或为人们找寻丢失的物件。除了几处对同时期当地女巫或占星术师的提及，这就是我们从记录中了解到的关于巫术的全部。同样，无人提及任何邪恶或半善半恶的精灵。所有文档都没有提到仙女、妖精、棕仙，或成群的精灵——它们是伊丽莎白时代英格兰高等文学中的角色。[16]其中也没有提到任何故事、神话和童话世界中的信念。它是一个由地方记录揭示出来，令人惊讶地平实单调的真实世界。

我们可以把这个问题追问得更加深入一点，因为不仅在数量上，而且在质量上，英格兰巫术的本质都令人好奇。在许多社会中，女巫就是邪恶的缩影。为了认知邪恶的大众概念，我们只有为数不多的几面镜子，与女巫有关的信念则为我们提供了其中之一。从 15—17 世纪，在欧陆的巫术信仰体系中，或在当代非洲的巫术信仰中，女巫都代表了社会的对立面——纯粹的邪恶。[17]她（人们通常认为巫师是女性）用一切方式颠覆着社会的价值与习俗。人们认为，女巫构成了一个有组织的另类邪恶帝国，威胁着整个文明的人类"社会"。她们亲密地与恶魔一起工作，缔结魔鬼的契约，为此生的世俗权力出卖灵魂。她们聚集于"拜鬼仪式"（sabbats），在那里崇拜魔鬼，而非上帝。她们颠覆了仪式、圣事的神圣性，用不洁的食物、前后颠倒的祷告来举行黑弥撒。她们在夜间，当基督徒入睡之后施行巫术。她们变作梦淫妖（incubi）

---

[16] 布里格斯：《苍白赫卡忒的队伍》（Briggs, *Hecate's Team*）。

[17] 科恩：《欧洲内部的魔鬼》（Cohn, *Inner Demons*）；拉纳：《上帝的敌人：苏格兰的政治迫害》和《巫术与政治：公众信仰的政治学》，尤其是第 vii、viii、52、54、75 页；梅尔：《巫术》（Mair, *Witchcraft*）。

和女妖（succubi）的模样，既参与彼此之间的性变态行为，也与魔鬼颠鸾倒凤。她们吃人肉，这种遭到最严厉禁止的食物。她们赤裸身体，淫荡地舞蹈，她们拒绝穿着体面。她们在空中穿行或是倒立行走，用奇怪的方式赴会。所以，她们代表了对正常价值令人恐惧的嘲讽，在时间、空间、性、饮食和衣着方面颠覆了人类行为。在整个欧洲及苏格兰地区，这些就是许多巫术信仰的特性。根据我们对同一时期英格兰巫术信仰的了解，与这些可怕的事物相比，它们又当如何呢？

英格兰的巫术信仰以及证词提供的证据都表明了一种非常不同的态度。基本上，我们不能把巫术看作异端邪说的形式。尽管玛格丽特·默里（Margaret Murray）努力把它们带进记录中，但是，我们几乎找不到人们信仰这种女巫组织的证据：魔鬼在"女巫大聚会"或"拜鬼仪式"中受到崇拜，一个巨大的、备选的、异教的女巫组织则以此"聚会"或"仪式"为基础。[18]在一个假设的与魔鬼缔结的契约中，人们关注的关键是巫术（maleficium）的效果，而非原因。英国女巫作为个人单独行动，而非成群结队地行动。如果想要与魔鬼有所联系，她们不是通过每周或每月与之会面，而是通过在家里养一只小宠物。女巫喂养的这只小宠物被认为是魔鬼的"小淘气"或"相熟之物"。甚至在巫术中，英国人对宠物的痴迷也随之浮现了。我们也很难找到任何证据，证明存在备选仪式、黑弥撒、魔鬼崇拜、动物牺牲等。这不是一个发出威胁，要打败神圣社会的秘密的备选组织。女巫只是特定个

---

[18] 麦克法兰：《都铎与斯图亚特时代英格兰的巫术》，第10页；拉纳：《巫术与政治：公众信仰的政治学》，第viii页。

人的敌人，而非整个社会的敌人。[19]她们的动机乏味无聊。她们并不寻求巨大的权力和财富，以及基督的尘世王国的崩溃。相反，因为邻居做出一个稍微不那么友好的行为，她们也会感到愤怒。争吵都微不足道，它们因边界争议、债务分歧，以及轻声诅咒而产生。[20]

在英格兰，有人被假定认作女巫，人们口中风传着她们的行为，这些行为并无欧陆或苏格兰女巫那种颠覆性的恐怖色彩。英格兰巫术中也没有显而易见的性因素。尽管大部分受到指控的人都是女性，这是真的。但是，没有任何有力的证据表明她们格外放荡，也没有证据显示她们与魔鬼或其他女巫交媾，或是与动物性交，以及采取违禁的方式性交。埃塞克斯郡的巫术信仰颇为端庄，实际上，整个英格兰的巫术信仰都是如此。她们的服装也表现得合宜有度，并无失礼之处。然而，在其他地方，通过脱掉衣服，以挑衅的方式暴露臀部和外阴，女巫们展露其邪恶本性。英格兰女巫则被认为一直穿戴齐整。在其饮食习惯中，她们也受着类似的限制。那些假定的英格兰女巫们会聚在一起吃烤牛肉或羊肉，但我们很少找到她们集体用餐（communal eating）的证据。当她们被认为不怎么频繁地聚集在一起时，也没有任何证据表明她们打破了饮食禁忌，特别是用人肉献祭或吃人肉，尤其是基督徒婴儿的肉，并不是她们假定的生活习惯。在世界上许多地方，饥饿与食物动机、对食物与性的欲望是巫术信仰的特征，但它们

---

[19] 罗兰：《奇幻人物与德韦利切人：比较视角下的欧洲女巫信仰》（Rowland, 'Fantasticall'）。

[20] 麦克法兰：《都铎与斯图亚特时代英格兰的巫术》，第196页。

在英格兰的巫术信仰中并不存在。饕餮宴饮与嗜食人肉并非重要特征。人们也不认为，女巫们以神秘的或令人受到威胁的方式在英格兰旅行。就像普通人一样，她们都是步行去工作。她们没有骑着扫把旅行，没有用富有魔力的药剂涂抹自身，或是从烟囱中飞出来、穿过钥匙孔，或是上下颠倒地行走。

在大众观念中，英格兰女巫这种生物令人惊奇地温顺、平常。她们令人不快、怀有恶意，甚至是罪犯，但不是这样一个组织的成员：它们协调起来对社会造成深度攻击，为这个世界引入可怕的邪恶。我们很难讲明情形何以如此。对此独特之处，部分答案位于英格兰法律的性质当中。诺曼·科恩等人成功地揭示，大众对日常邪恶中较为平实的信念如何转变为宗教裁判所体系语境中的恶魔巫术，以及在欧洲教会与国家的罗马法下使用的酷刑。[21] 如果没有作为法律正式部分的酷刑，也没有以宗教裁判所手册为基础的诱导性提问，这就有助于阻止许多备受关注的信念并入最终的、正式的忏悔。然而，单单这一点还不能对其差异做出完全、充分的解释。很清楚，欧洲的巫术信仰反映了宗教裁判所和大众信仰的态度。[22] 英格兰缺少一个宗教裁判所的框架，其普罗大众也明显缺乏对真正邪恶的、魔鬼式的个人信念。在最早的巫术审判中，例如在16世纪60年代埃塞克斯郡的那些巫术审判中，我们可以观察到，埃塞克斯郡的村民给此地最高司法官员讲解大众信仰。[23] 他们获得的信念在后来的审判中得到强化，它们也与我

---

[21] 科恩：《欧洲内部的魔鬼》（Cohn, *Inner Demons*）。

[22] 亨宁森：《女巫的辩护者》；金茨堡：《奶酪与蛆虫》（Ginzburg, *Cheese*）。

[23] 罗森编：《巫术》（Rosen, *Witchcraft*），第72—82页。

们在苏格兰与欧陆巫术中发现的可怕颠覆十分不同。看起来，在流行的宇宙论层面，在16、17世纪英格兰的村庄里，女巫身上人格化的纯粹邪恶的概念也不存在。

这幅实际生活的画景是对排他性使用文献资料的有用补正。然而，在使用非人身的，通常为正式的记录时，我们会遇到显著的危险。幸运的是，对厄尔斯科恩教区来说，我们不只是有这些材料；因为日记和自传是与过去观念有关的资料，厄尔斯科恩教区的牧师拉尔夫·乔斯林留下长达600页的日记，它代表了一种最丰富的资料。我已经分析并出版了整部日记，[24]我们也可以提到从这一资料得出来的某些结论，它覆盖了整个17世纪中期。在这部日记中，把善恶区分为对天堂与地狱的强烈信仰的计划并未表明自身：

> 这部日记记载的个人思想中，来世的信仰并未扮演重要角色。它没有直接提到地狱或天谴。所以，看起来，一位清教牧师对两者的兴趣都颇为冷淡，尽管我们原本期待，他会把天堂和地狱当作自己与会众的威胁或激励。[25]

乔斯林专注于各种各样的不幸、疾病和危险。结果，他的日记包含了许多与死亡和疾病有关的感人段落。然而，日记中的这一信

---

[24] 麦克法兰的《拉尔夫·乔斯林日记（1616—1683）》和《拉尔夫·乔斯林的家庭生活：历史人类学论文》。

[25] 麦克法兰:《拉尔夫·乔斯林的家庭生活：历史人类学论文》（Macfarlane, *Family Life*），第168页。

念颇为引人注目：一切痛苦均源自上帝。"痛苦与邪恶均源自上帝"，这一原则非常清晰地从乔斯林的思想中浮现出来。在日记中，没有迹象表明乔斯林还设想了一种备选的邪恶之源，例如撒旦。他一次又一次地把自己和国家遭遇的烦扰追溯到上帝。基本上，"乔斯林看起来已经接受了，痛苦要么是神圣的净化，一如约伯故事中的情形，要么是一种惩罚"。[26] 贯穿整部日记，愧疚都在撞击我们，因为乔斯林为自己遭遇的许多痛苦而谴责自己；在最为著名的事例中，他过度地将下棋与疾病和死亡联系在一起。所以，邪恶之根最终还是在他自己腐败的心中。谴责其他人不会有什么用处。原因要么是一个爱神在试探他，要么是自己或国家的错误。日记从未表明，乔斯林谴责了女巫、撒旦等。

然而，有趣的是，乔斯林也相信魔鬼干预和巫术的可能性。他自己从未遇到过恶魔，但是，有故事说，在他的教区居民中，有两个人曾经遇到过魔鬼，他看起来接受了这些故事。有人曾被"一个牛形的怪物"扔进河里，这个牛形怪传闻就是魔鬼。另一个人找到乔斯林，告诉他，魔鬼在他面前现身："对金钱的贪欲使之欲求金钱，神也为此劳形；他（即魔鬼）出现的时候穿着黑色斗篷，然后变成了红色；他把自己的血涂抹在白纸上"。几天之后，乔斯林跟这个人在一起，他们担心魔鬼可能会出现，但他们再没看到魔鬼现身。[27]

乔斯林也相信巫术的可能性，并报道了两个案例。在第一个案例中，"比佛德（J. Biford）被指责是一个女巫，C 先生则认为，

---

[26] 麦克法兰：《拉尔夫·乔斯林的家庭生活：历史人类学论文》，第173、174页。
[27] 同上书，第190—191页。

他的孩子是因为她才生病的"。乔斯林把嫌疑人"单独带到田野中，与之进行严正交涉，我认识到，对那桩坏事来说，这个贫穷的可怜人是清白的"。在接下来的几年里，他从一个临近的牧师那里听说，有个妇女被怀疑是女巫，她以令人起疑的方式在坟墓附近活动。乔斯林"对她用尽一切手段，她仍然抗议，声称自己清白无辜"。[28]乔斯林也相信诅咒的力量。

在这个方面和其他方面，一部个人日记有助于为地方记录提供一个补充的精神维度。它展现了一个象征、符号、视觉的世界，而它并不存在于我们的法庭记录。然而，在其关注邪恶的核心印象中，这部日记以多种方式补充了其他的记录。在很大程度上，邪恶、魔王、凶眼、邪恶的力量与危险都不存在。日记展现的世界没有善恶力量的持续交战，也没有来自心灵邪恶之人或邪灵的迫近的破坏与威胁。通过自己纯良的内心，以及通过对上帝的理解，个人最终能够控制世界。这个世界与约翰·弥尔顿（John Milton）的世界完全一致。弥尔顿是与乔斯林同时代的伟大作家，我们将要考察与之相关联的那个世界，在那里，善恶可以相互转换。乔斯林首先关注实践问题，重中之重是赚钱，然后是与邻居、家人和上帝建立好关系。从许多方面来说，这部日记的氛围轻松且充满乡土气。在《私人记忆与一位正义戴罪者的忏悔》（1824年）中，詹姆斯·霍格（James Hogg）对魔鬼与彻头彻尾的邪恶做出了令人恐怖的论述，对加尔文教派另一分支的心灵世界做出了想象的论述，这些论述也刻画出一种感情。如果我们比较这部

---

[28] 麦克法兰：《拉尔夫·乔斯林的家庭生活：历史人类学论文》，第191—192页。

日记的氛围与詹姆斯·霍格刻画的感情，那么，这个世界的品质就可以得到最为惊人地呈现。在霍格刻画的世界里，人们可以真实地感受到地狱、魔鬼、真正的邪恶与黑暗。相对那一论述，在乔斯林的记录中，厄尔斯科恩教区的风景看起来艳阳高照、视野开阔，富有尘世的烟火气。当然，邪恶没有被彻底清除，但它只是位于这个英格兰世界边缘的一片阴影，而非一个核心的普遍弥漫的特征，一如它在许多文化中的样子。

这些印象以一个小的例证为基础。然而，关于16—18世纪，它们也与另一个同时代证据一致。如果有人熟悉最为细致的英国日记和这一时期的自传，例如塞缪尔·佩皮斯（Samuel Pepys）、约翰·伊夫林（John Evelyn）和奥利弗·海伍德（Oliver Heywood）的日记与自传[29]，他们就会知道，这些日记与自传很少涉及严格意义上的邪恶。有时候，从其他维度会产生一些奇怪的干扰——鬼魂、促狭鬼，以及古怪的巫术审判。然而，所有日记的基调都是世俗的、平实的，没有沉浸在邪恶之中。书信是另一类型的记录，大量15世纪的书信得以保留下来。由这些书信呈现出来的基调也同样如此。帕斯顿家族（the Pastons）、塞利家族（the Celys）和弗尼家族（the Verneys）收藏的书信颇为著名，这些书信很少表现出对强意义上的邪恶的兴趣。[30]

---

[29] 莱瑟姆、马修斯编：《塞缪尔·佩皮斯日记》（Latham and Matthews, *Diary*）；《约翰·伊夫林日记》（De Beer, *Diary*）；霍斯福尔·特纳：《奥利弗·海伍德牧师自传、日记，1630—1702》（Horsfall Turner, *Autobiography*）。

[30] 盖尔德纳：《帕斯顿书信，1422—1509》（Gairdner, *Paston Letters*）；哈纳姆：《塞利书信，1472—1488》（Hanham, *Cely Letters*）；维尼：《内战期间弗尼家族回忆录》（Verney, *Memoirs*）。

英格兰古谚也表明，人们并不关注也不恐惧邪恶。各种短语和寓言的词典、英格兰古谚手册只包含很少的与邪恶有关的内容。例如，《牛津英谚词典》（*Oxford Dictionary of English Proverbs*，1952年）中，"邪恶"词条下只包含了很少的谚语。在几乎所有这些谚语中，"邪恶"这个词都是在更弱的意义上得到使用的。例如，有一古谚说，"两恶（害、病、祸）相权取其轻"，乔叟最先引用了这一谚语（他使用的是"伤害"[harms]这个词）。另一谚语云，"好的法律自邪恶（坏）的习俗中产生"。地狱也同样不受重视。词典引用了11条谚语，它们包括："仁慈的主把我们从地狱、赫尔（Hull）与哈利法克斯（Halifax）拯救出来"；"地狱与大法官法庭总是敞开大门"；"地狱或是康诺特（Connaught）"，以及其他一些意义不大的谚语。没有一条谚语关注地狱的恐怖，如何避免下地狱等内容。地狱是这样一个地方，那里"满是好的意义与愿望"，"用善好的意图铺路"；"地狱中人认为，此外再无天堂"。魔鬼得到了更多关注，但它受到的轻率对待也显而易见。"魔鬼总是在身后留下恶臭"；"魔鬼借牧师的长裙爬上钟塔"；"在自己的主教管区，魔鬼是一个忙碌的牧师"；"魔鬼是一个混蛋"；"魔鬼用律师的舌头、牧师的指头来做自己的圣诞派"；"魔鬼不会来康沃尔，因为它害怕被放进一个派里边"，还有其他一些谚语。总而言之，"魔鬼没有画的那么黑"；他是一个爱开玩笑的人，是上帝的模仿者，他瘦小且虚弱，是安全世界里的骗子。

当然，《圣经》气势磅礴的行文让我们看到这样一个社会，在那里，地狱、魔鬼以及魔鬼所有的工作都非常重要。忽视这一维度是愚蠢的，我们也可以在此通过提问将其呈现出来。主的祈祷包含了短语"不是让我们走向诱惑,而是将我们从邪恶中拯救出来"。这邪恶是什么呢?在他的教义问答中,16世纪的一位清教徒,托马斯·贝肯(Thomas Becon)略有不同地将之引用为"而是把我们从邪恶中拯救出来"。贝肯在这里提到了将邪恶等同于魔鬼的圣保罗(St. Paul)。贝肯告诉我们,撒旦导致了两类主要的邪恶,即灵魂之恶与身体之恶。灵魂诸恶包括"失信、错误的信仰、怀疑……不洁的内心、腐败的判断、错误、异端邪说、教会分裂、宗教冲突、教派冲突、心高气傲、顽固不化的作恶心、肉欲"等。另有许多身体之恶,它们包括:"突然死亡、瘟疫、鼠疫、不利于健康的天气……饥荒、饥饿、战争、匮乏、乞讨、财产损失、臭名昭著、羞耻、困惑、疯癫……",以及诸多其他邪恶。[31]请记住,至少在名义上记住,这是一种以如下前提为基础的基督教文明,即可触知的邪恶、魔鬼与地狱是存在的;教义问答、讲道,以及许多教育都以这些信念为基础。记住这些内容具有实质性意义。然而,正如基思·托马斯已经表明,这个国家在这个时期具有数量惊人的宗教无知,甚至彻底的无神论,[32]所以,很可能,当人们对上帝和基督了解甚少,他们就不怎么知道魔鬼,更不会怎么关心魔鬼。

关于绝对邪恶、魔鬼与地狱的缺位,我们若想做出令人满意的解释,就需要对它进行更加充分的处理。在主要的欧洲国家中,只有英国没有天主教宗教裁判所,也没有任何合法的宗教法庭审判程序,这明显不是偶然。对邪恶的恐惧不受鼓励。关于问题的

---

[31]《托马斯·贝肯作品集》(Becon, *Works*),第196页。

[32] 托马斯:《宗教与巫术衰落》(Thomas, *Religion*),第6章。

本质，在我们考虑的这段时期里，有两个人正在英格兰写作，他们提供了部分解决方案与进一步的证据。据我们所知，关于邪恶与善好的问题，他们提供了两份最好的论述，他们就是莎士比亚和弥尔顿。

这两位作家有一个显著的特点，这个特点使他们看起来非常"现代"并且与我们相关。他们关注着一个善恶可以互相转变的灰色世界；在那里，人们不可能获得确定性，也不可能拥有绝对的道德标准；在那里，没什么是完全黑白分明的。很明显，在莎士比亚对一切核心角色——哈姆雷特、布鲁图斯、普洛斯彼罗、麦克白，甚至伊阿古——的处理中，这一点都非常清楚。对他们来说，选择颇为艰难，绝对的标准并不存在，事物也不是它们看起来那样。莎士比亚甚至披露了善恶为何变得模糊的原因。他表明，金钱能让其中一个变成另一个。在这里，他触摸到了一个核心的悖论。在一个资本主义社会中，邪恶变成善好，善好则变为邪恶。卡尔·马克思心怀赞许地引用莎士比亚，因为他已经看到了这一核心特征。[33] 马克思在其著作中引用过《雅典的泰门》(*Timon of Athens*)（第四幕，第三场）中的一段话，我们值得用更长的篇幅来对其加以引用。泰门在挖地的时候发现了黄金。

116 　　这是什么？

　　　　金子？黄黄的、发光的、宝贵的金子？不，天神们啊，

　　　　我不是一个游手好闲的信徒；我只要你们给我一些树根！

---

[33] 马克思、恩格斯：《德意志意识形态》(Marx and Engles, *German Ideology*)，第102页；马克思：《政治经济学大纲》(Marx, *Grundrisse*)，第163页。

这东西,只这一点点儿,就可以使黑的变成白的,丑的变成美的;

错的变成对的,卑鄙变成尊重,老人变成少年,懦夫变成勇士。

嘿!你们这些天神啊,为什么要给我这东西呢?

嘿,这东西会把你们的祭司和仆人从你们的身旁拉走,

把壮士头底下的枕垫抽去;

这黄色的奴隶,

可以使异教联盟,同宗分裂;它可以使受诅咒的人得福,

使害着灰白色的癞病的人为众人所敬爱;

使窃贼得到高爵显位,和元老们分庭抗礼;

它可以使鸡皮满脸的寡妇重做新娘……

所以,金子改变了一切,把黑变成白,有把白变成黑;它把并不真在同一平面上的事物归拢起来,把它们当作相等的事物,也让自然结合在一起的事物分裂开来。人们不再能够区别何为善好,何为邪恶。

这一生命核心的混淆也在弥尔顿最伟大的诗篇中产生了回响。《失乐园》(*Paradise Lost*)的核心论题是善与恶之间的战争。然而,斗争并不是存在于两个相反的方面,而是在同一原则之内。这首长诗是一种尝试,它试图陈述这样一种悖论,即善恶完全独立,但也完全相同。它纠缠于邪恶究竟如何浮现这个问题,因为它产生自善好。在伊甸园神话中,这个问题就被赋予了一种形式。在伊甸园里,邪恶甚至在一个完美的天堂里就有所展露。一些邪恶浮现,与善好分开,变得独立,对它们两者而言,问题就是如

何阻止相互污染，以及如何阻止它们再次结合。在这首诗中，许多撒旦的著名诗行都有一个主题：上帝努力把它们带回自己的慈悲中，撒旦则努力挫败上帝的努力。"如果待到那时，他的神意力图从我们的邪恶中产生善好，我们就必须奋力阻止那一结果，令邪恶自善好中产生"（第1卷，第157行）。这个世界正是为了实现这一点才被重新定义。"所以，告别希望，也一并告别恐惧。再见了，悔恨：我丧失了所有的善好，邪恶就是我的善好"（第4卷，第108行）。然而，正如邪恶从善好的原则中浮现，善好亦可自邪恶中浮现。上帝可能重获胜利，把他们的邪恶转变为善好，因为善好力量巨大："恶魔羞愧不已，踯躅难安，感受到善好有多么可怕"（第4卷，第846行）。这便是对堕落天使的持续威胁。最终，善与恶没有独立。天堂与地狱、魔鬼与上帝在本质上是同一种力量的不同方面。

孩子气的非黑即白视野颇为简单，且不够充分。我们可以把弥尔顿的诗看作对这一悲剧性认识的雄辩的表达。它完全是一个我们如何看待事物的问题，是一个主观主义者世界的问题。在一个主观主义者的世界中，人们不能依赖任何外在、永恒、客观和道德的法律。弥尔顿需要论证由神至人的道路的合理性，而非相反。结果，每个人都应该作为上帝的法官来行动，而非相反。道德存在于观看者的眼中。正如蒲柏（Pope）所谓，"快乐被人错误或正确地理解，它是我们最大的邪恶，或是我们最大的善好"（《论人》[An Essay on Man] 第2封信，第91行）。

一股朝向伦理相对主义的趋势认为，越来越多的证据显示，每一种文明都有属于自己的合宜的道德体系。蒲柏的确代表了这股趋势的顶点。帕斯卡在17世纪就对这种观点进行了总结。"我们几乎不知道,有任何正义或不正义的事物没有随着气候的改变而改变其品格。三级完全相反的提拔颠覆了整个司法体系。最高的权力决定了何为真理……没有任何一条法律普遍有效。"[34]蒲柏接下来又说:

> 你不知道,一切自然都是人为;
> 一切都在变化,你看不清楚方向;
> 一切都处在混乱之中,和谐得不到理解;
> 所有偏狭的邪恶、普遍的善好,
> 并且,尽管傲慢,尽管有错误的理性,
> 但一个真理却清晰可见,无论它是什么,它都是正确的。
>
> 《论人》第1封信,第289行

此外还有一种极端的犬儒主义,正如查尔斯·丘吉尔（Charles Churchill）表达的那般：

> 请注重仪容,测试在那严阵以待;
> 世界会给你用来考试的信用。
> 无论内在多么愚不可及,外在都是公平的;
> 如果你想犯罪,那就要秘不示人。[35]

---

[34] 帕斯卡:《思想录》第2卷（Pascal, Pensées, Ⅱ）,第126ff页。
[35] 《查尔斯·丘吉尔诗集》第1卷（Churchill, Poems, Ⅰ）,第71页。

118 在这样的一篇短文里，作者只可能提出一些问题，并暗示了纯粹邪恶消失的源头这一问题的答案。"对金钱的爱是一切邪恶之根"（《提摩太前书》第 6 章，第 10 节），答案与问题都包含在圣保罗的这一警告中。这一对贪婪的排斥是犹太-基督教传统的核心支柱，西方文明也正是以此为基础。然而，我们也可同等论证，对金钱的爱——交换、贸易和积累的著名倾向——也是这一文明同样重要的支柱。亚当·斯密最清晰地揭示了这一现代社会的支柱。如果没有这一特征，资本主义社会瞬间就会瓦解。正如他提出的，"许多进步源于劳动分工。劳动分工是人性中某种特定倾向的必然结果……这种倾向就是互通有无、物物交换、互相交易"。[36] 这种劳动分工以及从中产生的一切结果都以此倾向为基础，用正式神学确立的伦理学术语来说，这种倾向是邪恶的。它奠基于个人的贪婪、对金钱的爱，以及对利益的追求。所以，在现代社会的根基里，善好与邪恶混合在一起。

然而，在与此相比更为深刻的意义上，金钱及其所象征的一切乃是万恶之源。如果外在于这一体系来看，我们可以认为，金钱做的一些事情甚至隐伏得更深一些。它狡猾地清除了这个邪恶的概念。或者，它让我们不能区分善好与邪恶，把人们从天堂抛入那种锻造天使、折磨莎士比亚的核心角色的混乱中。"金钱"是表达资本主义关系、市场价值、贸易与交换的简化方式，它引领着一个道德混乱的世界。在资本主义货币经济与另一相反体系彼此冲突的地方，金钱的这一效果最为明显。所以，在这些冲突领

---

[36] 亚当·斯密：《国富论》第 1 册，第 2 章，第 17 页。

域工作的人类学家们最显著地认识到了引入货币化金钱的效果。他们已经注意到，金钱如何造成了道德与经济世界的分裂。例如，伯里奇（Burridge）记述了金钱在美拉尼西亚（Melanesia）的效果：金钱使道德秩序复杂化了，将原本的黑白变成灰色。他论证说，金钱"揭示出教养德性（cultivated virtues）中的邪恶，不允许存在不具德性的邪恶，承认恶行之中存在正确因素，在一个正直之士身上发现傲慢之恶……金钱也使我们对人身上诸多部分、品质做出复杂的区分，使之得到成倍增长"。[37] 在更为广泛的意义上说，金钱、市场与市场资本主义消灭了绝对的道德。不仅如帕斯卡注意到的那般，世上一切道德体系都同等有效，而且，在每一个道德体系的内部，一切都是正确的。

对大部分社会思想家来说，金钱和与金钱关联在一起的心灵产生了同样明显的结果。金钱如何摧毁了道德对立、性质差异呢？齐美尔（Simmel）论《都市与精神生活》的文章对此问题做出了最雄辩的论述：

> 通过同等地以一种或以相同的方式对待具有多重形式的事物，金钱变成了最可怕的校平机（leveller）。因为在表达一切事物性质上的不同时，金钱都是采用"多少钱？"的方式。金钱倾尽所有色彩与冷漠，成为一切价值的公分母；在金钱奔涌不息的浪潮中，它不可避免地掏空了事物的内心、它们的个性、它们特殊的重力。一切事物都处在同一水平上，

---

[37] 伯里奇：《新天新地》（Burridge, *New Heaven*），第45页。

彼此间的差异只存在于它们覆盖的区域范围。[38]

到18世纪时，对于在最发达的资本主义经济体（英格兰）中的人来说，这一道德革命的结果已经非常明显了。

资本主义已经取得了全面胜利，这是已经发生的事情：稍稍改动一下斯温伯恩的话，"你已经征服苍白的资本主义，从你的呼吸开始，这个世界就已经变成了灰色"。[39]对金钱的爱被认为是万恶之根，它也是好的事物（亦即亚当·斯密的交易、市场原则）的根源，这已经变得非常明显了。这一悖论如此令人恐惧，以至于有如下潜在含义：当人们明确指出这一悖论时，就对之进行了激烈的谴责。伯纳德·曼德维尔（Bernard Mandeville）是一个在伦敦行医的荷兰人，通过《蜜蜂的寓言》，他使不可言说的真理变得广为人知。这本书的副标题对主题进行了归纳，即"私人的恶德，公众的利益"。这部作品出版于1714年，还附上了一首最早发表于1705年的打油诗，其标题为"抱怨的蜂巢，或恶棍变得诚实"。这首诗的主题是，公共利益从私人激情与公民的邪恶（他们的肉欲、贪婪精神和具有侵犯性的竞争）中流淌出来。正如曼德维尔的韵文所言：

因此，每个部分虽被邪恶充满，
然而，整个蜂国却是一个乐园；

---

[38] 库尔特·沃尔夫编：《齐美尔的社会学》（Simmel, *Sociology*），第414页。
[39] 斯温伯恩的原文（载于《普洛塞尔皮娜赞美诗》）提到了基督，"苍白的伽利略"，而非资本主义。

五　邪恶　179

它们在和平里献媚，在战争里战栗，
它们受到外邦的尊敬，
它们也挥霍财富，尽享奢华生活，
充分利用其他蜂巢的平衡。
这就是那个蜂国的福祉；
它们的罪恶使之变得伟大繁荣；
德性也从政客身上，
学到了上千种狡猾的诡计，
由于政客的美妙影响，
美德与邪恶做起了朋友：从那以后，
蜂群中最恶劣者
也为公共的善好贡献力量。[40]

财富与美德从恶行与邪恶的激情（vice and evil passion）中产生。在资本主义社会中，邪恶位于善好的中心，正如当好的天使起身在天堂中间建立新世界时，邪恶就位于善好的中心。曼德维尔想要告诉我们，如果人们努力追求私德，公共世界就要崩溃。就在《蜜蜂的寓言》的结尾，曼德维尔便总结说：

　　在此之后，我自夸已经阐明：人们并非天然具有友爱之品质与友好之情感；通过理性与自我否定，人们可以获得真正的德性，这些真正的德性是社会的基石，它们也不是自然

----
[40]　曼德维尔：《蜜蜂的寓言》，第67—68页。

的;但是,无一例外,我们所谓的世上诸恶(无论是道德之恶还是自然之恶)却是使我们成为社会生物的重大原则,是稳固的基石,赋予一切行业、职业生命与支持。所以,我们必须在那里寻找艺术与科学的真正源头;当邪恶终止之时,如果社会尚未完全解体,它也必然会遭致腐败。[41]

这就是曼德维尔核心信息,它也包含在道德学者亚当·斯密写就的伟大著作里。斯密的这部作品勾勒了资本主义体系的基础:"所以,如果没有任何法律干预,私人的利益与激情就在不同职业中间,以最适于整个社会利益的比例划分并分配每一个社会的资财。"[42]所以,私人的邪恶、激情与利益就融汇为公共的善好。

令人讽刺的是,天堂奠基于地狱,地狱也奠基于天堂。欲望之蛇支撑起善与恶的知识树。或者,换种方式来说,蛇就是树。通过成为那棵树,它就导致了最高的混淆,从而无力区分善恶。当有人品尝了它的果实,人们就会发现,与其说它包含了让人明辨善恶的新知识,不如说它包含的是一种致死的知识,即人们不可能区分善恶。

如果此处提出的论题具有任何真理性,亦即资本主义和金钱秩序不可救药地与分辨善恶的无能交织在一起,那么,很明显,我们必须进一步深入。为了找出善恶的对立是如何消失的,我们就需要深入挖掘,直到发现资本主义的源头。这种冒险是为了另

---

[41] 曼德维尔:《蜜蜂的寓言》,第370页。
[42] 转引自赫希曼:《欲望与利益》(Hirschman, *Passions*),第110—111页。

一种情况。很明显，至少在英格兰的大众层面，矛盾与对立可以回溯到 16 世纪初。根据与此论题相关的另一部著作，它们看起来在更早的时候就有所展露，我们至少可以追溯至 13 世纪。很可能，我们可以论证，在许多个世纪中，英格兰人民已经习惯了一个并非具有绝对善恶，而是具有相对善恶的世界。在那里，金钱可以改变一切。关于这一时期里的不确定性，莎士比亚也许提供了最精致细腻的表达，这是合宜的，也几乎不是偶然发生的。同样合宜且几乎必然的是：当它充分绽放时，教皇就已经如此大胆地归纳了这种不确定性和混乱：

位于这一中等国家的地峡上，
黑暗的明智，粗鲁的伟大：
……
他犹豫不决，行动呢，还是休息；
他心怀疑虑，自己是一个神，还是一头野兽；
思想与激情乱成一团，一切都混乱不堪；
……
他仍然被自己虐待，或是善待；
一半是为了兴起而造，一半是为衰落；
万物的伟大的主，然而也是一切的猎物；
真理的唯一法官，盘旋在杳无涯际的错误之中：
世间的荣耀、戏谑与谜题！

《论人》第 2 封信

六 爱 情

爱情与资本主义

男女之间的婚姻基础爱情，它是现代工业社会的核心特征。[1] 爱情是强大的文化要素，它与社会自身以及受这些社会影响的诸种文明都有广泛而密切的联系。然而，爱情与婚姻的联系既非普遍的，也非自然的。在大多数社会里，大部分人认为婚姻太重要了，以至于不能留给相关个体来解决。因此，未来婚姻伴侣的个人感受，以及他们的"爱情"吸引力，在很大程度上与婚姻安排无关。这并不是说，在现代工业社会之外，异性成员之间的"爱情"或深厚的情感就不为人所知了。大量证据表明，这种情感也存在于简单的社会中。并且，一定程度上，在部落社会里，"爱情匹配"可能被认为是婚姻的基础。[2] 然而，如果我们区分婚姻之外的爱情和婚姻内部的爱情，西方模式具有某种独特性。我们经常发现，一个人的结婚对象不是他此前爱过的人；同样，一个人的爱人也应该是与其结婚的人。在许多社会里，情事发生在婚前和婚外，婚姻却由他人包办。在许多社会中，包办婚姻产生了婚姻

---

[1] 1986年9月，在弗吉尼亚大学夏洛茨维尔分校举办的"爱情"主题的会议上，与会者对这篇文章的草稿做了有帮助性的建议，其中的一些修改已经被采纳。

[2] 韦斯特马克:《人类婚姻史》第2卷（Westermarck, *Marriage*, Ⅱ），第21章。

内的同伴之爱。这一事实就非同寻常了：结婚决定应该以这样的前提为基础，即爱与婚姻不加区分地结合在一起。所以，尤其在农业社会，婚姻很大程度上是基于亲属或其他更广泛群体的安排，年轻夫妇的个人感情通常不受关注。因此，爱情婚姻、浪漫爱情情结可能被视为一种独特文化机制。在这个奇怪的模式中，结婚之前和婚姻当中的男女之爱成为一整个复杂文明的家庭和情感体系之基础。这个奇怪的模式自然吸引了人类学家的注意。

拉尔夫·林顿（Ralph Linton）将交叉比较研究的发现归纳如下："所有社会都认识到，异性之间偶尔会出现情感激烈的爱慕，但实际上，我们当下的美国文化是唯一试图抓住这些爱慕并使其成为婚姻基础的文化。"[3]霍贝尔（E. A. Hoebel）得出了同样的结论，他表明"少有民族像美国人那样享受浪漫之爱。在我们的个人主义的情感主义中，我们赞扬了基于爱情（那种神秘的心理生理反应）的婚姻理想"[4]。雷德菲尔德的结论是："有些社会能够提供实现于婚姻中的某种接近浪漫爱情的事物，但这样的社会不多，农民社会当然不在此当中。"[5]

洛伊最有力、最尖酸刻薄地总结了广泛的人类学证据。在大多数人类社会中，"在开创和维持婚姻状态中，实用观点首先出现。不仅在土著人之间，而且几乎在除小范围西方社会之外的任何地方，它们都侵蚀着浪漫。浪漫不必缺席，但是婚姻是生活的严肃部分，对它来说，浪漫不具备实质的重要性"。在别的地方，

---

[3] 拉尔夫·林顿引自莫顿·亨特：《情爱自然史》（Hunt, *Love*），第308页。
[4] 霍贝尔：《原始世界的人们》（Hoebel, *Primitive*），第214页。
[5] 雷德菲尔德编：《人性与社会学研究》（Redfield, *Human Nature*），第317页。

洛伊更进一步论证,"我们重申,个人吸引力不是基本因素;我们直系的祖先,以及人类史上每一个其他社会都会拒绝当代西方那些概念,认为它们在原则上就荒谬且邪恶"。他语带讥讽地写道,"但野蛮人之间的爱情呢?……激情当然会得到承认,并被人们接受;许多旅行者宣称确信的热情可能会被承认:但是爱情呢?好吧,这种浪漫的情感发生在更天真的境地,就像出现在我们的小说中一样"。[6]

一位英国人类学家最近对友谊和爱情做了一番调查,他发现,只有很少的证据表明"浪漫爱情情结"存在于非西方社会,作者总结道,"精神之爱、令人沮丧的性与婚姻的结合是西方的独特贡献"[7]。在这里,他回应了文学评论家路易斯(C. S. Lewis)的早期观点。路易斯写道,16世纪以来的英格兰爱情诗"是一种高度专业化的历史现象——是一种特殊文明的奇特花朵,无论好坏都很重要,非常值得我们去理解"[8]。的确,我们需要理解这一特质的原因和作用,理解那些"引领我们(在世上诸社会中颇为独特地)为爱结婚的社会和文化因素",这非常重要。[9]有人曾专门参照英格兰的情况,提出了一些解决这一问题的解决方案选项,本文将考虑其中一些方案。

在空间上粗略把握了爱情和婚姻的联合后,下一步就是在时间上定位它。关于这种不同寻常的联合,对其原因的任何解释都

---

[6] 洛伊:《社会组织》,第95、220页,引自古迪:《爱情理论的重要性》(Goode, 'Love'),第40页。

[7] 罗伯特·布莱恩:《朋友与恋人》(Brain, Friends),第222页。

[8] 刘易斯:《爱情的寓言:中世纪传统研究》(Lewis, Allegory),第360页。

[9] 罗伯特·布莱恩:《朋友与恋人》,第245页。

将严重依赖人们认为它于何时最先浮现。一种观点认为：这种情结最近才出现，把"爱"这种神秘激情当成套在婚姻之上的轭具是相对晚近的发明；相比起假设中的西欧与北美"现代"工业文明的兴起，它很可能出现在同一时期。这就将其起源定位在18世纪下半叶和19世纪上半叶，大体与文学和艺术领域的浪漫主义运动时间一致。这个论点足够合理。工业和城市的快速发展导致了失范，或造成共识与价值匮乏且无根基，市场资本主义又催生了诸多非人格关系，它们结合在一起，必定会创造一种新的情感结构。首次城市和工业革命的副作用之一是，它创造了一种适合最极端个人主义形式，并以之为基础的新情感与新婚姻体系。基思·托马斯曾经提问，"据说，悲剧的文学形式是融合程度较低的社会的产物，浪漫之爱也同样如此"，这是否为真呢？在回答这个问题时，大多数历史学家、社会学家、人类学家都会回答"是"。[10] 由于它取决于人们如何看待"浪漫爱情情结"，我们可以将之视为对一个分裂、联结社会之孤单与孤立的补偿，或是因古老共同体纽带解体而产生的另一种诅咒。

罗伯特·洛伊认为，"我们自己的直系祖先"会拒绝当代西方关于爱情婚姻的观念。拉德克利夫-布朗（A. R. Radcliffe-Brown）认为，"我们必须记住，现代英格兰的婚姻观念是最近才出现的，而且绝对是不寻常的，是一个特定社会发展的产物"[11]。罗伯特·布莱恩（Robert Brain）认为，"在18世纪中叶，浪漫的爱情不再是一

---

[10] 托马斯：《历史与人类学》（Thomas, 'History'），第15—16页。

[11] 阿尔弗雷德·拉德克利夫-布朗：《非洲的亲属关系和婚姻制度》（Radcliffe-Brown, *African Kinship*），第43页。

种疯狂或悲剧性的状况，而是一种令人向往的状态……"[12]爱情与婚姻相联系的观点是一个"现代化的发明"，尤其是西北欧在18、19世纪发生的诸多事件的结果，它以许多历史学家的工作为基础。

看起来，人们可以合理地猜测，如果个人主义"爱情"以某种方式与资本主义，与一种个人主义哲学联系在一起，而且可能与生活水平标准和生产方式的改变关联在一起，那么这种现象的根源应该集中在18和19世纪。此外，英格兰是第一个工业和城市社会，也是市场资本主义的原型。看起来，爱情的奇妙之处可能与英格兰日益增加的独特性联系在一起。人们假设，英格兰在17世纪发生了资产阶级革命，其生产关系发生改变，它们导致了意识形态变化，造成了情感革命。人们发现了爱情，并将其用作婚姻之基础。正如劳伦斯·斯通的描述，我们可以将此发现与用途视作"有可能是近代早期，实际上可能在西方历史前一千年中发生的最重要的精神变革"。[13]在16—18世纪，当一个农民封建社会转变为一个"现代的"资本主义社会时，英格兰和西欧部分地区出现了社会、经济和政治生活革命。这个广为人知的革命模式非常适合这样一种观点，即情感上必然也同时发生一场革命。事实上，几乎至关重要的是，意识形态原本应该经历巨变。

人们广泛地认为，在16—19世纪，个人主义在欧洲（尤其是在英格兰）得到了发展。这涉及以群体为基础、以亲属为主导的传统社会向现代资本主义体系的转变。托尼和克里斯托弗·希尔

---

[12] 罗伯特·布莱恩:《朋友与恋人》(Brain, *Friends*)，第247页。
[13] 劳伦斯·斯通:《英国的家庭、性和婚姻，1500—1800》(Stone, *Family*)，第4页。

等历史学家的著作描述了这些变化,他们的著作则以马克思和韦伯的作品为基础。人们认为,以下重大变化在 1400—1750 年间已经发生了:绝对的私有财产权发明出来,群体所有权遭到破坏;作为生产与消费基本单位的家庭走向消亡;货币经济增长;一个长期的工资劳动者阶层兴起;利润动机和走向无穷积累的心理驱动力日益占据主导地位;现代工业生产兴起;诸多大型城市中心得到发展,那些阻碍理性追求经济获利的"魔法般的""非理性"力量走向消亡;随着地理和社会流动性的增长,小规模的密切融合的社区受到破坏。据论证,在以前的英格兰,个人从属于某类群体(无论是家庭、村庄、宗教会众还是庄园)。它从这样一个社会转变成一片由几乎自治的个人构成的土地,这些自治个人由金钱、报纸和对新民族国家的忠诚而捆绑在一起。

浪漫爱情的意识形态"在原则上是邪恶的",因为它把个人的愿望置于更广泛群体的愿望之上。我们可以预测它的浮现。它是这一大转型的情感维度。由于政治、经济和社会结构经历了一场革命,因此,我们将会期待,精神和情感中也发生了革命。正如雷德菲尔德指出的那样,浪漫爱情的意识形态不是农民阶层的特性。许多人论证,直到 17 世纪前后,英格兰仍是一个农民社会。只有当一个农民社会开始转变为一个资本主义社会时,以爱情为基础的新婚姻体系才会浮现。

资本主义和"现代"婚姻制度之间的这种联系很久以前就由恩格斯提出,扩展了马克思的理论。他指出,如果一夫一妻制不是他所谓的现代"性-爱"的充分原因,一夫一妻制也是其必要原因;但是,这种一夫一妻制婚姻经过了很长时间才发展成我们现代的个人选择婚姻。恩格斯论证，在中世纪社会里，"适当性的问题不是无条件地由个人倾向决定的，而是由家庭的利益决定的。因此，一直到中世纪晚期，在绝大多数案例中，婚姻契约都维持着它在中世纪一开始时的形态：它是一件不由利益相关双方决定的事情"。然后，一个新的资本主义世界在15世纪后期开始出现。这就创造了一个新的秩序："通过将一切事物转化为商品，它打破了一切继承而来的传统关系，并用买卖和'自由契约'取代了在久远时光中变得神圣的风俗和历史权利。"为了达成有效的契约，人们必须在名义上是"自由"和"平等"的，因此，"资本主义生产的一个主要功能就是创造了这些'自由'且'平等'的人们"。据恩格斯论证，当婚姻变成了"契约"、法律事务，自由缔结契约的原则就逐渐不可避免地将决定权交到那些必须遵守契约的人（这对夫妇自己）手中。"这两个将要结为夫妇的年轻人难道没有权利自由地处置他们自己，处置他们的身体，以及身体的器官吗？"所以"新兴的资产阶级"（尤其是那些在享有最大自由的新教国家的资产阶级）认识到了"缔结一场婚姻的自由"。简而言之，"爱之匹配被当成一项人权得到宣示"。[14]

所以，我们可以把浪漫之爱理解为：封建农民社会的瓦解、资本主义市场原则的浮现，以及个人主义和个人财产权的发展产生的诸多副作用之一。根据一份被人们广泛接受的年表，这种情况从15世纪晚期开始出现于欧洲西北部，并在17和18世纪达到高潮。既然如此，在那时，我们就应该可以找到"浪漫爱情情结"

---

[14] 恩格斯：《家庭、私有制和国家的起源》（Engels, *Origin*），第95—98页。

的诞生。这个模型给出了原因,并预测了时间。

最近,第二类论证让人们期待,所谓的情感革命肯定是晚近才出现的:这是根据自然环境变化做出的论证。人们广泛地接受这样一种观点:世界历史上的重大变化之一是,在所谓的"人口统计转型"时期,婴儿、儿童和成人死亡率迅速下降,许多人将此"人口统计转型"时期上溯至18世纪中叶。[15]大部分人类社会在大部分历史中都经历了高死亡率。有人表明,这对情感关系产生了重要影响。

法国历史学家菲利普·埃利斯(Philippe Ariès)在他的童年研究中表明,爱与死亡之间存在一种直接联系。他是最早这样做的人之一。他说,"人们不能允许自己过于依恋那些被认为有可能是一种损失的东西。这就是为什么某些评论会震惊我们当下的情感……没有人会像我们今天通常认为的那样,认为孩子已经包含了一个成人的人格。在他们当中,太多人死去了"。[16]论证很快从与孩子的关系扩展到男女之间的关系。据说,因为丈夫和妻子中的一方将会死亡,这种死亡威胁让他们不敢对其情感关系注入强大的投资。随后,丈夫对妻子的虐待将导致更多的死亡和更多的不安全。人们开始更加广泛地论证:家庭内部的麻木不仁兴起于人口统计学上的不安全,于是,在过去,整个社会充斥着冷酷好斗的个人,他们没有能力感受爱与爱慕。爱慕的诞生、与他人在一起的喜悦、自发产生的温暖、浪漫爱情情结都与人口统计革命

---

[15] 麦基翁:《现代人口增长》(McKeown, *Modern Rise*)。
[16] 菲利普·埃利斯:《几个世纪的童年:家庭生活的社会史》(Aries, *Centuries*),第38—39页。

假设联合在一起。在 18 世纪，人们假设的人口统计革命就开始降低死亡率。

劳伦斯·斯通是此观点最有力的支持者。在一本与家庭有关的大部头著作中，他一再主张，在 18 世纪以前，爱慕与爱基本上不可能，因为前工业生活的环境如此不安全，以至于人们不敢进入一种深度关系，害怕它会突然结束。在死亡率下降之前，基于爱情的婚姻是不可能的。斯通认为，在"早期现代英国"，婚姻平均持续 17—20 年，因此，"从统计学上来讲"，它们是"短暂的、暂时的联合"。因此，他声称，夫妻关系在婚前和婚姻期间都缺乏爱的激情。因此，如果婚姻家庭以缺爱的孩子和不相爱的夫妇为基础，它"在构成上就短命且不稳定。其成员很少会相互需要，所以，它是一个低调、要求不高的制度，可以相对容易地经受住这种不稳定"。这种人口统计上的不安全因经济不安全而加剧。斯通认为，情感不能在贫困中蓬勃发展。写到 18 世纪，他表明，"人们的悲惨生活可以分为多个层次，为了满足对食物和住所的基本需求，人们进行着激烈的抗争，没有为人道的情感和柔情蜜意的关系留下多少空间"[17]。因此，直到 18 世纪晚期，大多数在此境况下生活的人不能"承担"爱情。

根据一般理论，一场人口统计学的、工业与资本主义的革命在 18 世纪世纪英国发育成熟，爱情便是这场革命的结果。专门致力于研究家庭（尤其是婚姻史）的第一波历史学家们找到了这个模型预言他们将会发现的东西，即情感与"浪漫爱情情结"在 18

---

[17] 劳伦斯·斯通：《英国的家庭、性和婚姻，1500—1800》（Stone, *Family*），第 55、60、476 页。

世纪的发明。迈克尔·安德森（Michael Anderson）在一个章节中总结了通向西方家庭史的"感情路径"。当长达十年的工作在 1980 年走向终点时，他也在这一章中对此时的情形做了细致的考察。[18] 他概述了埃利斯、肖特、斯通和弗兰德林（Flandrin）的工作，并指出他们的观点彼此一致，他们都相信一场情感革命主要发生在 18 世纪和 19 世纪早期。在爱德华·肖特（Edward Shorter）的作品中，达成共识的一般理论可以得到阐明。

肖特论证，家庭已经挣脱了周围环境的限制，"传统的"嵌入式家庭让位于独立的核心家庭（nuclear family）。婚姻已经从由亲属安排的婚姻转变为选择和柔情蜜意的现代体系；"在过去的许多个世纪，大众婚姻通常缺乏感情，由对财产和世系的考虑结合在一起"。在婚姻中，"看起来，对死亡的预期不会在配偶间唤起任何深刻的感情"。这一切都在 18 世纪末发生了革命性的变化。当"年轻人在选择婚姻伴侣时，开始更多地关注内心感受，而非财产和父母意愿等外在考虑时"，一场"性革命"就发生了。与此同时，"一股情感的热潮向交配和约会扩展"，"一种浪漫之爱的意识形态"取代了传统社会中"农民式求偶中浪漫之匮乏"。求偶现象发生了改变，"在 19 和 20 世纪的求偶现象中，最重要的变化是情感的涌现"。[19]

这场革命的起因是资本主义的发展："市场资本主义很可能是感情革命的根源。"[20] 根据肖特的说法，小规模的、经济上自给自

---

[18] 迈克尔·安德森：《西方家庭史研究方法，1500—1914》（Anderson, *Approaches*），第 3 章。

[19] 肖特：《现代家庭的形成》，第 55、57、79、141、148 页。

[20] 同上书，第 255 页。

足的共同体普遍存在于"传统"社会，并一直持续到18世纪，资本主义则打破了这些共同体。市场打开了，流动性增强了，人们被卷入一个由货币和市场价值主导的新的、开放的环境中。其次，资本主义提高了生活水平。这改变了物质生活条件。第三，资本主义，特别是资本主义在特定工业形式中的表现，导致了农村社区的解体。人们被吸收到城市和工业无产阶级中去。

肖特部分说明了这些变化导致"浪漫史革命"的方式。这种变化导致了个人主义伦理和竞争。这些普通民众因此被迫进入市场，"这种自我主义的经济思想蔓延到各个非经济生活领域，特别是在这些个人与其周围的社会联系在一起的纽带中"[21]。正如恩格斯很久以前所主张的，在一个范围内自由的愿望导致了在情感生活中自由的愿望。此外，肖特还论证，物质标准上的提高允许母爱随着新得到的闲暇蓬勃发展，同一论证也适用于夫妻之爱。

看起来，我们可以找到足够坚实的基础来论证，由于彼此相关的人口统计学上的变化与社会变革，资本主义和工业主义是这一特殊的浪漫之爱模型的原因。正如预期的那样，它们在18世纪引起了一场情感革命，我们的现代世界就是从这一革命中发展起来的。对这一地位的挑战将令我们质疑现代文明起源的模型。如果事实证明，浪漫爱情并非基本上为18世纪和19世纪初的发明，我们就必须重新评价我们思考从"前现代"到"现代"的转型的方式。看起来，这是不太可能发生的小概率事件。

事实上，越来越清楚的是，爱情与资本主义兴起之间的联系

---

[21] 肖特：《现代家庭的形成》，第258、259页。

比这复杂得多。早在 20 世纪 60 年代末和 70 年代，历史人口统计学家的著作，以及特别是约翰·哈伊纳尔、彼得·拉斯利特和里格利（E. A. Wrigley）的著作就表明，西北欧洲家庭和婚姻模式中许多最不寻常的结构特征是非常古老的。[22] 当上溯到 16 世纪初，或者更早的几个世纪以前，我们现在就可以清楚地看到，大多数人结婚的年龄相对较晚，或者根本没有结婚，子女结婚后就离开父母，在小家户中生活。在新发现的居民名单中，以及从教区登记重建里开始浮现的证据中，少有证据表明，在 16、17 世纪或 18 世纪，人口统计和婚姻模式经历了结构性变化。这种模式的一些主要特征一直从 16 世纪延续到 19 世纪，彼得·拉斯利特在 1977 年对之作出详细说明。这些特征包括核心家庭形式、晚婚、配偶年龄的小差距、"倾向于伴侣的婚姻"，以及数量众多的仆人。拉斯利特因此认为，家庭和婚姻的模式"在 1550 与 1820 年基本相同"。主要基于理查·史密斯（Richard Smith）的著作，他认为，很有可能这种模式至少可以追溯到 14 世纪。拉斯利特推断，如果这些人口统计参数没有什么变化，那么，"西方婚姻就总是倾向于成为伴侣式的"。但是，他承认，"我们需要发现许多关于个人态度或意识形态的证据，只有它们才能证明这个说法是正确的"[23]。正是在 20 世纪 80 年代期间，这些证据开始发表出来。

在 1979 年的一篇文章中，关于情感的正统观点受到了挑战，[24]

---

[22] 哈伊纳尔：《欧洲婚姻透视》；拉斯利特：《先辈的家庭生活与私情》；里格利：《人口与历史》。

[23] 拉斯利特：《先辈的家庭生活与私情》，第 13、27、42 页。

[24] 麦克法兰：《劳伦斯·斯通〈英国的家庭、性和婚姻，1500—1800〉的评论》。

但是，只有在 80 年代，那一令人信服的证据才得以产生，表明资本主义革命模式的诸项预测全都是错误的。一些主要著作出自历史学家之手，另一些则由人类学家和社会学家写成。在对此思想学派令人惊讶地迅速颠覆中，我们可以非常简要地归纳出一些里程碑式事件。

人类学家杰奎琳·萨斯比（Jacqueline Sarsby）用文学、自传和地方材料考察了浪漫之爱在英格兰的发展。她论述历史的那些章节与在"情感兴起"学派中呈现的发展故事直接冲突。[25]费迪南德·芒特（Ferdinand Mount）思考了这些证据，却没有先入为主地认为，资本主义等革命应该导致了后世对爱的发明。并且，他的著作也支持了萨斯比的论述。通过考察一直追溯到盎格鲁－撒克逊英格兰的广泛、多样的资料，他表明，"直到最近，大部分关于史上家庭的著述都必须被驳回或受到质疑"[26]。在追溯至有历史记录可考的年代里，他找到了浪漫爱情情结的有力证据。在相关主题上，琳达·波洛克（Linda Pollock）发现，父母之爱发明于 18 世纪的理论同样值得质疑。[27]

最后，在那些非职业历史学家的人中，人类学家古迪论证，最晚到 11 世纪，并且十有八九在 4—9 世纪，英格兰就已经获得了"现代"婚姻的基本结构形态。在盎格鲁－撒克逊英格兰晚期，对夫妻关系与同意的强调、颇高的女性地位等浪漫爱情情结的前

---

［25］ 萨斯比:《浪漫的爱情与社会》(Sarsby, *Romantic Love*)，第 35、36、66 页。

［26］ 芒特:《颠覆性的家庭：爱情与婚姻的另类历史》(Mount, *Subversive Family*)，第 123 页。

［27］ 波洛克:《被遗忘的孩子：1500—1900 年的亲子关系》(Pollock, *Forgotten Children*)。

提就已经出现了。他论证道，在中世纪早期，教会对同意与情爱的强调鼓励了"爱情的匹配"。就其实质而言，"封建主义、商业资本主义、工业社会、好莱坞或日耳曼传统在后世的转变"对这一制度少有影响。[28]

现在，这些观点得到了许多职业历史学家的支持，他们得出了同样的结论。在一本关于英格兰婚姻的文集中，撰稿人挑战了正统。克里斯托弗·布鲁克（Christopher Brooke）展示了同意与爱慕在中世纪婚姻中有多么重要。马丁·英格拉姆（Martin Ingram）表明，自16世纪以来，爱就存在于教会法庭诉讼中。凯瑟琳·戴维斯（Kathleen Davies）表明，在15—17世纪，家庭生活理想没有什么改变。[29]基思·赖特森（Keith Wrightson）对关于早期现代英格兰的新的历史研究做了一番综述，这也是最早的综述之一。在他的综论中，赖特森把两章献给家庭，广泛援引了已经出版和尚未出版的资料。他总结道，在贵族、乡绅和城市精英这个层次以下，在1580—1680年，"毫无疑问……选择配偶的主动权已经掌握在相关年轻人身上"。在结婚动机中，他看不出这一时期发生了任何重大变化。因此，他总结道，"我们没有理由追随斯通教授，把伴侣婚姻的兴起看作是17世纪末和18世纪的新现象。看起来，它已经得到了很好的确立"。[30]

---

[28] 古迪编：《家庭》，第155页。

[29] 乌思怀特：《婚姻与社会：婚姻社会史研究》（Outhwaite, *Marriage*），第1、2、3章。

[30] 赖特森：《英国社会，1580—1680》（Wrightson, *English Society*），第74、79、103页。

关于1450—1700年的英格兰家庭,拉尔夫·霍布鲁克(Ralph Houlbrooke)做了一项特别有趣的研究。它涵盖了假设的资本主义和个人主义"现代"世界之诞生的核心时期。它专门研究家庭和婚姻,在很大程度上以优秀的教会法庭记录为基础,这是最好的婚姻情感和行为研究资料之一。在这本书中,有一整节利用许多资料,展示了爱情在婚姻中的重要性。关于这一时期婚姻和家庭模式发生的革命性变化问题,霍布鲁克是毫不含糊的。"在15—18世纪,家庭形式和功能几乎没有变化。"[31]他展示了一幅体系之连续性图景,自15世纪以来,这个体系就是以个人选择、对爱与经济考虑之综合为基础。这也是我使用跨越1300—1840年这一段时期的许多不同资料着力论证的观点。[32]这本书证实了萨斯比、芒特、古迪、波洛克、英格拉姆、戴维斯、赖特森和霍布鲁克的观点,即:如果我们认为爱慕和爱人是16与17世纪的发明,那我们就犯了错误,更不用说它们是18世纪的发明了。

正统的观点认为,人们在18世纪发明了浪漫爱情情结。从对此正统观点的颠覆中,两大主要问题浮现出来。一为历史学问题,亦即为何这么多历史学家成功犯下了如此重大的错误?对此,人们可能会给出多种解释。首先是预测模型的力量。尤其是肖特和斯通(Stone)表明,资本主义革命范式(后来又因工业革命、城市革命和人口统计革命得到强化)本应通往他们认为在历史材料中发现的情况。如果马克思和韦伯在他们的时间断代上是正确的,那么宗教改革和资本主义革命的意识形态影响,以及人们假设的

---

[31] 霍布鲁克:《英国家庭,1450—1700》(Houlbrooke, *English Family*),第253页。
[32] 麦克法兰:《英格兰的婚姻与爱:1300—1840的生殖模式》,尤其是第9章。

新政治与个人主义秩序的兴起，确实应该与一种新的家庭和婚姻体系相配，这种体系的枢轴是夫妻构成的统一体。该模型预测了结构和情感上的革命，这场革命也如期所料，被人们发现。

错误的第二个原因在于，人们将来自不同国家的证据混为一谈。虽然大多数作家在原则上接受，英格兰和法国、德国等大陆国家的经验原本（也很可能）大为不同，他们在实践中却倾向于忽视这一点。如果我们暂时把来自英格兰以外的所有证据都放在一边，那么支持埃利斯、弗兰德林、肖特、斯通等人的著作的所有证明都将失效。错误的其他原因包括：材料脱离语境、年代学混乱、缺乏情感表达即意味着缺乏情感的谬论，根据精英阶层推断人口数量等逻辑、技术和历史错误。[33]

我们拒绝对家庭结构做出革命性解释，并拒绝认为，我们与18、19世纪的迅速变革具有纯因果性的联系。然而，与此同时，我们也创造出其他问题。我们被迫想要知道：如果一个范式如此明显地未能预测到已经发生的事情，并导致了那么多错误，那么这个范式是否还有很大的价值呢。我们必须质疑转向资本主义和"现代主义"的整个理论，不仅如此，我们再一次面临着问题，我们需要努力解释产生这种特殊婚姻制度的诸种原因。

如果在16世纪或更早时候的英格兰，浪漫爱情情结就已经很强大了，那我们显然不得不拒绝把工业化和城市化当作原因。同样明显的是，从不安全到感情之缺乏，人口统计学论证都是错误的。这是一个重要的发现。如果事实证明，在这种情况下，高死

---

[33] 麦克法兰:《劳伦斯·斯通〈英国的家庭、性和婚姻，1500—1800〉的评论》。

亡率、不断的疾病和贫困使"爱情"不可能，这就可以清晰地表明，我们所有的祖先、所有在第三世界生活在这种境况下的人都没有爱情，他们粗野且缺乏爱慕之心。当然，数量众多的关于部落和其他社会的人类学研究记录了父母对子女的柔情、婚姻中的爱慕之情，以及感情的自发性与深度，它们与婴儿和成人的高死亡率、贫困的磨难完全兼容。但是，依据假设，"现代"社会在欧洲与北美的诞生颇富戏剧性，这个戏剧性案例把这一切扫到一边。然而，正如已经发生的那样，这个案例甚至也表明，从自然世界与人口统计学世界中得出的那些粗鄙幼稚的推断如何不能帮助我们理解人类思考和感受的方式。

现在看来，在15世纪甚至很可能在更早的时候，浪漫爱情情结在英格兰已经广泛传播了。如果我们不再能够依赖有关城市和工业革命的传统理论，以及假设中的16世纪以来资本主义兴起和清教改革的影响，我们该如何解释它的存在呢？一种得到广泛接受的理论是：一种新婚姻观念从南部法国向外传播。路易斯、德·鲁热蒙（De Rougemont）和最近的乔治·杜比（Georges Duby）的著作表明，由于朝臣的通奸淫乱，或者可能是因为天主教异端而浮现的新女性观，一种新的情感出现了。[34]因此，路易斯认为，"法国诗人在11世纪发现或发明了，或最先表达了那类浪漫的激情，即英国诗人直到19世纪仍在书写的那种浪漫激情"。[35]

---

［34］刘易斯：《爱情的寓言：中世纪传统研究》（Lewis, *Allegory*）；丹尼斯·德·鲁热蒙《激情与社会》（De Rougemont, *Passion*）；乔治·杜比：《骑士、贵妇和牧师：中世纪法国现代婚姻的形成》（Duby, *Knight*）。

［35］刘易斯：《爱情的寓言：中世纪传统研究》，第27页。

然而，在用这种理论解释如下现象时，我们将会遇到许多困难：到中世纪后期，浪漫爱情情结就已经在英格兰出现。

路易斯承认，没有人能够对如下问题做出令人满意的解释：在12世纪的法国，为什么某样东西会被突然发明出来。日耳曼人、凯尔特人、拜占庭人、古典的、阿拉伯人或纯洁教派的诸种理论都在一方面或另一方面不能令人满意。正如彼得·德隆克（Peter Dronke）等人所做的论证，这可能是因为，许多历史学家和文学评论家认为新出现于11世纪后期的事物实际上压根就不新鲜。[36] 不仅如此，我们现在清晰看到，把宫廷爱情描绘成最初只关注婚外爱情的说法并不准确。[37] 一个更深入的困难是要表明：法国南部诗人的写作专注于宫廷圈子从通奸之爱中获得的快乐，他们因此而感动，然而，他们的写作如何在相对较短的时间内，突然激发了数百万普通人，让他们感受到一种新的、压倒性的情感，并改变了悠久的婚姻实践呢？生活可能反映艺术，但这是一个极端的例子。对于如此富有戏剧性且具有强大影响力的特殊事件而言，偶然的文学上的起源不具有可能性。

如果我们表明，在欧洲的部分地区，一些主要的社会、经济和意识形态特征可以一直追溯到中世纪，正是这些特征令某种婚姻类型变得可能又可欲，那么，这看起来要更为可行。一条人类学公理认为，所有事物都彼此关联，因此，作为婚姻基础的浪漫爱情意识形态将是整个亲属和婚姻模式的一部分。它将与婚姻目的、婚姻人口统计学、个人观念、婚姻法则等概念联系在一起。

---

［36］ 彼得·德隆克：《中世纪拉丁语与欧洲抒情诗的兴起》（Dronke, *Love Lyric*）。
［37］ 芒特：《颠覆性的家庭》（Mount, *Subversive Family*），第6章。

继而，这些模式又将与一个社会的经济、社会、政治和宗教基础联系在一起。为了解释浪漫爱情的起源和持存，我们需要展示，它如何与其他制度联系在一起。马克思、恩格斯、韦伯及其追随者展现了一件富有吸引力的事情，即爱情婚姻意识形态与北方社会的个人主义和资本主义结构之间具有某种联系。尽管16—18世纪内的确切联系与我们观察到的既存意识形态不相符合，但除了完全拒绝这种联系之外，还有另一种选项。

如果我们接受在1880—1940年的英国占据主导地位的理论，那么构成浪漫爱情背景的鲜明特征早在16世纪之前就已经存在于英格兰。正如我在其他地方所论证的那样，至少在13世纪伊始，或许在更早以前，我们将之与资本主义关联起来的个人主义、市场心态、高流动性等特征就在英格兰出现了。[38]如果这是正确的，那么，与爱情有关的证据就变得有头绪了。这是一个非常古老的体系的一部分，它既是这种模式的标志，也是它的结果。看起来，在征服西欧的日耳曼民族中，亲属关系、宗教、法律、政治和经济以某种方式组织起来，这一方式的诸多特征导致了某种模式，浪漫爱情和伴侣婚姻则是这个模式的构成部分。在英格兰，这种模式从未消亡；然而，在欧洲许多地方，因为先前存在的罗马文明古老且得以重新恢复的诸多特征，这一模式在很大程度上被淹没了。英格兰是一个岛屿，是几乎完全拒绝罗马语言、法律和宗教的少数地域之一，所以，它为一种特殊的浪漫爱情伦理提供了港湾。在此之前，这种浪漫爱情伦理具有更为广泛的影响。所以，

---

[38] 麦克法兰：《英国个人主义的起源》。

最终源头很可能是文化,并可能具有几千年的悠久历史。在这里,我们可以简要勾勒这种意识形态在功能上适合社会其他部分的几种方式,以此结束论述。

基督教是一个重要的组成部分。正如古迪论证的那样,基督教婚姻的独特模式早就确立起来了。到9世纪时,其基本特征就已经出现了。[39]这种宗教禁止独身,提倡一夫一妻制、婚姻选择自由,以及严肃的性行为法则,禁止婚前和婚外性关系。对那种特殊的浪漫爱情意识形态而言,这种由主导宗教制度命令的正式婚姻制度是理想的背景。它将挫折、情欲和欲望结合在一起。独身与晚婚的理想、生理欲望和宗教禁令之间的斗争明显是此浪漫爱情模式的一部分。激情融聚于婚姻之中,性和婚姻以一种在世界文明中罕见的方式成为同义词。生理冲动被引导,得以升华,并因此装点了世界。在新教改革之前的许多个世纪里,这些特殊征象就存在于西欧。

浪漫的爱情也与亲缘关系相吻合。塔尔科特·帕森斯(Talcott Parsons)对美国的亲属关系制度与其他亲属主导型社会进行了比较,他表明,"夫妻家庭的结构性孤立倾向于将夫妻情感倾向从一系列的障碍限制中解脱出来"。在紧密联系、相互依存、以亲属关系为基础的社会中,"任何大范围的情感自发性都将倾向于损害太多其他人的地位和利益,对整个系统产生不平衡的后果"。[40]当更广泛的亲属关系很牢固,婚姻就由亲属安排,夫妻间的感情就是一种次要的力量。正如斯约伯格(Sjoberg)所写的,

---

[39] 古迪编:《家庭》。

[40] 帕森斯:《社会学理论论文集》(Parsons, *Essays*),第187—188页。

"在一切事物中，浪漫爱情都是个人主义的表达，因此，它与维持一个统一的扩大的亲属关系联合体不一致"。[41]所以，社会学家将个人爱情婚姻的兴起与夫妻家庭在更广泛的亲属关系纽带中的参与程度联系起来，并与父母过世之后一系列弱化的义务联系起来。[42]我们现在知道，从盎格鲁-撒克逊时代起，在术语和居住地上将夫妻独立出来的同源亲属体系就在英格兰出现了。我们找不到证据表明，在普通民众的日常生活中，更大范围的亲属群体占有重要地位。浪漫爱情是一种适宜的意识形态，它既可以使这种个人主义体系变得繁荣，又可以使之凝聚在一起。

在一个正式亲属关系薄弱的社会里，浪漫爱情在凝聚力上的重要性可被挖掘得稍微多一点。如果亲属团体不安排婚姻，那究竟为什么要结婚呢？我们已经看到，结婚的一个原因是：这种伦理和社会体系认为，发生婚外性关系是一种严重的过错。托马斯·莫尔（Thomas More）在《乌托邦》（*Utopia*）中指出，婚前性行为应该受到严厉的惩罚，因为"如果不能阻止人们在婚外发生性行为……就不会有人愿意结婚"。[43]这与挫折理论联系在一起，罗伯特·布莱恩以另一种方式重复了这一说法，他写道："如果缺少浪漫相爱的激情或它的刺激，如果不坚持直到婚后才发生性关系，人们可能根本就不会结婚。"[44]这里引入了第二种理论，

---

[41] 斯约伯格:《前工业化城市：过去与现在》(Sjoberg, *Preindustrial City*)，第153页。

[42] 古迪编《家庭》，第39、52页。

[43] 托马斯·莫尔:《乌托邦》(More, *Utopia*)，第103页。

[44] 罗伯特·布莱恩:(Brain, *Friends*)，第46页。

即,"浪漫相爱的激情"将人们捆绑在一种长久的联合中;没有浪漫相爱的激情,这种联合就不会发生。格林菲尔德(Greenfield)也提出了这样的观点:"除非浪漫爱情之'非理性得以制度化',理性、逐利的个人绝不会结婚。"[45]因此,在高于短期性伴侣的层面上,社会生物学家可以把浪漫爱情视为确保人类种族延续的必要动力。

如果在一个社会中,通过亲属关系实现永久联合的外在压力很大程度上并不存在;那么,在这个社会中,浪漫爱情的意识形态就会被认为是合宜的。人们也可以认为,宗教和社会意识形态在文化上诱发并放大了强烈的爱情情感。这种宗教与社会意识形态把性和婚姻关系等同起来。这种意识形态似乎以一种自相矛盾的方式完全适应了资本主义和个人主义社会。通过考察它们以何种方式完全适应,我们可以更深入地研究这些"选择性亲密关系"。

在一个货币化的、市场的、资本主义体系中,"自由"人(他或她)对他自己的身体拥有私人财产权。爱情婚姻的个人主义与现代社会以及上述"自由"人的个人主义关联在一起。从直觉上看,这一观念中存在某些合理的事物。看起来,马克思和恩格斯在某些生产关系和这种意识形态之间建立的联系是正确的,错误的仅仅是关于此结合在时间上的断定。一个拥有个人私有财产、缔结契约、具有高度社会和地域流动性、由个人而不是家庭做出决定、不断选择和权衡利益的世界,与开放市场上的个人选择婚姻非常契合。

---

[45] 引自拉什:《无情世界中的避风港》(Lasch, Haven),第 144 页。

甚至，一些明显的矛盾也支持这种联系。格林菲尔德注意到了其中最大的一个矛盾，即假设的资本主义之"理性"与爱情之"非理性"的矛盾。这个矛盾已经由韦伯化解。他不仅巧妙地展现了挫折如何创造爱的激情，还表明，此种特殊社会形势创造了孤独与疏离，它们则维持着那种激情。韦伯指出，在资本主义经济结构得到最充分发展的地方，"爱"的核心情感特征就是一种必要条件。乍一看，性激情与"爱"似乎与资本主义的需要完全不同。瓦特（Watt）总结说，韦伯注意到，性欲是"人类生活中最强烈的非理性因素之一"，也是"个人对经济目的之理性追求最大的潜在威胁之一"。[46] 然而，通过一种巧妙的转变，爱情和性被驯服，力量被引导，爱情在资本主义体系中成为核心动力因素之一。当然，浪漫爱情是可能的，也存在于资本主义之外，但只有在资本主义社会或受资本主义影响的社会中，它才成为意识形态的文化枢轴。

韦伯看到，随着社会变得愈发官僚化和"理性"，一种个人层面的、冲动的、非理性与非资本主义的情感就从这一体系的核心成长起来。在对待自然世界方面，我们可以看到同样的悖论。当事物变得更有秩序时，一种追求无序和野性的欲望就成长起来；当世界被金钱和关于得失的算计所征服时，某些领域被完全排除在任何基于利益的计算之外。所以，完全压倒性的、非理性地逃往浪漫爱情中的欲望就日益成长起来。正如他抓住了超凡脱俗之神秘主义导致资本主义积累的悖论一样，韦伯也提醒我们注意，

---

[46] 伊恩·瓦特：《小说的兴起》（Watt, *Novel*），第 74 页。

爱情婚姻以何种方式居于理性资本主义之中心:

> 看起来,在一个灵魂与另一个灵魂的直接融合中,性爱关系为爱情需要的满足提供了一个无法超越的高峰。在其与一切功能、理性和普遍性的对立中,这种无限地自我奉献是尽可能激进的。这就好像在其非理性状态中,一种生物对另一种生物(且只对这种生物)具有独特意义……爱人……知道自己将彻底从理性秩序的冰冷骨架中解放出来,就像完全从乏味的日常惯例中获得解放一样。[47]

在一个如果没有浪漫的爱情就会变得僵死、冰冷的世界里,浪漫的爱情为之赋予了意义。它承诺与另一人融合为一,在一个由独立个体构成的孤独群落中,这种融合明显缺席。它克服了分离,给了不断进行选择的个体一场休息,一个绝对命令,从而化解了所有怀疑与犹疑。不仅如此,想要积累、占有和拥有的非理性欲望是经济领域的基本驱动力,爱欲、想要拥有和占有的情感与上述类似的非理性欲望也非常匹配。在现代世界,消费者社会如何利用浪漫的激情来销售货品,它对爱情的着力强调如何将之提升为巍峨的文化高峰,这都是显而易见的。爱承诺了自由、意义,以及向伊甸园的回归。

似乎现代社会是"理性的",爱情是"非理性的"。当然,与此相比,它们之间的对立要更加复杂。首先,我们需要区分有助

---

[47] 汉斯·葛斯、赖特·米尔斯编:《马克斯·韦伯社会学论文集》(Gerth and Mills, *Max Weber*),第347页。

于选择配偶的非理性的激情之爱和维持关系的伴侣之爱。无论是在婚姻市场还是其他商品市场上，选择总是很困难。信息总是如此不充分，变量如此复杂，以至个人需要某些外部欲望的力量来帮助做出选择。因此，激情之"爱"占据优势，证成并提供了强迫性的权威。但是，婚姻中的爱情并不必然如此富有激情或"非理性"。它可以平静，像其他"工作"一样，将目的和手段紧密联系起来进行计算。如果人们必须下定决心割断一段关系，那么，神秘"爱情"的遗失就成了理由。因此，当不确定性和风险最大时，在人类不得不做出选择的阶段，爱情似乎最为强烈。当他们做出人生中最重大的决定，将一种专断的契约关系变成人生中最深刻、最具约束力的关系时，爱情就像从外面走来，盲目而引人注目。即使理智不知所措，心自有其原因。

如果结合了所有这些论点，我们就可以表明，在结婚以前和在婚姻当中，浪漫的爱情情结都是多种力量的结果。寻求配偶的生物学冲动以男女之间的深刻吸引为基础，这是普遍存在的。但是，各种文化鼓励、使用或劝阻它的方式却大为不同。在大多数社会中，感情不受鼓励，婚姻由他人安排，和个人感情没有联系。这就使人们可以维持更大范围的群体的凝聚力，在这个更广泛的群体中，个人并不构成一个独立部分。在欧洲部分地区，某些与亲属体系有关的事物，及其与政治、经济和宗教连结在一起的方式赋予生物学动力很大自由。事实上，经济和社会似乎积极地刺激了自然情绪。

因此，人类学家在20世纪注意到了浪漫爱情的特性，但看起来，这一独特性是一个非常古老的西欧特征。尤其值得注意的是，它可以追溯至中世纪的英格兰。通过最伟大的爱情诗人和小说家的著述，通过全新的个人主义、资本主义的社会、经济和政治体系，它得以传播开来。这种全新的个人主义、资本主义社会、经济和政治体系则是从17世纪开始，从英格兰经由美国传播出去。它曾经是文化上的古怪现象，现在却非常广泛地散布开来。我们倾向于认为，它是自然现象，而非文化使然。它现在已经跨越了政治制度的界限，在共产主义和资本主义社会中，为人广泛接受。只有这样漫长而持续的历史才让我们可能真正理解，它为什么会产生如此巨大的影响，它多么深刻地嵌入在我们的思考和感受方式中。事实上，我们很难想象，没有浪漫爱情的意识形态和实践，西方文明以及现在的世界是如何发展的。如果没有资本主义，爱情能够存在，那么，如果没有爱情，资本主义是否能够存在，或者是否还能继续存在呢？这就更加令人存疑了。

七 革 命

社会经济革命与现代世界的起源

在 19 世纪早期,托克维尔(De Tocqueville)以法国为一方,以英格兰与北美为另一方,思索两者之间的差异。他得出结论,他见证了一个前所未有的现象,一个混合了民主和个人主义的"现代"新世界的浮现。[1] 对一位法国居民而言,两相对照,由此产生的冲击颇为巨大。一个类似的冲击也曾震动了那些 18 世纪的苏格兰人,他们观察到英格兰与苏格兰高地之间的对立,这一观察引起了他们的沉思。他们的深入思索则为我们今天所了解的经济学、社会学和人类学奠定了基础。然而,如果托克维尔、米拉(Millar)、卡姆斯(Kames)、亚当·斯密(Adam Smith)等人不是来自邻近地区,而是来自世界上其他地区繁盛的伟大文明,他们感受到的对比还要放大一百倍。例如,如果他们来自印度或中国,因为没怎么受欧洲文化影响,那种在英格兰与北美颇为繁荣的非凡文明甚至会让他们感受到更大的冲击。让我们聚焦于此刻的英格兰,对这个美丽新世界来说,最与众不同的特征是什么呢?

---

[1] 托克维尔的《论美国的民主》和《旧制度与大革命》,这两本书拥有数量众多的版本。

七 革命

让我们假想一位来自东方的旅行者，他可以是男人也可以是女人。他将会发现一种独特的法律体系。它以不成文法和判例为基础，被称为"普通法"。它也与一种独立的，被称为"衡平法"（equity）的奇怪体系结合在一起。这一法律体系具有许多独一无二的特征，例如，陪审团的使用，刑讯的缺失、法律面前人人平等的概念。法律认为，对财产的占有神圣不可侵犯，财产被认为在本质上为私人的，而非为共有的。这些法律程序与概念与一些政治、制度特性联系在一起。其中，人民主权和法律至上观念最为重要。王在法下，国王对议会中的人民负责；这不是绝对王权国家，而是一种有限君主制。英格兰是一个具有代议制政府和宪制的国家，即便只有很少一部分人被授予选举权。政治权力广泛地分散开来，仿佛弥漫在社会许多地方。英格兰只有一支小规模的常备军，没有武装警察，没有巨大的中央集权的官僚或法庭。在那时，专制主义仍然存在于欧陆或亚洲的许多地方。英格兰的法律体系远非此类专制主义，它是一个平衡的宪制体系。

我们还可以找到一些彼此关联的社会特性。尽管采用垂直分层，我们可以把地位和财产分成无数等级，但英格兰没有排外性的等级或阶层。教士、骑士或统治者、市民、农民这四重等级被数量众多的更为重要的区分紧紧包裹。在英格兰，我们找不到依法划分的贵族或奴隶等级，市民与乡民之间也少有区别，特定阶层内部也没有封闭的同族婚配的团体。英格兰拥有非常巨大且繁荣的"中间"人群，他们位于极富与极穷之间。在那里，社会流动既容易又频繁。更重要的是，那里还有高度的地域流动性：在一生当中，人们持久地迁移到伦敦或其他城镇，前往市场与集市。

有助于这两种流动的制度安排是薪资劳动力市场。与提供生产基础的家庭劳动相反，大部分劳动都在市场上交易，雇佣、学徒和工资劳动力机制广泛传布，其程度世所罕见。

生产与经济关系领域也有许多显著特征。通过蒸汽与机械，对非人格能源的使用也快速发展。与此相关，人们也被凝聚为一种新的十分紧密的社群，凝聚为都市化的工厂组织。人们对货币价值、商业利益和积累的强调弥漫在城镇与乡村。贪婪的伦理占据统治地位，劳动分工进步很大，英格兰是一个真正不仅受店主统治，而且受一种总体性店主心智统治的国家。其海外财产主要是为了利益，而非为了政治或军事价值。

在人口统计学和家庭结构中，我们也可以找到一些与之相关的特征。对一个来自东方的旅行者来说，它们也同样让人惊讶。总而言之，亲属关系看起来非常柔弱；人们很早就独立于父母的力量，并最主要地依赖他们自己的努力。甚至在处理事故和老龄时，亲属关系那种关键功能也在很大程度上受到侵蚀，因为英格兰拥有一种高度发达且不以亲属关系为基础的《济贫法》（Poor Law）。薄弱的亲属关系也在家户结构中有所展现。总体而言，其家户结构是原子式的，夹杂着少数联合的或扩展型家庭。这种婚姻体系也反映出，更广泛的亲属关系并不重要。婚姻在很大程度上以个人主动性而非父母之命为基础，以一种不同寻常的心理与经济的混合考虑为基础。在一次婚姻中，人们只允许和一个配偶结合。离婚几乎不可能。然而，配偶死后，另一方可以再婚，如此婚姻才是扩展型的。

这种文明中混合着财富与贫困、友谊与孤独、宽容与侵略，来自东方的旅行者可能会为之感到难过。然而，人口统计学与经济上的成就也会给他留下深刻印象。人口迅速增长，饥荒、战争与疾病的制衡通常确实有效，但在这里却没有发生效力。在一定程度上，这个国家摆脱了人口统计危机的阴影。财富显著增长，尽管财富分配颇不公平，富足与物质财富的增长也浮现出来，这在世上其他地方却闻所未闻。至少，在这片土地上，富裕者和精力充沛的人能够找到动力，某些传统的普遍化的"悲惨"形式被消灭了。

在宗教与仪式中，在艺术与美学中，在时间和空间的概念中，在对自然世界的态度中，其他一些差异也会对这个旅行者带来冲击。为了说明如下观点，我们已经做出了足够多的描述，对这个旅行者、对我们来说，我们还需要对一些内容做出解释。到19世纪上半叶为止，英格兰与北美浮现出许多事物，它们现在已经在整个世界弥漫开来，并且构成了许多民族呼吸的空气的一部分。时间让我们习惯了它。然而，对法国人、苏格兰人，以及我们假设的观察者来说，有些事情断然是奇怪的，但看起来，它们已经在世界的一个小角落里发生了。在整个欧洲，尤其是欧洲西北部的诸多趋势中，英格兰与北美是极端案例。或许，在一切历史问题中，理解这是如何发生的最为重要。

为了简单起见，我们可以区分回答这个问题的两种方式。首先是"革命的"历史理论。当然，"革命"是对这个词的误用，因为它原本意味着事物经历完整循环之后回归的状态，正如一个车轮的"旋转"。所以，伊本·赫勒敦（Ibn Khaldûn）的循环史观，或埃德蒙·利奇（Edmund Leach）关于缅甸高地变革的钟摆理论才是真正"革命的"(revolutionary)理论。[2]然而,正如历史学家的通常用法,他们在谈论"法国革命""工业革命"等革命时,他们的意思是,A变成了此前从未存在过的B。这个概念有两个构成因素,它是新出现的,也是突然出现的。尽管我们有可能谈起持续上千年的"革命",例如,"新石器时代革命",但是,现代历史学家通常用这个单词和概念来描述发生在一年、十年,以及有时长达一个世纪的变革。"革命"的速度因我们讨论过的布罗代尔的三个时间层次而有所不同。"地理时间"的变化非常缓慢,得历经千年之久;社会时间在一个世纪或更短的时间里流动;个人时间,包括政治时间,常常在一年或更短的时间中流动。[3]在这篇文章里,我们主要处理"社会"层面。新的因素,对过去的拒绝常常导致过程中的暴力;它不是一次重生,一次温和的复兴,甚至不是一种反叛,最高的叛乱也只是改变了人事安排。游戏法则发生了改变,通常许多参与游戏的选手也受到人们反对,于是导致了血腥的斗争。我们还可以为真正的革命补充一个特征,即它们倾向于是多维的(multi-stranded)。这也就是说,无论我们将之追溯到上层结构还是基础设施,一个部分中的变革都与其他部分的变革联系在一起。例如,人口统计学结构上的变化很可能与家庭、经济、法律等结构上同等程度的变化有所关联,因为一切都相互关联着。

---

[2] 伊本·赫勒敦《历史绪论》(Ibn Khaldûn, *Muqaddimah*)的多个版本;埃德蒙·利奇:《缅甸高地诸政治体系》(Leach, *Political*)。

[3] 布罗代尔:《地中海与菲利浦二世时代的地中海世界》(Braudel, *Mediterranean*),第20—21页。

鉴于这种关于变革之革命模式的初步分类，我们可以提问：到 19 世纪早期，"现代"世界诞生于偏离欧洲的一个小岛之上，这是最有趣的案例之一，这种初步分类能对此案例做出多好的解释呢？在这个问题上，支持革命理论的那些历史学家和哲人给出了一套混合的答案。马克思与韦伯是革命观的主要倡导者，他们粗略断定了从"封建主义"到"资本主义"的革命的年代，认为它大约发生在 1450—1700 年。为了标注我们已经描述过的内容，这是另一种方式。托尼是其史学观点的主要倡导者之一，他因此关注英格兰的 16 世纪，认为它是"中世纪""农民的""前资本主义"世界与"现代""个人主义的""资本主义"世界之间的分水岭。所以，人们热情地把 16 世纪称为"托尼的世纪"。[4] 在下一代的史学家里，托尼的继承人克里斯托弗·希尔把革命又往前推了一个世纪。现在，17 世纪是"革命的世纪"，在 1640 年，许多革命性的发展突然出现了。[5] 在更晚近的时候，一场运动把"革命"（至少是其家庭之维）带向下一个世纪，18 世纪，认为在那时候，人们发明并传播了"情感个人主义"。"在**精神状态**（mentalité）上，在现代早期，在过去一千年的西方历史中，这可能是最重要的变革。"它尤其与一种特殊家庭体系的兴起关联在一起，这种家庭体系兴起于 17 世纪中叶，在 18 世纪居于主导地位。[6]

---

[4] 在《都铎与斯图亚特时代英国经济与社会史文集》中，费舍尔（Fisher）用"托尼的世纪"作为第一篇文章的标题。

[5] 希尔：《革命的世纪，1603—1714》（Hill, Revolution）。

[6] 劳伦斯·斯通：《英国的家庭、性和婚姻，1500—1800》（Stone, Family），第 4—7 页；另请参见肖特：《现代家庭的形成》。肖特更为具体地将变革的时间断定为 18 世纪。

实际上，关于主要的革命发生于何时，我们还有许多不确定的地方。一种很强有力的观点认为，19世纪之前发生的一切都是一场失败的革命。[7]上述事实与此观点结合起来，让我们内心稍有不安。在这样一个档案完备的社会中，查明现代世界的诞生应该并非难事不是吗？

上文更加细致地阐述了那些部分，我们只要粗略地看看它们，我们对这一解释的不安就会增加。空间的匮乏将迫使我设定边界日期，沉浸在简化之中，并忽视支持这一主张的证据。在其他地方，我已经努力更为细致地讨论此处简要触及的主题。[8]核心问题是，我们可以确定地说，在英国的过去，那些我们已经阐释过的特征是何时消失不见的。一旦找到这个"另外的"世界，我们就能确定这一革命性转变的时间，并为之找到貌似有理的原因。

我们可以从法律和政府开始。我们知道，最晚在13世纪末，普通法就已经发展到了一个成熟的阶段。[9]当然，法律发生了改变，但其基础结构和原则在那时奠定下来。所以，尤其是在财产的过程和概念中，法律的许多特色就在13世纪呈现出来。与之类似，英格兰不是一个绝对王权国家，王权对议会负责且在法律之下。这些核心政治特征在1215年的《大宪章》时代之前就已经确

---

[7] 佩里·安德森（Perry Anderson）和汤姆·奈恩（Tom Nairn）强调，英国革命未能改变社会结构，参见汤普森：《英国人的特殊性》（Thompson, 'Peculiarities'），尤是第314页。

[8] 参见前文1—6章，以及麦克法兰：《英国个人主义的起源》和《英国历史档案指南》。

[9] 巴克的《英国法律史导论》（Barker, *Introduction*）是一篇关于英国普通法史的杰出概要。

立了。随后，它就得以保存下来，尽管在16、17世纪，人们做出一些努力，试图引入欧陆风格的绝对主义。英格兰少有中央集权官僚制特征，没有常备军，没有武装警察，拥有不拿薪俸的地方行政和司法传统、自我管理的地方社区，所有这些相关特征都是古已有之。它们都可以追溯到13世纪之前或之后。罗马法的复兴也没有像在欧陆发生的情况那般，扫除更古老的习俗与传统。

古代的法律和政治基础很早就与社会特性联系在一起。在13世纪和14世纪，中世纪晚期的社会也拥有一个分层的，但相对开放的社会结构。与法国形成巨大对比的是，英格兰并无合法的特权贵族，也没有奴隶。除了与一个人，即其主人的关系，农奴是"自由人"与公民。甚至，主人对农奴也只有有限的权利。在很大程度上基于繁荣的国际羊毛贸易，英格兰已经具有了一个庞大且富裕的由市民、商人、工匠和约曼构成的中间阶层。在那时，少许迹象表明，社会具有四重划分，或**市民**（bourgeois）与**乡民**（paysans）之间的强烈对比。很明显，地理流动性广泛存在着，并再次与广泛传播且得到充分发展的仆役与学徒机制关联起来。赚取工资的劳动者阶层高度发达，到14世纪，很可能有一半以上的人不是作为家庭劳动力或仆役在劳作，而是为赚取工资而工作。

很明显，13—19世纪存在着巨大的技术差异。尽管风力与水力被广泛使用，但蒸汽机尚未出现，就此而言，中世纪晚期的英格兰与19世纪早期的英格兰颇为不同。然而，更深层的相似则处于这些技术性差异背后。庄园账户卷宗、地产手册和其他记录表明，货币在城市和乡村得到了广泛使用。几乎所有事情都可以用金钱术语来表达。在中世纪英格兰，市场和集市分布广泛，无处不在。在那里，我们几乎可以买到所有东西。这是一个贸易国，具有高度发达的市场结构，繁荣的城镇，其居民也对利益怀有敏锐的兴趣。土地与劳动被认为是商品。在法律和生活中，人们也高度强调占有。很长时间以来，大部分服务需要现金购买，人们也是为了盈利而耕种土地。为交换而生产，而非为直接消费而生产的"店主"（shopkeeper）心态，亦即对会计的兴趣、获取经济利益的欲望具有广泛的影响。然而，后来，清教徒以及其他清教群体激烈攻击高利贷，利率降至很低的水平。在中世纪晚期，放贷与抵押取息广泛存在，利率还要更高。尽管与后来的发展相比，会计方法颇为简略，缺乏复式记账，但它也足够成熟，可用于检测盈利与亏损。

看起来，亲属体系的基本特征很早就被规定下来。在12世纪，其亲属术语就与剔除原子式家庭的19世纪"爱斯基摩人"的双边体系一般无异。家族世系的概念已经铸造成型，延续至今。通过男方与女方，我们都可以追溯家族世系，这就是我们今天拥有的宗亲体系。基于日耳曼风俗，估算亲属关系的方法就是教会法规的方法。到13世纪时，继承法已经确定了主要原则。男性长子继承权已经是一个与众不同的特征，也为寡妇保留了权利。其核心原则是，继承权不会自动获得，"没有人是一个活人的继承人"。所以，那里并不存在什么自然的、自动的、家庭的财产，也从未规定，**未经亲属成员许可土地不得转让**（restrait lignager）。在13世纪早期，布拉克顿（Bracton）就把这些清晰地列举出来。同样地，财产总是衰减，而从不增长，父母也绝不会自动成为孩子们的继承人，这些观念被人们接受了。在那里，继承是纵向而非横向的。

七 革命 217

在这个自我中心、以网络为基础的亲属体系中，至少从13世纪起，亲属关系的脆弱性在所有地方都清晰可见。在经济学中，所有权、生产与消费并非以亲属群体为基础。宗教没有通过仪礼或祖先信念强化亲属关系。贵族层面以下的政治生活并不遵循亲属关系，也很少有相适应的血仇、家族世仇、黑手党，或氏族战争的迹象。对病人、穷人、老人的关心已经极大地被非亲属机制取代，被教区、庄园、行会与宗教兄弟会取代了。在家户组织中，亲属关系彰显了自身的脆弱。借助这些文档，我们可以一直回溯到14世纪。在那时，我们找不到一种截然不同的家户结构痕迹，却能发现大量的复合家户（complex household）。

所有这一切都适合一种早已发展起来的特殊的婚姻体系。我们将要更为详细地勾勒这一体系。在经济学与生物学之间，在个人与社会之间，婚姻是关键的纽带。如此说来，它没有很好地反映出经济与社会更深层次的特征，而是对人口统计学模式起着关键的决定性作用。社会经济体系中的"革命"总是与军事体系中的"革命"同时出现，后者又反过来改变人口统计学方法。例如，在16—18世纪，从"前资本主义"到"资本主义"形式的革命就是如此。我们可以来看一看我所谓的"马尔萨斯婚姻模式"的构成因素。在19世纪早期，马尔萨斯提倡这一模式，所以我才以此名称呼之。

关于在19世纪早期约束英格兰婚姻的主要法则，如果我们对之加以思虑，就会发现，在14世纪甚至常常在此之前，它们就已经在发挥作用了。当我们面对教区登记簿时，很难确定结婚年龄。所以，我对16世纪之前那段时期的处理具有大量的猜测成分。然而，在英格兰，对男人和女人而言，在相对较晚的年龄结婚很可能是一个古老的特征。在提起晚婚时，人们视之为早期日耳曼人的特征。日耳曼人则将其文化带到了英格兰。当然，我们并无强有力的证据表明，正如世上其他许多地方一样，女人普遍在青春期结婚。哈吉纳记录了"独特的西欧婚姻模式"，我们不可能找到有关此模式的"革命性变化"。[10] 婚姻的第二条法则是单偶婚姻原则，或一夫一妻制原则。交叉比较之下，这是有一个罕见的现象，显然是婚姻体系的枢轴。它确实也非常古老。侵入英格兰的日耳曼民族长久奉行一夫一妻制，尽管基督教会对此文化前提有细微的侵蚀，但也强化了它。教会引入了一个实质性的变化，它几乎可以称得上是"革命性的"。这个变化就是对离婚的日益宽容。然而，这个变化在14世纪以前就出现了。同样明显的是，最晚到13世纪，一条更为深入的非正式法则就广泛地允许丧偶之后再婚。

关于谁应该结婚谁不应该结婚，诸项法则也很早就确立起来了。古迪表明，在盎格鲁-撒克逊的英格兰，宽泛的禁止结婚的法则就已经确立起来。[11] 关于一个人必须或应该与哪些亲属结婚，我们几乎找不到正面的描述性法则之迹象。所以，也没有迹象表明曾经发生过这样一种转型：从列维-施特劳斯所谓的亲属的"基本结构"转向19世纪的"复合结构"（complex structure）。[12] 当

---

[10] 哈伊纳尔：《欧洲婚姻透视》。

[11] 古迪编：《家庭》。

[12] 列维-施特劳斯《亲属关系的基本结构》（Lévi-Strauss, Elementary Structuress）第 xxii 页。

然，如果这些基本结构确实存在过，那么它们在 13 世纪就已经消失了。易言之，很早以来，在英格兰，婚姻就是基于一种契约关系，而非身份（即亲属）纽带。就出身地位（birth status），亦即阶层归属的另一个方面而言，这也是正确的。在 13 世纪和 14 世纪，少有迹象表明存在以血缘或其他标准为基础的同族结婚的群体。隶农（the bond）可以公开地与"自由人"（the "free"）结婚，也的确有隶农与自由人结婚。乡绅可与贵族结婚，商人可与地主的女儿结婚。

有些习俗关注至关重要的婚姻彩礼问题以及婚姻中的经济谈判问题。这些习俗被尤为详细地记载下来。在 18 与 19 世纪早期，英格兰展现了一种奇特的婚姻经济模式。它的特征包括：把一个女孩当成某种类型的"嫁妆"（dowry），用以支付"陪嫁"（portion），以平衡寡妇产或普通法中的"得自亡夫的财产"（dower），或者她能够从亡夫那获得的习俗性寡妇权利。我们找不到任何迹象表明：在那时候，一如人们对印度、非洲与南欧的描述，英格兰也拥有一种成熟的"新娘财产"或"嫁妆"体系。[13] 更重要的是，在此婚姻财产中，配偶的相关权利颇不寻常。它们既没有完成融合，形成财产"共同体"，也没有绝对分裂，遵从"同一家系"占有（'leneality' of possessions）。在法国与苏格兰的习俗中，我们都能找到完全融合与绝对分裂两种情况。很显然，这一婚姻财产的复合关系非常古老，许多因素都可以上溯到 13 世纪甚至更早。

---

[13] 古迪、坦比亚：《彩礼和嫁妆》（Goody and Tambiah, *Bridewealth*）。

关于婚姻目的与性质，人们很早就确立了一种特殊的观点。这些正式的法则与习俗和这种特殊观点保持一致。它以四大核心前提为基础。第一个前提是，婚姻给予夫妇自身最大关注，亦即婚姻奠基于新娘新郎的相互同意，而非其他人的安排。在19世纪早期，这种观点得到了广泛的传播。但是，当我们将之与大多数农民社会进行比较时，就很容易看到其新奇之处。在这些农民社会中，婚姻是被人安排的。在那里，婚姻是一件过于重大的事情，夫妇双方不能凭一时心血来潮，就私定终生。这一核心特征具有古老的立场。到12世纪时，它被广泛接受，成为基督教的婚姻观，它也很可能以更早的习俗为基础。

第二个特征同等重要，它涉及婚姻态度，亦即结婚还是不结婚包含了一种选择。哈吉纳正确地看到，欧洲婚姻模式别具一格，这是其另一个特征。从未结婚的女性比例很高，有时高达六分之一。到18世纪，英格兰拥有大量年老的单身汉与老姑娘。婚姻是可选择的，这一点也为人们广泛接受。在大多数社会中，婚姻被视为"自然的"、自动的，是生命循环的舞台，是普遍存在的经验。对它们来说，可选择的婚姻看起来颇为奇怪。不幸的是，要准确认识这个特征有多么古老，这些统计学资源仍有瑕疵。我们能够确定的所有内容是：在中世纪晚期，我们可以找到许多不结婚的证据，但找不到任何普遍结婚的结论性证据。这与基督教教会早先接受的关于婚姻状态的特殊观点一致。婚姻是第二好的，单身汉追随基督耶稣的脚步，过一种节欲的、独身的生活才是最高的召唤。婚姻属于那些不能过这种生活的人，它是对色欲的治疗，属于意志较为薄弱的弟兄。婚姻无疑是神圣的，但相比起不婚的生活，它却位于一个较低的等级。这是对婚姻状态的贬低。它把婚姻塑造成为一个选项、一个"文化"事件，而非像印度教、穆斯林或儒教，把婚姻赞誉为最高、必要且"自然的"状态。贬低婚姻的现象早已有之，且惊人的重要。很明显，这种观点在13世纪之前就得以确立起来。

第三个前提是，人们进入婚姻是为了在夫妇关系中相互获得好处，而非为了生育后代。很明显，在19世纪，人们把婚姻视为心灵与身体的伴侣。夫妇纽带超越其他一切。它建立起来的契约与选择性关系令人惊讶地优先于所有与姐妹、父母、子女的血缘关系。这显然依据了非同寻常的交叉比较，并且在英格兰和基督教欧洲的其他地方，这是一种非常古老的婚姻观念。我们看到，两大传统很早就在英格兰混合在一起。一方面，基督教强调婚姻纽带，劝导信徒说：在伊甸园里，亚当认识到，夏娃的创造意味着，"所以，男人要离开父母，与妻子白头偕老，成为彼此的血肉"（《创世记》第2章，第24节）。这种观点非常符合日耳曼民族古已有之的宠溺妻子传统。根据塔西佗的描述，在公元1世纪，日耳曼人夫妇就同享生命，生死相依了。无论起源为何，看起来，彼此陪伴的婚姻观在14世纪的确得到了广泛的接受。自有相关文档记载以来，婚姻就更多地关注夫妇关系，而非生育。人们不强调生儿育女，这与晚婚以及婚姻的非普遍性质一致，也与任何正式领养程序之缺失一致。

最后，这种独特的婚姻观还有一个文化前提，即婚姻以相互吸引或爱情为基础。"爱情"婚姻源于何时？对此有许多讨论。在有些地方，起点在12世纪，有些地方更早些，有些地方则更晚些。

根据那些幸存的诗歌断章,基督教会的证词,以及早期百科全书中的描述,从表面上来看,很可能至少到 14 世纪,人们就广泛接受了"爱情",认为它是普通人婚姻中强有力的构成因素。没有一个有力的迹象表明,在 15 或 16 世纪的某个时间,人们突然发明了这一联合。当然,人们仍有其他许多其他结婚动机,一如在 18 和 19 世纪的情况。然而,相互喜欢,以及完全的"爱"则被广泛认为是实质性的结婚要素。我已在上文第六章表明,这一特征不是清教主义之结果,或在 16—18 世纪不断增长的个人主义之结果,它不是因此产生的某种人为发明。

婚姻体系是一种调节机制,它在英格兰催生了一种独特的人口统计学模式。如果我们把 17—19 世纪的英格兰与欧洲其他地方进行对比,例如,就像里格利那样,将之与瑞典或法国进行对比,我们就能看到从中呈现出来的许多迹象。[14]在对死亡率的统计数据中,有两个特征非常突出。首先,自黑死病以后,英格兰看起来摆脱了"危机"情势。在这种危机情势中,每几代人中就会出现一次死亡率的大规模增长,它通常由一场战争引起,而这场战争扰乱了已经踩在临界点上的经济。这样的战争将会产生大规模的饥荒与疾病。当然,在 17 世纪之前,流行性疾病一直持续存在于英格兰。同样,一直到 17 世纪,在坎伯兰郡还存在饿殍的迹象。然而,欧陆许多地方、印度、中国、俄罗斯等地的惨痛历史表明,直到 18 世纪甚至更晚的时候,这些地方仍有大灾难突然降临。与这些灾难联系起来看,相对而言,英格兰在 1350—1750 年这四百

---

[14] 里格利、斯科菲尔德:《家庭重建中的英国人口史:1600—1799 年结果汇总》(Wrigley and Schofield, 'English Population')。

年间的危机就微不足道了。关于死亡率,另一个值得注意的特征是,它常年处在一个相对较低的水平。尽管它相比今日仍然较高,但是,与许多"前转型时代"的人口相比,我们在这里就有了里格利所谓的"低压"人口模式的两大特征之一。[15] 婴孩、儿童与成人的死亡率并不像它们在许多前工业人口中那么高,至少从15世纪开始,这个特征就颇为明显了。

  生育率也受到控制,低于它们在理论上的最大值。我们可以通过许多方式来看待这一点。首先,在法国和其他"高压"模式中出现了高死亡率。令人惊讶的是,在一个这样的高死亡率时期之后,人口的井喷并未出现。在许多社会中,当一个"生态位"被死亡率清空,新个体很快就会将之填上。同样地,当资源有所扩张,它就迅速转变为人口增长。这就是众所周知的马尔萨斯陷阱。然而,看起来,自14世纪以来,英格兰就摆脱了这两个现象。黑死病之后,人口并未增长回来,而是一直持续回落到另一个世纪。在16世纪中叶与18世纪之间,在经济增长的那些年月里,人口并未快速增长,以吸收持续增长的资源。这关系到对出生率非同一般的控制。那就是说,不只结婚生育率受到了节制,而且,总体出生率也低于这一人口在理论上的最大值。我们现在知道,这在17世纪最为明显,生育率的降低也由晚婚和选择性结婚产生,而非由婚内避孕或流产导致。结果,这一中等水平之生育率与中等水平之死亡率构成了平衡。在14—18世纪,人口增长的确非常缓慢,国家逐渐变得越来越富有。最后的这个特征属于一种非常

---

 [15] 里格利、斯科菲尔德:《家庭重建中的英国人口史:1600—1799年结果汇总》,第184页。

长寿,甚至更加有趣的人口统计学,是其在某一方面的特性。这是生育率适应经济的方式,而非不灵活地与人口压力相关联的方式。里格利和斯科菲尔德(Schofield)已经表明,在16—19世纪,出生率与真实工资之间具有长期的联系。[16]令人惊讶的是,当工资增长时,延缓20年之后,出生率才出现增长。这一延缓允许一种特定的经济增长出现。这一联合也意味着,人口以一种有利的方式与经济力量相协调,人口提供了经济变化所需要的劳动力。在整个15—18世纪早期,对劳动力供应的需要几乎没有任何增长,生育率就得到了严格的控制。抑制的压力如此强大,以至于在这一时期,在英格兰的某些部分,女性的平均初婚年龄增长到30岁,生育孩子的时间也大约推迟到青春期15年以后,而且许多人根本就不结婚。在我们所谓的"工业革命"时期,当生产和对劳动力的需求出现井喷,生育率也做出反应。结婚年龄回落,而且在一个世纪里,英格兰拥有整个欧洲最快的人口增长率。这一灵活的人口统计体系为马尔萨斯婚姻模式的一个部分,它并不是17或18世纪的新的创造。但是,至少从14世纪开始,它看起来就很明显了。这就使我们难以讨论发生在英格兰的"人口统计学转型"。在一定程度上,它在宗教改革之前就发生了,尽管在17世纪中叶建立起来的出生与死亡的平衡将在19世纪晚期降到更低的水平。

很明显,关于14—19世纪的英国史,对于这一核心特征的简要框架,我们必然要补充一些限定条件。有人可能要论证,许多日期的断代要么太晚,要么太早。然而,我可以充分证明,19

---

[16] 里格利、斯科菲尔德:《家庭重建中的英国人口史:1600—1799年结果汇总》,尤其是第183页。

世纪早期遵循的法律、政治、经济、社会和人口统计学前提最晚在 14 世纪就已经形成。如果这是真实的，我们就不会对此感到惊讶：早期现代史学家们不能确定，"革命"发生在 16、17、18 世纪，还是 19 世纪。第二个明显限制是，我们正在这里看着中层的"社会"变革，而非最底层的地理时间，也非连锁之事件。即便如此，我们也需要在心里想着其他层面，因为它们全都彼此关联着。对于那些我们已经分离出来的品质，许多政治经济和宗教"事件"都在发挥着积极或消极的根本性影响。许多这些"事件"也许可以重塑我们已经讨论过的整个处境。这些连锁事件和其他方式在同等程度上塑造了文化前提。强调连续性不同于相信必然性。历史中的"克利奥帕特拉鼻子"学派（the shape of Cleopatra's nose school）与如下认识完全相符：在一种特殊情况中，相比其许多人的假设，事物在根本上的变化较小。举个例子。西班牙无敌舰队的成功带来了罗马法、罗马宗教与罗马绝对王权的苏醒，很可能创造了一种真正的革命，它本可以破坏所有那些我们已经详尽说明的连续的事件之链。然而，正如历史上所发生的那样，无敌舰队被打败了，查理一世被砍了头，通过一系列奇妙的连续变化，英格兰仍然是一片颇为独特的地域。它之所以变成一种改变世界的革命性力量，不是因为它经历了一场革命，恰恰是因为它没有经历革命。对此，除了在扭曲变形的事后认知镜像中，没有什么是不可避免的。也没有人逼迫我们返回一种经过修订的辉格进化论（Whig evolutionism）。

我们也不需要论证，任何改变都未曾发生。很明显，许多事情的确发生了改变。东方旅行者如果从 19 世纪早期回到 14 世纪，在自然风景、技术、艺术与技艺、语言、海外统治、思想与信仰世界中，他就会发现许多差异。甚至，我们看到的那些特征也在持续变化，变得更加复杂或更为简单，或走向衰亡。然而，为了认识这一历史，最确切的方式不是通过突然或带来毁灭性破坏的"革命"比喻。在过去的50年里，"革命"比喻风行一时。对于许多其他欧洲国家的历史而言，这种模式可能富有裨益也是合适的；但是，如果将之应用于英格兰，它们就确立了错误的期待，也扭曲了证据。

然而，历史学家需要认识变化的方式，并且，如果有人说服我们说，在英格兰史中，革命模式的作用有限，我们将要如何解释，到19世纪早期，一个不同寻常的世界已经浮现出来？如果我们咨询那些在19世纪晚期、20世纪早期研究英国史的人，他们就会给我们提供一条备选路径。在那时候，许多历史学家第一次系统地考察并开始翻译中世纪晚期英格兰的大量记录。历史学家们对历史资料的掌握举世无双，对史家而言，这是实质性的手艺和技术。他们也具有其他优势。首先，在这一主题中，只有很少的内容得到了充分的发表和足够细致的说明，因为他们能对英国史（从盎格鲁-撒克逊时代到他们自己这一代）采取一种总体的视野。他们没有因为越发世俗且专门的详细分析受到折磨，这意味着：现在，大部分历史学家变成了"16世纪"或"16世纪的经济"的历史学家。这一不可避免的划分很容易"喂养"一种革命性的解释，因为人们容易相信，就在某一时期之前或之后，甚至更令人兴奋的是，就在这一时期之中，每一件事情都突然发生了改变。在1870—1920年主宰这一主题的伟大史学家们能够凝视整个英国史，并因此能更加充分地评估是否出现了革命性的断裂。

这些作家的第二个优势是，对于我们现在认为是一种幻象的东西，他们却仍然因之而承受痛苦：亦即，实际上，东方旅人所认为的惊异之事一点都不令人惊讶。无论这些英国历史学家们有多么熟悉比较法和人类学著作，他们仍然真切地相信，他者（others）才是独特的一方。我们已经感觉不到比较人类学的完整影响，以及马克思与韦伯令人不安的影响了。人们认为，英格兰的资本主义与个人主义体系与欧洲其他地方不同，然而，在世界文明层面，其完全的独特性也并非真正明显。这一信念对历史学家颇有助益。它意味着，在人们看来，一个英格兰人的行为并没有那么古怪，以至于历史学家们被迫假设，它只能用某种剧烈转型，某种与更为常见的人类习俗的革命性断裂来解释。马克思就走向了这种观点。后来，维多利亚时代的历史学家们很容易获得一种自信。这种自信让他们准备接受，他们自己相信的东西的确具有非常古老的基础，它们几乎是自然而然的。

斯塔布斯和梅特兰是这些历史学家中最伟大的人物。他们具有一种长远、宽阔的视野，他们对文档之专门性与造就他们之制度世界的掌握难逢对手。并且，对于19世纪的英格兰植根于中世纪或盎格鲁-撒克逊英格兰的信念，他们也没有偏见。他们就以这样的方式进入英国史。他们也没有受到如下热望的激发，想要表明他们自己的世界是一个革命性转变在近世的结果，而此革命性转变的根基肤浅，另一场革命很容易就能改变它。相反，他们在劳作时细心且投入高度的理性，我们现在重新发现的连续性视野便浮现出来。当然，如果我们认为他们与此无关且受到了误导，从而予以无视,那也并非难事。佩里·安德森因此论称,"从中世纪向早期现代的转型则与英国历史上这样一种深刻而激烈的逆转相符:亦即在诸种前封建发展的最典型特征中,许多特征都发生了深刻而激烈的逆转。尽管,所有民间传说都具有难以打破的连续性"。[17]然而,对历史学家而言,传说颇为有趣,它们也并不必然就"不真实"。

斯塔布斯讲述的传说的确具有牢不可破的连续性。其《英格兰宪政史》气势恢宏,在这部书中,他确切地把英格兰社会体系之基础奠定在非常早的时候,奠基于盎格鲁-撒克逊的英格兰。到了13世纪,许多事物在此基础上确立起来。"英格兰宪政体系的一大特征是代表制从首个初级阶段起的连续发展……民族化而为一,并实现了它的统一性……在亨利二世及其儿子的治下,它得以完成。"斯塔布斯当然意识到,前方将会出现混乱,重要的政治与宪法变革将在未来6个世纪中出现。然而,他相信,基本法则很少变化。

> 在爱德华一世时期,宪法实现了正确的和确切的成熟……生活的连续性,以及民族目的的连续性从未失败:甚至伟大的斗争,从宗教改革一直延伸到革命(例如1688年革命)的漫长的劳作使这个组织(我们追溯过这个组织的起源)获得了连续的从未断裂的身份,拥有了更加强大的力量,并通过审判而变得更加强有力了。

---

[17] 佩里·安德森:《绝对主义国家的系谱》(Anderson, *Lineages*),第113页。

斯塔布斯的著作没有包含任何"革命"观念,没有任何从"中世纪"走向"现代"世界的灾难性的变革。这并不是因为,当变革发生时,他对之视而不见。他注意到,16、17世纪"见证了一系列变革发生在国民生活、思想、品格阶级关系以及政治力量之制衡中,它们比英格兰人自诺曼征服以来经历的一切变革都要大得多"。[18]他列举出这些变化,认为它们是改革,是"早期英格兰贵族向后世权贵的转型",也是"重新发现的君主制原则的力量"。然而,他并不相信连续性受到了破坏。

百分之九十九的英国人生活在中间或更底层的阶层中,在它们之中,连续性最为强大。他写道,"当我们在社会阶层等级中下层时,中世纪与现代生活之间的差异就迅速消失了"。斯塔布斯意识到,所有权之间的平衡发生了改变,然而,那里的主要群体也总是相同,即乡绅、商人、艺匠、劳动者,以及颇为独特的被称为"约曼"(yeomanry)的英格兰中间阶层。古代约曼传统的两大特征尤为吸引斯塔布斯,这两大特征关系到他们的财产与他们的社会流动性。他如是写道:

> 自由保有人与农民的意志与财产目录提供了类似的当代证据。关于中世纪中间阶层生活的悲惨、不舒适的流行理论而言,这些证据做出了无可辩驳的回答……自由保有人的房屋不少,但装修简单,他储存的衣物、棉麻也颇为充足,他

---

[18] 斯塔布斯:《宪法史》第1卷(Stubbs, *Constitutional History*, I),第584—585、682页;同上书,第3卷,第3页。

有钱购买皮包，也有钱去逛商店和市场。[19]

这不是一个艰难维生的农民，而是一个小资本主义农场主，其现金与信用使之能够参与市场经济。

斯塔布斯注意到的第二个主要特征是社会流动性之容易，及其出现时间之早。

> 在中世纪结束以前，富裕的市民就开始与骑士和乡绅通婚。今天，许多贵族家庭也将其财富基础上溯至伦敦或约克的某位市长……很可能，英国史上并不存在这样一个时期，在那里，骑士与商人阶层之间的障碍被认为难以逾越。

这是一个阶层之间联系紧密的社会，很早以来，各阶层之间就没有任何不可逾越的障碍。"城市富豪在乡村地主与商人之间形成了一种联系；在地位与血缘关系上，商人与约曼都有密切的联系。甚至，通过学习一种技艺，维兰（villein，即农奴）也可以踏上上升的阶梯。"看起来，中世纪世界最后一个特征也令人惊讶地与17、18世纪的特征相似。这个特征就是，人们已经广泛使用工资劳动力，手工艺活动也在社会中得到广泛应用。斯塔布斯告诉我们，"在那里，整个劳动者与工匠阶层赚取的收入仅供他们获得生活必需品"。[20]

---

[19] 斯塔布斯：《宪法史》第3卷（Stubbs, *Constitutional History*, Ⅲ），第570、573页。

[20] 同上书，第615、619、626页。

这里有一个关于牢不可破的连续性的传说、一种能看到一系列引导性原则与法则的视野，一个富有生产力的结构。它们提供了一系列习俗，这些习俗塑造了一直延续到斯塔布斯时代的英格兰史。这些原则与重要的变化结合起来，但是这些变化还不够深入，不足以改变底层法则。有一个人讲述了这个传说。关于这个讲述传说的人，其最严格最细致的批评家写道："关于斯塔布斯，我们了解到的一切激发了我们的信心，让我们对其知识的确切可靠、知识面的宽广、批评的真诚、判断的准确，对人与物的深刻体察具有信心。"[21]

　　梅特兰（F. W. Maitland）也讲述了一个相同的传说。与斯塔布斯提供的证据相比，梅特兰的证据更加令人印象深刻。他广受赞誉与马克·布洛赫（Marc Bloch）一起，被誉为"今世最伟大的两位历史学家"[22]，被认作是一个"巨人"。他是"一个不朽的人"，"高山梅特兰"，他的天才超越了所有其他的英格兰史学家。[23] 梅特兰熟悉欧陆学术和当代人类学，他毫不懈怠地跨越历史与法律，他异常博学，且成为中世纪文档最伟大的编辑之一。他的高智商与博学是无可置疑的，并且，正如斯塔布斯，他的视野涵盖了从盎格鲁-撒克逊的英格兰一直到19世纪所有的英国史。

---

[21]　珀蒂·迪塔伊、列斐伏尔：《斯塔布斯〈宪法史〉补充研究和注释》（Petit Dutaillis and Lefebvre, *Studies*），第 v 页。

[22]　海伊：《编年史家和历史学家：8—18世纪的西方史学》（Hay, *Annallists*），第 169 页。

[23]　卡姆在《梅特兰历史论文选》（*Selected Essays*）第 xxix 页引用了波威克（Powicke）的观点，并对他的观点表示赞同。麦克法兰（K. B. McFarlane）在《梅特兰山》（'Mount Maitland'）中提及梅特兰的卓越地位。

在他的许多著作中，我们都白费力气地寻找任何痕迹，以表明他相信：在英格兰史上某个特定时间点上，一个巨大的革命性的变化发生了，把"中世纪"与"现代"英格兰区分开来。相反，他认为，就其基本原则而言，英格兰的法律与社会结构在13世纪就已经奠定了。他的这一观点在许多段落都有所体现，但我们只能在此引用几段。

据称，"在亨利三世王朝末年，我们关于继承的普通法迅速获得了它的最终形式。其主要框架仍然是我们熟悉的那一些"。到亨利二世驾崩之时（1272年），"在其一致性、简洁性、确切性上，英国法就是现代的了"。在14世纪以来，法律人就相信，"看起来，刑法与司法的大框架就被认为适合一切时代。在12世纪，出于实践的目的，研习法律的学生们就被迫了解许多与爱德华一世的法条有关的内容"。他相信，这种连续性对英国历史学家极为有利，促使他们离开欧陆国家的历史，那些国家并不具备这种连续性。

> 在过去的6个世纪里，我们英格兰的法律生活如此连续一贯，以至于我们从未遗忘中世纪晚期的法律。它从未淡出我们的法庭以及从事实务的法律人的认知。在发掘并重构中世纪的德意志法时，当今德国的历史学家们采取了一种费力且不确定的方式。我们从来无须像他们那样，以这种方式来重构我们的中世纪法律。

我们在处理特定主题时，这一连续性也得以彰显。例如，在分析普通法的行为形式时，梅特兰把1307—1833年当成一个时期。他承认这"十分漫长",然而,他又写道,"我不知道,对我们当下的目的来说,我们是不是能够很好地将之划分成几个次一级的时间段"。[24]

马克思当会同意,财产法是最重要的领域,它统治着生产关系。最深刻的连续性就存在于此。这一"最显著的特征","不动产的坚如磐石,甚至在我们今天也是英国私法最独特的特征",梅特兰认为它非常古老。它是6个世纪的特征,以更古老的习俗为背景,在13世纪下半叶就获得了一种"确定的形状"。我们不只在普通法中找到这种连续性,即便它是"人类制作出来的最坚韧的事物之一"。其《英格兰宪政史》中涵盖了从盎格鲁-撒克逊的英格兰一直到19世纪80年代。在这本著作中,就斯塔布斯关于连续性的总体性视野而言,梅特兰并未做出任何实质性的改动。例如,他写道,"采用存在于中世纪晚期的任何处境,存在于1800年的任何处境——议会、枢密院,或是任何法庭的境况——我们都可以穿过一系列确切的变化,将之一直追溯到古老的爱德华王朝"。[25]因为英格兰的宪政与法律原则奠定得如此之早,所以,他写作的大部头英格兰法律史可以令人惊讶地结束于1272年。

梅特兰指出,在许多方面,13世纪的英格兰与19世纪的英格兰颇为相像。这两个世纪都缺乏**家长权**(*patria potestas*),亦

---

[24] 波洛克、梅特兰:《英格兰法律史》第2卷,第210页;同上书,第1卷,第225页;梅特兰:《历史论文选》,第123页;波洛克、梅特兰:《英格兰法律史》第1卷,第civ页;梅特兰:《普通法的诉讼形式》(Maitland, *Forms*),第43页。

[25] 同上书,第10—11页;《梅特兰历史论文选》(Maitland, *Selected Essays*),第127页;梅特兰:《英格兰宪政史》(Maitland, *History*),第20页。

即儿童和妇女服从年纪最大的男性的绝对权力。那里没有氏族或其他法人亲属群体,那里也没有家庭财产、联合或共同所有权的概念。在很早以来,个人占有就非常典型。借用梅因做出的区分,13世纪就已经是由契约而非身份主导了。斯塔布斯也注意到,那里没有以血缘与法律为基础的等级阶层,没有"种姓"。那里存在法律面前的平等;在那里所有人,包括妇女、儿童、维兰在内,都拥有法律权利。[26]

这一连续性"传说"具有如此强大的革命的破坏力。我们可能想要知道,它是否受到后世关于那些档案的研究的破坏。在这些档案中,许多档案是梅特兰自己最先发现的。当《英格兰宪政史》在1968年重印时,米尔萨姆将之描述为"依旧活着的权威"。在其长篇引言中,米尔萨姆没有在任何一个地方挑战梅特兰关于13世纪的观点。事实上,米尔萨姆总结说,"无疑,到这本书所覆盖的时间的终点,世界就如梅特兰所见那般"。米尔萨姆写道,梅特兰"很可能希望他的著作被取代。没什么迹象表明,这将会很快发生"。梅特兰看到的世界"在本质上是一个由平等的邻人居住的平坦的世界。贵族身份(Lordship)只不过是施加在他人土地上的一种地役权罢了"。[27]

如果梅特兰拒绝对英格兰史做出一番革命性解释,他又如何把时间过程看成是不断变化的呢?英国史当然不像19世纪晚期的进化人类学家与社会学家所提倡的那般,经历了一系列有机的

---

[26] 波洛克、梅特兰:《英格兰法律史》第2卷,第438、242ff、13、19、27、233、402页。

[27] 波洛克、梅特兰:《英格兰法律史》第1卷,第xxiii、xlvii、lxxiii、xlvii页。

"阶段",处在一个简陋的革命模式中。这一进化论框架通过摩尔根(Morgan)影响了马克思,它也对 20 世纪的历史学产生了重要影响。在一个令人难忘的段落中,梅特兰平静地砸碎了这一必然、单向道的进化论。[28] 那么,他能提供何种替代选项呢?梅特兰也没有像通常所做的那样直接提出问题,而是经常间接地指出,一个人可以如何使用一种有机增长模式,然而,事物并不必然以某种特定的方式出现。他在处理英格兰史的一个核心且持续的特征,即地方治理体系时,对此路径的说明也得以显示出来。

> 当然,对任何亲眼看到历史的伟大的人来说,它是一个绝妙的制度,这一和平的承诺如此稳定地增长,采用新的形式来阐明自身,满足新的需要,表达新的观念,却又从未丧失自己的身份……在其他政治实体中,我们几乎找不出,哪个曾经遭遇了如此多的变故,却又拥有如此完美的连续性的生命。[29]

在这里,梅特兰用一种精致的平衡,描述了跨越时间的"新颖"与"统一",也描述了一种具有"曲折多变"却又"连续不变"的历史的制度。这种路径允许我们灵活地承认,通过一种离奇的悖论,事物既能保持原样,也会发生改变。

---

[28] 梅特兰:《末日审判书及其他》(Maitland, *Domesday Book*),第 344—346 页。
[29] 费舍尔·哈尔编:《梅特兰论文集》第 1 卷(Maitland, *Collected Papers*, I),第 471 页。

至少当我们将之应用于英国史时，这种变化模式比革命更加微妙，也没有那么粗糙。巴特菲尔德（Butterfield）认为，"历史学家的主要目的是阐明过去与现在之间的差异……他不必强调和放大一个时代与另一个时代之间的相似性"。[30] 毫无疑问，对赞同巴特菲尔德这一观点的那些历史学家来说，上述变化模式就没有吸引力了。如果我们决意寻找差异，就会希望发现革命，革命当前，事物变得殊为不同；并且，我们也会忽视斯塔布斯与梅特兰，认为他们是糟糕的历史学家。在那种情况下，本文提出的一切内容即便真实不虚，也不会引起任何兴趣。它就是我以前的老师罗莎琳德·克莱（Rosalind Clay）夫人常常提及的那类历史。另一方面，如果我们致力于发现事物如何变成现在的样子，就会发现，对某些社会来说，"具有变化的连续性"悖论是最灵活的看待过去的方式。我们最好把这种路径称作是一种矛盾，称作一种"变化的相同"（正如爵士乐歌手勒罗伊·詹姆斯［Leory James］对一首歌的称呼）。关于哲学家之鞋的寓言，这种变化的相同是谈论它的另一种方式，哲学家的鞋子具有许多不同的部分，它们被一点一点地替换掉了。最后，它是同一只鞋，还是另外一只鞋呢？伟大的普通法史学家马修·黑尔（Matthew Hale）爵士在把变革中的法律与阿尔戈号航船联系起来时，就在另一种形式中使用了这个隐喻。"这艘船经历的航程如此遥远，最终它的每个部分都朽坏且被更换掉了；然而，（根据尽管有所变化，但仍维持其身份的悖

---

[30] 巴特菲尔德：《历史的辉格式诠释》（Butterfield, *Whig Interpretation*），第17页。

论）在一种意义深远的含义中，它仍为同一条船。"[31]对英国史而言，因为新鞋跟和新材料在形状和长度上都与它们替换的部分有所不同，我们需要修改这些隐喻。它仍然是一艘船或一只鞋，但是其总体的尺寸已经发生了重大变化。另打一个比方，使用一个有机体比喻，一棵树并未从小橡树长成巨大的山毛榉，所以它仍为一棵橡树。但是，小橡树和大橡树在许多方面都颇为不同。

乔治·奥威尔（George Orwell）已经雄辩地讲出了我正在努力表达的内容，我们几乎不能指控他的感伤或"英格兰本土主义"（Little Englander）的观点。他有一篇论"英格兰，你的英格兰"的文章。他在这篇文章结尾写道，"若要摧毁一个国家的文化，巨大的灾难必不可少，例如受到外敌的漫长镇压"。所以，当"证券交易所将被拆毁，用马犁地将给拖拉机让路，乡村房屋将变成儿童的假日营房，伊顿和哈罗也将会被遗忘"；然而，即便有了这些变革，"英格兰将仍为英格兰，一头延伸到过去未来的永生动物，并且，就像所有活物一样，它有能力变得面目全非，难以辨认，但仍为同一事物"。[32]

人们可以用一个更加现代的习语来表达这种观点。为了努力论述在北美社会中行为的产生方式，人类学家皮埃尔·布尔迪厄（Pierre Bourdieu）发展了习惯观念（notion of habitus），亦即这种观念认为，一个无形的、普遍的，但强大的法则体系在引导日

---

[31] 马修·黑尔：《英格兰普通法史》（Hale, Common Law），第 xxxi 页的序言中，这段引文被标注为灰色。

[32] 乔治·奥威尔：《在巨鲸肚子里》（Orwell, Whale），第 90 页。

常行为。[33] 这与布莱克顿（Bracton）阐述的核心英格兰"习俗"观念的内涵惊人相似。布莱克顿在 13 世纪早期写作了《英格兰的法律与习俗》。这些法律与习俗聚合了"做事情的方式"、根本与引导性的原则、游戏法则。如果我们把布尔迪厄的观念由静止模式转变为在时间中不断变化的模式，就可以论证，英格兰人很早就确立了他们的习惯。它表达自我的方式可能多样并且有所改变，但其表达完全符合基础法则，它们不容易发生变化。人们可以把这些表达比作固定不变的潮汐。对于水手而言，表面的风浪与平静、单个的浪头与潮汐同样重要。然而，最终，潮水与洋流限制在多种多样的界限之内，它们受到更深层次法律的制约。没有人可以论证，"革命"绝不会发生。当然，当革命发生时，历史学家应该会对之做出描述。然而，假设它们在每个民族的历史中都发生了，而且还如此频繁，那么这种假设将会削弱历史学家的能力，使之难以对证据告诉我们的现象做出反应。通过过度使用这种假设，它就令历史钱币贬值，也扭曲了历史学家对过去的观察。

我还可以提出最后两个问题，尽管在这篇内容简洁的文章中，它们并不能得到令人满意的回答。第一个问题关注的是，与西欧其他地方相比，英国历史的非革命性质是具有代表性或排外性的。在许多方面，英格兰都只是西欧总体社会经济模式的一个极端版本。如果穷根究底的东方人访问了意大利、法国或西班牙，尤其是，如果他旅行到了荷兰或丹麦，他几乎会感到同样惊讶。另一方面，正如许多旅行者和观察者注意的那样，关于英格兰，我们

---

[33] 布尔迪厄:《实践理论大纲》（Bourdieu, *Outline*）。

还可以找到某种特殊的东西。当我们把英格兰与19世纪的法国进行比较时，关于经济、社会与文化上的差异，泰纳在其《英格兰笔记》中提出了一种特别富有洞见的论述。但是，还有其他许多人也提出过富有洞见的论述。看起来，关于这一差异，我们可以做出这样一种宣告：当没有任何证据表明，英格兰在任何一个具体世纪爆发了真正的革命时，我们的确有根有据，把发生在1789年之后的那个世纪里的事情描述成一场真正的革命。看起来，法律、政治、社会、经济和意识形态体系的确经历了一场迅速的、彼此关联且根本性的变革。关于19世纪的法国，在经济、社会、文化之一切层面发生的事情，尤金·韦伯给出了一种尤为生动的论述，[34] 但是，来自意大利、德意志、西班牙等地的例子又再次数倍于此。当然，即便在这些国家，连续性也是存在的，但是，它们有更加强大的谈论革命的基础。这里还有某种悖论。然而，由于工业化、城镇化，以及快速的人口增长，英格兰经历了最迅速的物理、技术和物质变革，更深层的生产与意识形态的关系只是逐渐变化的。在许多欧洲的其他地区，物质世界变化得更为缓慢，但是，旧制度（Ancient Regime）结构被推翻，一个新世界诞生了。讽刺的是，那个"新"世界的部分基础是一个古老的体系，这一古老体系在英格兰发展，输出到它的殖民地，然后借道美国和英帝国的影响返回欧洲。

如果在20世纪前三分之二的时间里，在某些地区，关于英国过去颇具误导性的范式已经部分地确立起来，一个有趣的历史问

---

[34] 尤金·韦伯：《农民变成法国人：法国农村的现代化，1870—1914》。

题仍有待我们解答。为何某些历史学家不得不开始用这些革命性术语来重新解释英国的过去呢？当然，原因存在于许多层面。我们已经找到了某些原因的线索。为了使之变得有趣，我们需要令过去变得不同。欧洲社会学家，尤其是马克思与韦伯也对此产生了影响。关于我们所生活的世界的独特性，我们有了越来越强烈的意识。比较研究与这种意识导致了我们的自我质疑。我们还可以探查到其他的原因，包括为了预测未来而使用过去，这一点颇为明显。历史写作无法做到价值中立，它必然具有政治影响和政治动机。例如，如果现在存在的一切都是一场近期"革命"的结果，那么思考正在变化的当下处境就变得更为简单。如果家庭体系，或资本主义伦理只有几百年的历史，我们就很容易感受到，它也不会持续很长时间。在近期历史中，革命数量众多。就其本质而言，这些革命观是一种乐观的、乌托邦主义的视野。另一方面，对那些想要强调持久价值，不喜欢根本变化的人而言，连续性前提反而颇具吸引力。

所以，在这个案例和其他的案例中，关于本世纪政治意识形态的变化，历史解释中的波动可以告诉我们许多。许多历史学家新近犯下的错误表象并非缺乏才能与技艺的结果，尽管在具有斯塔布斯与梅特兰的声望的当代史学家身上，我们很难发现这些错误。正如历史学家们清楚意识到的那样，在深层次上，变革理论——例如时间概念从循环到线性的运动，历史观从静止到进步的运动，从演化到革命的运动——与人们生活环境的变化联系在一起。在文艺复兴、启蒙运动，或19世纪的进化理论中，对变革与连续性的洞察发生了改变，对此，我们可能会找到一些原因。

与此同时,我们却难以理解所谓"革命主义"的兴起与可能衰落的原因。我们对此现象仍然过于接近了,有些人甚至在生活中转换到"革命主义",然后又关掉了"革命主义"。在这篇文章中,我已经努力表明,如果人们过于粗鲁地运用一种不合宜的变化模式(它无疑在许多情况下是有用的),它会如何扭曲英国史。我已经表明了,其他模式是可行的,不应被过于轻率地抛弃。

八 资本主义

资本主义的摇篮——英格兰的案例

对马克思、韦伯等人而言,资本主义显然是一种独特的社会形式。它的发源地在西欧。在这片区域,有个地区的资本主义发展尤为早熟。在那里,新的社会形式以其最纯粹、最早的形式出现。马克思注意到,在早先时候,"中世纪"财产体系解体时,"对其他欧陆国家来说,英格兰在这方面是模范国家"。[1]正如布伦纳(Brenner)提出,"在英格兰,颇为典型"的是,我们"产生了地主、资本主义佃户、自由工资劳动者这三层关系,在《资本论》中,马克思围绕这三层关系发展了他的资本主义发展理论"。[2]马克斯·韦伯也认为,英格兰是"资本主义的家乡"。[3]尤为重要的是,正是在英格兰,清教视野成为"现代经济人的滥觞"。[4]既然英格兰是资本主义的摇篮与保姆,那么后世作家关注这个国家就不会让人感到惊讶了。例如,波兰尼就把英格兰的历

---

[1] 马克思:《政治经济学大纲》(Marx, *Grundrisse*),第277页。

[2] 布伦纳:《资本主义发展的起源:对新斯密派马克思主义的批判》(Brenner, 'Capitalist Development'),第75页。

[3] 马克斯·韦伯:《经济通史》(Weber, *General*),第251页。

[4] 马克斯·韦伯:《新教伦理与资本主义》,第174页。

史当成"大转型"的核心例证。[5] 如果我们能够解释：资本主义为何在英格兰出现并得以发展，尤为重要的是，如果我们能够解释，是什么将英格兰和欧洲其他地方区别开来，允许这种成长；那我们就以某种方式理解了"欧洲奇迹"。

为了解决这个问题，人们做出了一些更加杰出的努力。我们可以来看一看这些努力。马克思处理了资本主义得以浮现的原因，他的处理令人着迷，但最终并不令人满意。他富有技巧地表明这一转变是如何发生的，也展现了这一转变的许多前提。但是，这一转变为什么出现在那时候，又为何出现在那里？他完全避开解答这个问题。这是一个假设的转变，马克思分析了它的一些核心特征。其中一个核心特征是：通过破坏一个依附性的农民阶层，一种"自由"劳动力被创造出来。市场力量的扩张、金钱、为交换而非为即刻消费而生产便与此相关。所以，增长中的贸易和商业就被看作主要驱动力之一："商品流通是资本的起点……资本的现代史开始于16世纪世界商业与世界市场的创建"[6]。但是，远距离贸易在数个世纪之前就已经出现，并且以地中海为中心。贸易为何突然具有这种破碎的效果呢，以及为何其首要目标是西北欧呢？对于《资本论》中的分析，以及内在冲突必然导致此前社会形态瓦解的神秘理论，我们可以看看他的其他著述。

在《政治经济学批判大纲》中，马克思列举导致资本主义爆发的助燃因素。这些因素包括金钱，以及更为具体地说，"商业与通过高利贷盘剥获得的财富"。但是，金钱、城市手工业活动与城

---

[5] 波兰尼：《大转型》（Polanyi, *Great Transformation*）。
[6] 马克思：《资本论》第1卷（Marx, *Capital*, I），第145页。

镇已经在许多文明中出现。那么，为何它们只在西欧导致了资本主义的成长呢？马克思的确提供了一些更为深入的线索。资本主义的一个核心基础是，既存的乡村社会结构允许农民阶层"获得自由"。易言之，既存生产关系具有某种特别的脆弱性。封建主义的基座源于"日耳曼体系"。对新都市技艺的发展以及财富的积累而言，封建主义的基座尤其脆弱。日耳曼体系的关键特征是其财产形式。在古代和亚细亚文明中，我们找不到任何个体的、私人的财产。但是，在日耳曼社会中，一些新且古怪的事物浮现出来。在这一时期，没有哪块土地仍然保留为社区或群体的占有物。根据马克思，人们在中途就从社区财产权转向了以房屋为基础的半个人化的财产权。为了完成后一半的运动，人们仍需花费一千年时间。易言之，封建主义内部存在某种特殊的隐蔽的精神。这也在其他评论中得到了暗示，例如，"资本主义社会的经济结构从封建社会的经济结构中生长出来。后者的瓦解使前者的诸多因素获得解放"。[7]"解放"之喻表明，马克思认为，在资本主义浮现之前，资本主义精神就已经产生了。

关于资本主义的浮现，韦伯考虑了许多可能的解释。他拒绝了粗糙的技术论和唯物主义解释：殖民地贸易、人口增长、贵金属的输入。他继而孤立了某些必要但不充分的"外在条件"，即欧洲独特的地理环境、廉价的水上运输、对小国有利的军事需求、极为富裕之人口对奢侈品的巨大需求。最终，重要的不是这些外在因素，而是某些更为神秘的因素。伦理、追求利益的正当性才

---

[7] 马克思：《资本论》第1卷，第668页。

是重要的。他在一个悖论中找到了这一根源。新态度正在等待逃逸。韦伯自己就对此悖论做了归纳。"最终结果是一个独特的事实，即我们必须在这样一个地域寻找现代资本主义的基因，在那里，一种不同于东方和古典时代的理论获得了官方的主导地位，而且，它在原则上对资本主义怀有强烈的敌意"。[8]这个地域就是中世纪的基督教世界。

我们可能注意到，韦伯在这里使用了"官方的"（offcially）这一表述，他的这一用法也暗示了潜在的、非官方的行为。在赋予基督教"一种实质上祛魅的宗教品格"时，犹太教是一个重要的背景性特征。[9]但是，清教主义的出现至关重要。清教主义不是资本主义的原因，但它给予更加古老、更加深刻之趋势一种必要的保护。它是一种提供可行性条件的力量。韦伯在许多地方表明了这种清教观，认为清教主义为幼嫩植物遮风挡雨，使之能够生长壮大。例如，当他写下，清教徒观点"是现代经济人的摇篮"173时，他展现出来的意象不是一个分娩的母亲，而是一位朋友，或许还是一位支持或祝福新生婴儿的教父教母。尤为特别的是，韦伯写道，"无论如何，我们都无意维持这样一个愚蠢且教条式的论题，认为资本主义精神……只能作为宗教改革的结果出现，甚至，作为一种经济体系的资本主义是宗教改革的创造"。[10]资本主义的许多方面都古老得多。正如本迪克斯（Bendix）对韦伯立场的归纳，"然后，这一世界性的历史转变并非清教主义的结果；然

---

[8] 马克斯·韦伯：《经济通史》，第162页。
[9] 同上书，第265页。
[10] 马克斯·韦伯：《新教伦理与资本主义》，第91、174页。

而，在过去很长的时间里，有些趋势就令欧洲独具特色，这些趋势得到了强化，清教主义正是它们一种晚近的发展"。[11]

关于英格兰为何应该是资本主义的摇篮，韦伯提供了一些具有启发性的线索。在英格兰，农民阶层具有一种独特的地位。在英格兰，农民尤其虚弱和脆弱，因为，作为一个海岛，国王和贵族不需要他们成为必不可少的战斗力量。"所以，在英格兰，无人听闻农民保护政策，它也成为经典的驱逐农民之所"。他注意到，在英格兰：

> 合法的农民解放从未出现。在查理二世治下，农奴制被废除，除此之外，中世纪的体系仍在正式地发挥效力……在英格兰，市场发展这一事实就从内部破坏了庄园制。根据与环境相适应的原则，为了支持地主，农民的财产就被征用了。农民有了自由，却没有了土地。

然而，在法国，"事件的经过恰好相反……与英格兰相反，法兰西成为一片由诸多小规模和中等规模农场构成的土地"。[12]这不仅反映出，英法农民具有不同的力量，它也表明，英格兰因财富而来的压力更大一些。韦伯论证，因为一种特殊生产方式的快速发展，英格兰羊毛工业带来了劳动分工、商业与大规模投资的增长，使佃农变得虚弱而且多余。英国织布工业自14世纪以来的大规模增

---

[11] 莱因·本迪克斯:《马克斯·韦伯思想肖像》(Bendix, Max Weber)，第71—72页。

[12] 马克斯·韦伯:《经济通史》，第85—86、129页。

长意味着，一个新的资本主义阶层出现了。这与"资产阶级"以及北欧特定城镇中自由居民的成长结合在一起。

韦伯非常巧妙地把一些宗教、经济和社会因素编织在一起，他的确没有忽视政治与法律维度。他论证说，"在理性国家的意义上，国家只存在于西方世界"。他对比了这种西方国家与中国、印度和伊斯兰的神权、父权以及其他传统政府体系。对资本主义而言，国家是实质性的；"现代资本主义只有在理性国家才会变得繁荣，这一点颇为不同。"理性国家的基础是理性的法律。在这里，韦伯认识到另一个悖论。罗马法最"理性"，亦即它是经过最细致的编纂而产生，具有法律体系的逻辑一致性。然而，讽刺的是，在一个没有罗马法的欧洲地区（即英格兰），资本主义却最为繁荣。韦伯很巧妙地化解了这一矛盾。他区分了法律的形式（用现代术语而言，即"程序的"或"形容词性的"法律）与内容（或"实体法"）。所以，"现代西方国家的理性法……在形式上源于罗马法，尽管在内容上并非如此"。然而，既然"英格兰，资本主义的家乡从未接受罗马法"，那么很清楚的是，"实际上，所有现代资本主义制度都有罗马法之外的渊源"。韦伯给出了一张列举这些机制的清单。"年金债券……源于中世纪法，日耳曼法律观念在那里扮演了它们的角色。与之类似，股权证明兴起于中世纪和现代法……类似的还有汇票……商业公司也是中世纪的产物，抵押、证券登记、信托契约也是如此。"[13]

---

[13] 马克斯·韦伯：《经济通史》，第249、250、251、252页；关于对马克思与韦伯观点更长篇幅的阐述与批评，参见巴赫勒：《资本主义的起源》（Baechler, *Origins*），第1、2、3章。

我已经对马克思和韦伯颇费了一番笔墨，因为他们几乎预见到后来出现的所有理论。尽管他们没能解决这一问题，但是，后来的作家是否达到接近解决方案的程度，也令人怀疑。我们可以考虑一些晚近的尝试，尤其是致力于回答如下问题的那些尝试：奇迹为何出现在西北欧。布罗代尔对资本主义与物质生活做出了宏大壮阔的考察。在他的考察中，布罗代尔总体接受，转型不可避免，并回落到韦伯未加考虑的那些物质和技术因素上来。[14] 我们假设，种子已经出现，只需看着它们成长即可。马克思与韦伯拥有的奇迹与独特性感受已经消失了。最近，安德森写了一本大部头著作，试图解决这些问题。但是，他的努力并不比那些伟大的理论家们更加深入。例如，他对核心案例（英格兰）的处理就不令人满意。安德森承认，"总体而言，英格兰的封建君主比法兰西的君主远为强大"，然而，"西欧最强大的中世纪君主制却产生出最虚弱最短命的绝对王权"。英格兰应该经历了一个"绝对主义"阶段，对安德森而言，这看起来是实质性的；它是资本主义的前提。然而，他显然未能表明，这样一个阶段出现过。他承认，大部分更加激进的都铎王朝的举措未能付诸实施，他们也缺少一支常备军。尽管他认为，都铎君主制"内在地趋向于"欧陆的"绝对王权"模型，但是，环绕王座的近臣属于一个独特的土地所有者阶层，"他们具有非同寻常的庶民背景，经营商业，隶属平民阶层"。结果，这个国家"只有规模很小的官僚机构、有限的财政，没有常备军（permanent army）"。然而，按照安德森，庞

---

[14] 布罗代尔：《资本主义和物质生活，1400—1800》（Braudel, Capitalism）。

大的官僚机构、繁重的税赋和一支常备军是绝对王权的三个核心标准。在英格兰,"君主制的强制和官僚机器仍然身材纤细"。[15] 看起来,这样一个英格兰几乎不会适合绝对王权斗篷。[16]

按照他的普遍模型,资本主义革命具有两大实质性前提,即绝对王权与罗马法。然而,他未能表明,英格兰具有这两大前提中的任何一种,这迫使安德森回落到一种改头换面的,马克思关于农民征用的理论视野,并夹杂了大量的"自然趋势"。贸易与制造业成长起来,农民阶层就从社会中剥离出来,他们柔弱,遭到内与外的双重摧毁。我们不能更进一步了。

讨论中最有趣的发展出现在布伦纳的两篇文章中。在第一篇文章里,他表明了,对资本主义兴起做出的地理解释并不充分,拉杜里(Ladurie)和波斯坦的著作尤为如此。通过交叉比较分析,布伦纳表明,同一种主要的人口统计学压力在西欧与东欧产生了完全不同的结果。解释也不存在于它们自身的贸易与商业中。马克思认为,解决办法就在生产关系之中:"阶级关系与力量的结构决定了,具体的人口统计学与商业变化将以什么方式,在何种程度上影响收入分配与经济增长的长久趋势,反之则不然"。[17] 那么,他的理论是什么呢?西欧与东欧的不同轨迹源于如下事实:在西欧,农民阶层已经颇为强大,不会像东欧的农民阶层那样走

---

[15] 佩里·安德森:《绝对主义国家的系谱》(Anderson, *Lineages*),第113、127、129页。

[16] 我最近发现朗西曼(Runciman)也做出了这些批评,参见朗西曼:《比较社会学还是叙事史?》(Runciman, 'Comparative Sociology'),第169—170页。

[17] 布伦纳:《前工业化欧洲的农业阶级结构和经济发展》(Brenner, 'Agrarian'),第31页。

向再封建化。但是，经由英格兰案例的检测，这一普遍路径让他遭遇了许多问题。

正如韦伯所见，人们通常认为，英国农民阶层的虚弱导致了它的毁灭。布伦纳的论题使他走向一个对立面。在英格兰，农民阶层既虚弱又强大。他们的力量使他们消灭了自己。在走向消失的同时，他们也在进行着征服。"在英格兰，正如在西欧大部分地方，到15世纪中期，通过迁徙与反抗，他们能够打破对其流动性的确切的封建控制，赢得完全的自由。"然而，令人奇怪的是，他们在英格兰没有赢得经济安全，在法国却赢得了。他们没能成功地让自己附着在土地上，成为强大的持有地产的农民阶层："正是经典的地主-资本主义佃农-工资劳动者结构的浮现才使英格兰农业生产的转变成为可能，随后，这也是英格兰在经济发展中获得成功，独树一帜的关键"。在这里，布伦纳努力在两大论证中占得上风。农民阶层颇为强大，反抗了地主，没有再次成为农奴。另一方面，他们又很虚弱，走向消亡。"看起来，在法国，农业转型对比强烈的失败的直接原因是：有地农民的强大力量一直持续到现代早期，在英格兰，它却遭到瓦解。"[18]这一解释既无连续性，也不令人满意，因为英格兰的生产关系性质独特，它没有处理其独特性的原因。这一处境是如何浮现的，其独特性的确切原因是什么呢？

第一篇文章令人激动，在对它的回应中指出了弱点，但没有进一步深入。所以，克鲁特（Croot）和帕克（Parker）同意，布

---

［18］ 布伦纳：《前工业化欧洲的农业阶级结构和经济发展》，第61、63、68页。

伦纳指出了社会结构中的重要变化与差异。但是，他们认为，"对这些关系的出现与否，他做出的解释并不令人信服"。[19]不幸的是，除了强调一两个因素（例如英格兰小农［约曼］的重要性），这些作家不能提供一种更好的解决办法。与之类似，博伊斯（Bois）同意，"在从封建主义向资本主义的转型中，乡村扮演了一种决定性的角色"。但是，他也没有提出比布伦纳更合理的解释。他指向了英国与法国"封建主义"之间的差异。根据博伊斯，英法"封建主义"至少从13世纪起就走向殊途[20]，但无人追随这一重要洞见。

在第二篇重要的文章中，布伦纳批驳了另一个理论家群体，亦即"新斯密派马克思主义者"：弗兰克、斯威齐（Sweezy）与沃勒斯坦（Wallerstein）。他表明，如下观点正是这一切论述的基本前提：资本主义浮现以前，它就已经在那里了。例如，有人告诉我们，"很明显，斯威齐的错误在于，仅仅因为广泛的市场交换，他就假设，在一种并不存在资本主义社会生产关系的境况中，资本主义理性规范发挥着作用"。同样，"嵌入在斯威齐分析中的斯密派理论……十分清楚"，沃勒斯坦在《现代世界体系》(Modern World System)中对之加以援引，"将之带到它的合乎逻辑的结论中"。[21]布伦纳乐于表明，这些马克思主义者发自内心地追随亚

---

［19］ 克鲁特、帕克：《农业阶级结构与农业发展》(Croot and Parker, 'Argrarian')，第45—46页。

［20］ 博伊斯：《反对新马尔萨斯正统观念》(Bois, 'Against')，第62、65页。

［21］ 布伦纳：《资本主义发展的起源：对新斯密派马克思主义的批判》(Brenner, 'Capitalist Development')，第45、53页。

当·斯密。他没能指出,他们也是马克思主义者。正如我们在更早的时候看到的,马克思自己也需要相信,在资本主义出现之前,资本主义盈利动机就已经存在,其基因就已经出现了。布伦纳再次清理了甲板,但没有提供任何选项。他后来对批评者做出回应,阐述了早先的立场,但没有更进一步提出一种解决办法。[22]

两种更晚近出现的理论颇值得我们注意。第一种理论认为,欧洲在政治上的分裂使欧洲的发展成为可能。然而,统一的印度与中华帝国碾碎了一切经济进步,"一种扩展到整个西欧的政治秩序并不存在,其结果是……市场的持续扩张"。所以,巴赫勒的主要结论是,"经济效率最大化的第一个条件是市民社会针对国家的解放。当一个单一文化地域分裂为许多主权政治单位时,这个条件就得到了满足。"欧洲就是如此。[23]霍尔把它当成著作主题,有力地重述了这一论题。他为之补充了基督教扮演的重要角色,基督教"使欧洲维持在一起……因为人们感到他们是一个单一共同体的构成部分,所以市场是可能的"。[24]再说一次,如果这些不是充分解释的话,那它们就是必要的解释。

所以,我们现在对这些问题就有了更为清晰的理解。这些问题是:在早期现代,资本主义为何浮现,并在西欧部分地区赢得胜利。为什么是这个地区,尤其是为什么是在英格兰呢?我们也知道不要去追求什么:城镇、人口增长、海外贸易、殖民主义、贸易与市场的成长、技术都是必要的,但不是充分的原因。我们

---

[22] 布伦纳:《欧洲资本主义的农业根源》(Brenner, 'Roots')。

[23] 巴赫勒:《资本主义的起源》(Baechler, Origins),第 73、113 页。

[24] 约翰·霍尔:《权力与自由:西方崛起的原因与后果》,第 115、123 页。

知道，一个独特的宗教的构成部分、一个统一、理性的国家，一种新型的法律，它们都很重要。基督教的公共文化将许多小型主权政治单位维系在一起，它也很重要。总而言之，我们知道，它不在这些特征当中，但是，按照经济、政治、法律和宗教彼此关联的方式，答案很可能就在其中。进而言之，我们有线索表明，欧洲内部拥有一些关键的差异，尤其是在英格兰和其他欧洲国家之间。现在，针对这些问题，我们可以为其中的一些找到答案，现在，我就要转向一种可能的解决方案。

人们广泛认为，资本主义的出现与一种预先存在的被称为"封建主义"的社会形式关联在一起。两位对此观点最具影响力的支持者是梅因与马克思。对梅因来说，封建纽带构成了最重要的变革的基础，即从以身份（亲属）为基础的关系变成以契约为基础的关系。他写道，在封建主义中，"共同的亲属观念几乎完全丧失。由举荐产生的领主与诸侯之间的关系大不同于由血亲产生的那类关系"。[25] 他把一种现代私人财产的起源追溯到新封建纽带上。[26] 梅因认为，长子继承制象征着不可分割的、内在的个人财产权，并将之奉若神明，现代社会的核心特征就是这种个人财产权。封建主义就与之联系在一起："在古代世界，在没有经历封建主义淬炼的那些社会中，看似已经四处蔓延的长子继承制从未把自己转变为后期封建欧洲的长子继承制"。[27] 梅特兰拣选了梅因的根本洞见的暗示。"有位大师告诉我们，'迄今为止，进步社会的

---

[25] 梅因：《早期制度史讲义》，第 86 页。
[26] 同上书，第 115 页。
[27] 梅因：《古代法》，第 237 页。

运动就是一个从身份到契约的运动',这位大师又迅速补充说,封建社会受到契约法的统治。这里并无悖论"。[28]

我们已经看到,马克思也认识到,资本主义只能从一种解体的封建主义中浮现出来。在封建体系中(与亚细亚和原始的体系相反),具有实质意义的离婚已经出现,这种离婚是少数人拥有私有财产的前提。"在实质性意义上,封建的土地财产已经是供人支配,由人让渡的土地了。"[29]当梅因和马克思强调财产概念中的变化时,韦伯则注意到了其他的意识形态上的变化。亲属情感不再处于支配地位;以身份为基础的对家庭的忠诚也最终变成一种以契约为基础的纽带,变成领主效力的政治决断。根据本迪克斯的说法,韦伯论证说,"在西欧与日本,忠诚与身份荣誉以特定的封建方式结合起来,成为影响所有社会关系的基本观点"。[30]正是以这些观点为基础,大部分论述资本主义兴起的主要理论家——安德森、布伦纳、巴林顿·摩尔——把资本主义看成是一个至关重要却又短暂的阶段。然而,如果这是真的,那么仍然有些困惑有待解决。首先,为何在欧洲不同地方,尤其是在英格兰与大部分欧陆地区之间,封建主义会产生如此不同的结果?其次,封建主义又是如何瓦解的呢?

为了更进一步,我们需要确立一种关于何谓封建主义的理想型模式。对梅因而言,长子继承制的性质才是核心特征。非常粗

---

[28] 波洛克、梅特兰:《英格兰法律史》第2卷,第232—233页。

[29] 马克思:《社会学和社会哲学选集》(Marx, *Writings*);布洛赫:《封建社会》第2卷(Bloch, *Feudal Society*, II),第455页。马克思与布洛赫也注意到,封建主义以契约为基础,而非以身份为基础。

[30] 莱因·本迪克斯:《马克斯·韦伯思想肖像》(Bendix, *Max Weber*),第364页。

略地说，经济与政治并不像把它们区分为不同领域的资本主义那样，它们并未分开。封建主义"混合或混淆了财产与主权"[31]，因为在某种意义上，每个庄园主既是一位国王，也是一个地主。政治权力与经济权力都由同一个链条授予。在更狭隘的经济与法律意义上，第二个特征是认知不同所有权或占有分层的能力："封建概念的首要特征是它对双重所有权的认知，采邑领主的最高所有权与佃农较低的财产权共存。"[32]

在诸多著述中，马克思将封建主义描述为传统的巨幅经济画卷，认为它是一个缺乏流动的、大体自给自足的"农民"社会，并且具有一种所有权的等级结构。在那里，劳动分工程度较低，生产主要是为了使用，农奴也受缚于他们的领主。[33]或许，韦伯最重要的洞见是他的如下认知，即封建主义构成了一种不同的政治体系。葛斯（Gerth）和米尔斯（Mills）将其观点归纳为：

> 根据对军事暴力手段的私人占有（自我装备的军队），以及对行政管理手段的共同拥有，韦伯对封建主义进行了归纳。"统治者"不能垄断行政与军事，因为他必须把这种垄断所必需的工具授予那些享有特权的群体。随着时间的流逝，后者就逐渐"拥有了"他们自身的权利。[34]

---

[31] 梅因：《古代法律与习惯》（Maine, *Early Law*），第148页。

[32] 同上书，第295页。

[33] 马克思：《社会学和社会哲学选集》，第128页；马克思：《资本论》第1卷（Marx, *Capital*, I），第316页；马克思：《前资本主义的经济形成过程》（Marx, *Pre-Capitalist*），第46页。

[34] 汉斯·葛斯、赖特·米尔斯编：《马克斯·韦伯：社会学论文集》（Gerth and Mills, *Max Weber*），第47页。

易言之，那里存在一种政治与法律的去中心化。在这个世界上，中心难以维持，唯有无政府状态得到了释放。他再次提到了军事、政治、法律与经济权力都熔铸在同一个授权铁链下。在这个意义上，封建社会是一个前国家社会；人民不是公民，而是特定领主的奴仆。

布洛赫提出了最具影响力的封建主义模型。他再次重点强调了封建主义的军事、政治和法律特征，而非其经济与财产方面。他对这个模型的核心特征总结如下："一个臣服的农民阶层；广泛使用提供服务的租地（例如采邑），而非奴隶；一个专门的武士阶层享有至高无上的地位；在武士阶层内部，服从与保护的纽带把人与人捆绑在一起，确保了所谓家臣的特殊形式；权威的碎片化不可避免地导致混乱；以及在所有这一切当中，其他联合形式，家庭与国家也以不确定的方式保存下来"。在他对公元1000年前后欧洲司法体系的描述中，他对分裂状态做了很好的阐发。"首先，我们可能会注意司法权力的巨大分裂；其次，它们彼此之间的联系混乱不堪；最后，它们还缺乏效率。"我们最好采取某些方式，消极地定义封建主义。它不是以亲属为基础；"当亲属纽带被证明不够充分时，封建纽带很可能就得到了发展。"尽管以家庭纽带为模型，这却是一种契约关系，而非身份关系。封建主义也不是一个国家体系。"再说一次，尽管人们坚持认为公共权威观念层垒于众多小权力之上，封建主义却与国家的一个根本弱点恰好相符，在其保护性权力中尤为如此。"[35] 根据布洛赫的观点，这一奇

---

[35] 布洛赫:《封建社会》第2卷，第358、443、446页。

怪而独特的体系是一个转型阶段，日耳曼人入侵产生的纷扰导致罗马人与日耳曼人走向融合，从而打破了古老的模型。例如，冈绍夫（Ganshof）就强调政治的碎片化。他认为，封建主义具有四大规定性特征，其中之一是"政治权威分散在个人的等级结构中，这些人使用着通常被认为属于国家的权力，使之服务于自身利益，并且，权威的分散实际上源于它的分裂"。[36]

我们可以提供一种关于封建主义的最终描述。梅特兰曾经感叹定义封建主义之难："一个不可能完成的任务设置在封建主义这个单词之前，这就是，用一种观念呈现一大段世界史，呈现从8（或9）—14（或15）世纪中，每个世纪的法国、意大利、德意志、英格兰。"[37]结果令人困惑，梅特兰努力把情况阐述清楚。正如梅因强调的那样，封建主义的核心特征是所有权的奇怪的混合，是经济与政治的混合。封地、采邑或封地是：

> 国王用自己的地产做成的土地礼物，是在一个特殊的效忠义务下出现的受让方……为了表达因此创造的权利，人们就发展出了一系列技术性术语：受益人或封臣持有领主（授予者）的土地——A保有B的土地（*A tenet terram de B*）。如其表明的那样，完整的土地所有权（*dominium*）就在A与B之间分裂开来；或者，再一次，封臣可能会同意，部分土地由另一人持有，土地所有权就在A、B和C之间分裂开来，如此以至无穷。[38]

---

[36] 冈绍夫:《何为封建主义》（Ganshof, *Feudalism*），第xv页。

[37] 波洛克、梅特兰:《英格兰法律史》第1卷，第67页。

[38] 梅特兰:《英格兰宪政史》（Maitland, *History*），第152、153页。

梅特兰认为,"封建主义最突出的品质"是如下事实:"据说,在几种稍有不同的含义上,许多人可以拥有或持有同一片土地",[39]但是,那里存在诸多同等的品质和实质性特征。封建主义不只是一个土地持有体系,而是一个统治体系。当许多人已经把"引入军事职位"视为"确立封建体系"时,事实上,"与领主正义相比,军事职位就只是一个表面上的问题,是诸多效果之一,而非一个深层次的原因"。[40]他把"掌握在私人手中的领主法庭"描述为"封建主义最实质的特征"。[41]在梅特兰著作的其他地方,公共权力与财产,以及私人权力与财产的浮现得到了很好的展现。英格兰律师布莱克顿了解了"私人"与"公共"之间的差异,但"他很少使用这种差异"。这是因为"封建主义……是对这一区别的否定。在封建主义理想得到完全实现时,我们所谓的公法全都从私法中浮现出来:司法是财产,官职是财产,亲属关系自身也是财产;**土地所有权**(dominium)这个词现在既意味着对财产的**拥有**(ownership),也意味着**统治**(lordship)"。[42]

尽管我们已经对梅特兰做了广泛的征引,但是,通过更加深入的刻画来归纳其封建主义理想型的观点仍富有裨益。这是对封建主义本质的一种精辟概括,许多特殊的体系可以据此得到衡量。它表明,经济与政治这两个部分一起得到了处理。封建主义是:

---

[39] 波洛克、梅特兰:《英格兰法律史》第 1 卷,第 237 页。
[40] 梅特兰:《末日审判书及其他》(Maitland, *Domesday Book*),第 258 页。
[41] 波洛克、梅特兰:《英格兰法律史》第 1 卷,第 68 页。
[42] 同上书,第 230 页。

一种社会状态。在这种社会状态中,主要纽带是领主与人们之间的关系。这种关系暗示了领主一方的保护与防御,人民一方的保卫、服役与尊敬,服役包括了军役。这一私人关系完整地包含在所有权关系,即土地之保有中——一个人持有领主的土地,他的服役就是一种土地之上的责任,领主对土地拥有重要权利,并且(我们可以说)完整的土地所有权就在这个人和领主之间分割开来。领主对他的人拥有司法权,为他们主持法庭,他们则到这些法庭进行诉讼。司法被认为是财产,被认为是领主在其土地上拥有的私人权利。国家组织就是一个这些关系的体系:国王是所有人的领主,位于其头部;他的直属封臣或总佃户(tenants in chief)位居他的下方,总佃户又是佃户的领主,这些佃户又是另一些佃户的领主,如此直到最低一级佃户。最后,正如每个其他法庭都由领主的佃户构成,国王的法庭也由他的佃户构成,既然在宪制上存在着对国王的控制,那么控制就是由这些佃户群体做出的。[43]

我们努力用理想型的方式清理出孕生资本主义的社会形式,这就使我们的努力得以完成。

---

[43] 梅特兰:《英格兰宪政史》(Maitland, History),第143—144页。关于封建主义的含义,以及尝试对它做出的定义,在更为晚近的研究中,我们可以参看冈绍夫:《何为封建主义》,第 xv 页;赫利希:《封建主义史》(Herlihy, History of Feudalism),第 xviii—xix、xxiii、207页;布朗:《封建主义的起源》(Brown, Origions of Feudalism),第19、20、23页;杜比:《欧洲经济的早期增长:7至12世纪的战士和农民》(Duby, Early Growth),第162页。以上专著补充了细微与深度,在我看来,它们并未超越梅因、布洛赫与梅特兰的洞见。

现在，各种各样的事情都变得清晰了。资本主义的浮现不仅要求一种特别的地理、宗教与技术的综合，而且，尤为重要的是，它也需要一种特别的政治经济体系。这由封建主义提供。然而，许多难题仍然有待解决。其中一个难题处在总体性悖论中。正如布洛赫/梅特兰模型中的描述，从许多方式来看，封建主义都不是资本主义的适当基础。首先，它依赖经济与政治的融合，如果资本主义要取得胜利，这种融合就要被打破。当然，现代市场不得不依赖一种独特的政治框架；但是，对资本主义而言，若要变得繁荣，经济就必须获得一种巨大的自主性。它必须得到解放。如果经济关系只是得到完全发展的权力的一个附属性方面，资本主义就不能浮现出来。其次，政治体系就必须走向融合，变得集中。现代"国家"是资本主义的一种必要的伴随物。在这种程度上，安德森对绝对王权必要性的强调就是正确的。然而，封建主义高于一切的、确切的特征就是国家的解体、中央集权的丧失。这些难题又与一个更为具体的问题联系在一起。人们广泛认为，封建主义是一种覆盖了西欧大部分地区的现象。为什么封建主义在英格兰最先瓦解，转变为资本主义呢？幸运的是，看起来，我们可以在同一个方向找到所有这些难题的答案。

过去与现在的许多观察家都假设，整个欧洲，尤其是西北欧大部分地方都经历了一个类似的"封建"阶段。在勾勒出与"解体国家"描述一致的封建无政府状态之后，休谟指出了"欧洲封建政府中间最大的相似性"。[44]托克维尔描述了"我如何有机会学

---

[44] 休谟:《英国史：从尤利乌斯·恺撒入侵到1688年革命，1754—1761》(Hume, History)，第20页。

习中世纪法国、英格兰、德意志的政治制度，在这项工作中，我获得的进步越大，我就越发地为我在所有这些法律体系中发现的惊人的相似性而震惊"。阐明相似性之后，托克维尔总结道，"我认为，我们可以持有这样的观点：与我们的时代相比，在14世纪，欧洲的社会、政治、行政、司法、经济与文学机制甚至具有更多相似性"。[45]马克思大体上接受了这种观点，论证说英格兰是一个真正的封建社会，实际上是最具封建色彩的社会："在形式上，引入英格兰的封建主义比在法国自然成长起来的封建主义要更加完备"。[46]如果这种观点是正确的，那么困惑就仍然存在。但我们仍有理由对之表示怀疑。

看起来，韦伯已经认识到，英格兰封建体系在某个方面有所不同。韦伯区分了传统社会中的两种主要的政府形式，即家产制与封建主义，然后，韦伯认识到，英格兰并不精确地符合任何一种形式。有人告诉我们，"他把英格兰当成是一个边缘性的案例，家产制与封建因素不可避免地混合在一起"。[47]皇权通过那些古老的享有爵位的家族进行统治，在这些家族里，英格兰具有强大的，去中心化的力量，但是，诺曼人也为之赋予了一种强大的核心权力——国王的大臣与法官。

有人怀疑，英格兰具有一种特殊的封建主义形式，布洛赫的著作更加强化了这种怀疑。匆匆浏览一过，我们就可以认为，布

---

[45] 托克维尔：《旧制度与大革命》(De Tocqueville, *L'Ancien Régime*)，第18—19页。

[46] 马克思：《前资本主义的经济形成过程》，第88页。

[47] 莱因哈特·本迪克斯：《马克斯·韦伯思想肖像》(Bendix, *Max Weber*)，第358页。

185 洛赫论证了：在中世纪早期，英格兰就是一个普通的"封建"国家。布洛赫写了封臣的内容，他注意到，英格兰"已经按照欧陆模式封建化了"。他论述说，英格兰也是一个具有"一种排外性的封闭的封建国家……"，"在某些方面……没有哪个国家比它还具有更加彻底的封建性"。[48] 然而，如果我们更近切地观察这些评论的语境，就能够看见，布洛赫意识到了英格兰封建主义的特殊本质。

布洛赫注意到了英国政治与社会体系的中央集权化与一体化。这与封建主义的主要特征，国家的分权、分裂与分化完全相反。当他比较英格兰与法国时，两者之间的对比就呈现出来：

> 英格兰拥有《大宪章》。在 1314—1315 年，法国将宪章授予诺曼人、朗格多克人、布莱顿人、勃艮第人、皮卡德人、香槟人、奥弗涅人、西部的巴斯·马尔谢人（Basses Marches of the West）、贝里人、讷韦尔人（Nevers）。英格兰拥有议会。在法国，各省的庄园总是更加频繁地召集会议，总体上也比三级会议（States-General）更为活跃。英格兰通行普通法，几乎没有地方上的例外。法国则混杂了大量地方"习俗"。[49]

所以，英格兰是一体化与中央集权的，法国则是多元且地域化的。布洛赫论证说，"因为公共职能在采邑内并不完全统一，与所有欧

---

[48] 布洛赫：《封建社会》第 1 卷（Bloch, *Feudal Society*, I），第 232 页；《封建社会》第 2 卷，第 383、430 页。

[49] 布洛赫：《封建社会》第 2 卷，第 425—426 页。

陆君主国相比,英格兰在更早的时候就是一个真正统一的国家"。进而言之,英国议会体系具有一种"独特的品质,它如此鲜明地将英格兰与欧陆'庄园'体系区分开来。这与富裕阶层在权力上的合作相关联,这是英国政治结构的重大特征"。[50]

布洛赫注意到其他的核心差异。"高等正义与低等正义之区分总是外在于英国体系"。[51]保有完整所有权的庄园普遍存在于欧洲大陆,它们阻止了对土地的封建保有渗透到社会底层。它们在英格兰却被彻底根除,在英格兰,所有土地最终都持有在国王手中,任何臣民都不能对之拥有完全的所有权。在大征服之后,英格兰颇为例外地没有惩罚私人争斗,从而避免了在法国颇为典型的非一体化的无政府状态。[52]的确,据称,英国封建主义"在社会结构中拥有某种客观教训的价值",这不是因为它是封建社会的典型,而是因为它表明,"在一种具有多方面同质性的文明中,某些创造性观念受到既定环境的影响,如何逐渐成型,创造出一种完全原创的法律体系"。[53]这种"完全原创的法律体系"为资本主义的兴起提供了钥匙。但是,这个体系的秘密是什么呢?为了解决这一难题,我们既有必要理解封建主义的本性,也有必要深刻认识到,英格兰体系如何运作。我们就需要梅特兰来陈述英国封建主义的实质悖论,并解决这一悖论。

---

[50] 布洛赫:《封建社会》第2卷,第371、430页。

[51] 同上书,第370页。

[52] 布洛赫:《封建社会》第1卷,第128页。

[53] 同上书,第274页;关于英格兰封建体系的独特性的后续认识,参见冈绍夫:《何为封建主义》,第67、164—166页。

梅特兰评论说,当我们讨论封建主义时,"我们已经学会看到巨大的差异与令人惊讶的相似性,从而对国家与时代进行区分"。所以,"如果我们现在谈论封建体系,就应当充分理解,法国封建主义与英国封建主义大为不同,13世纪的封建主义与11世纪的封建主义大为不同"。对英格兰而言,"我们有可能坚持认为,在所有国家中,英格兰的封建化程度最高,但在那个问题上,其封建化程度最低"。[54] 当我们记住我们用来衡量封建主义的核心原则时,这个悖论就迎刃而解了。布洛赫也注意到,根据土地法,英格兰是最完全的封建社会。一切土地的保有都是封建式的。梅特兰写道,"封建主义只是财产法,就此而言,在所有国家中,英格兰的封建化最为完全"。所以,"由于诺曼征服,在这个国家里,部分理论就得到前后一贯地执行,其严厉程度前所未有;每一寸土地都被整合进佃领地理论中:英格兰真实的财产法就变成一种封建佃领地法。在法国,在德国,我们可以找到自主地所有者:在英国却找不到"。例如,"绝对、不妥协的长子继承制形式通行于英格兰,它不属于普遍的封建主义,但属于一种高度中央集权化的封建主义。在这种高度中央集权化的封建主义中,对于最强大的封臣的权力,国王没有多少恐惧"。[55] 所以,根据佃领地,英格兰就是最具封建色彩的社会,马克思也没有错。

另一方面,甚至在公法、私法和政治权力更加重要的范围内,亦即,从政府的角度来看,英格兰走向了一个特殊的方向,走向

---

[54] 梅特兰:《英格兰宪政史》(Maitland, *History*),第143页。

[55] 波洛克、梅特兰:《英格兰法律史》第1卷,第235页;梅特兰:《英格兰宪政史》,第163—164页;波洛克、梅特兰:《英格兰法律史》第2卷,第265页。

了中央集权，而非国家的分化。梅特兰指出，"我们的公法不会成为封建式的；封建主义的力量都受到其他观念的限制与掣肘；公共权利、启蒙的公共义务尚未得到认知，也不能仅仅被认为是常人与领主之封建契约的结果。"梅特兰勾勒了这一公共封建主义限制的主要特征。"首先，在保存了佃客纽带的常人之间没有任何政治纽带，它绝不能成为法律……每当人们向任何中间领主效忠时，佃客都明确地保存了这样一种信念，即他是为了国王而感谢其领主"。[56]所以，如果一个人为了领主与国王作战，他就不是在恪尽封建义务，而是在谋逆叛乱。重大主题不能从这一体系中获得证成。这一点如此重要，以至于梅特兰以不同的方式对之进行阐述。

"英国法从来没有承认，任何人有义务为领主而战……私人的战争从来就不合法——它是一种犯罪，是对和平的违反。"一个人如果遵照领主的命令"反对"任何人，他几乎不可能不犯有"重罪"。梅特兰写道，"普通法、皇室法与国民法占据了封建主义的核心要塞"。为了充分展示其独特性，梅特兰告诉我们，"你应该看一看法国史，在争斗中，封臣必须追随他的直属领主，甚至反对国王，这的确被视作法律"。在英格兰，"人们只能向国王提供军事服务，正是这一点使英国封建主义大不同于法国封建主义"。[57]

另有许多其他差异使这一核心特征变得可能，并从中自然产生。国王还有一支备选的军队，这支军队有助于保护他，使之免于过度依赖封臣。

---

[56] 梅特兰：《英格兰宪政史》，第 161、164 页。

[57] 梅特兰：《英格兰宪政史》；波洛克、梅特兰：《英格兰法律史》第 1 卷，第 303 页；梅特兰：《英格兰宪政史》，第 132、162 页。

尽管兵役土地保有权为国王提供了一支军队，但是，不受佃领约束的人无需战斗这一点从未成为法律。由治安法官执行的国民军力一直存在……在此皇家职位下的民间组织里，我们总能找到一种对封建主义军事体制的平衡，并且它很好地服务于国王。

对中枢而言，另一个力量之源是如下事实："税收并未封建化。"梅特兰告诉我们，"国王一度非常强大，足以向国民征税，向次属佃客征税，能够直接通达普罗大众，通达他们的土地与财货，不受其领主之干预。"[58]所以，在士兵和金钱方面，他并非完全依赖强大的领主。

在决策建议上，他也不会完全依赖他们。据称，"君主法庭成为公共议会，但它从未采取一种确切的封建的形式……君主有权力召集他想要召集的人。撒克逊国王顾问议事会传统并未丧失"。最后，国王没有被迫将司法权授予贵族。"司法从未彻底封建化。老旧的地方法庭仍有活力，它们也不是封建议会"。其结果是，"封建法庭的司法受到严格限制，通过表达皇室的授权，它们就彻底丧失了对刑事案件的司法权。国王也小心谨慎地做出授权。的确，任何领主在执行正义时，与欧陆相比，他们的司法只达到了一种很低的程度。"从引人注目的权力开始，国王"快速地扩展自己的司法范围：在13世纪中期以前，他的法庭迅速成为整个王国的初审法庭"。[59]

---

[58] 梅特兰：《英格兰宪政史》，第162页。
[59] 同上书，第162—163页。

所以，冲突就得以解决。通过选取封建纽带的一个方面，即通过如下观念：在佃领和权力两个方面，每个人都与在他之上的人联系在一起；在合乎逻辑的限度内，英格兰体系就发展成为某种独特的东西。根据布洛赫的法国封建主义模型之标准，英格兰既是最具封建色彩的国家，也是最少封建色彩的国家。以另一种方式来看，英格兰是一个理想型的封建社会，总领主对地产的持有、其正义与权力都登峰造极。而且，通过移交过多权力，它也是另外一种有缺陷的封建体系。两种观点都站得住脚。尽管有一些细微的改动，梅特兰的视角仍然是可以接受的，当然，"在这本书所覆盖的那段时期的最后"，亦即在13世纪末期，"世界无疑正如梅特兰所见到的那样"。[60]

我将其论证做了简要归纳，陈述如下。任何一个单一的因素都不能解释资本主义为何浮现。正如梅因、马克思和韦伯勾勒出来的那样，我们的确知道一些必要的原因。它们都很重要。但是，为了更深入一些，我们需要关注所有这些作家，以及布伦纳等人提供的线索，我们也需要地理、技术、基督教，以及政治经济体系的一种独特形式。这是由"封建主义"广泛提供的。但是，最终允许"奇迹"发生的封建主义变量不同寻常。它已经包含了经济与政治权力之间、市场与政府之间没有言明的分裂。然而，它不是安德森意义上的绝对王权，它是一个坚定的、聚焦于中心的

---

[60] 参见波洛克、梅特兰：《英格兰法律史》第1卷，第 xlvii 页中的弥尔森。后来的作家注意到了主要的区别。正如波科克：《古代宪法与封建法》（Pocock, *Ancient*），第199页，巴赫勒：《资本主义的起源》（Baechler, *Origins*），第80页，也注意到了英格兰封建主义的独特性。冈绍夫多次认识到，英国封建主义中存在许多引人注目的相反与独特之处，参见冈绍夫：《何为封建主义》，第67、164—167页。

体系，它提供了贸易与制造业能够以之为基础的安全与一致性。如果我们接受杜格尔德·斯图尔特（Dugald Stewart）归诸斯密的那种观点，即"要让一个国家从最低等的野蛮发展到最高程度的富裕，除了和平、宽简的税收，以及可堪忍受的执法，我们就很少需要其他条件了。事物的自然秩序将会产生其他的一切"，[61]那么，英国政治体系就提供了这样一种基础。它通过控制家族世仇（feuding）确保了和平，税收很轻便，正义始终如一，从13—18世纪都得到了坚定的执行。这就提供了一个框架，一种竞争性的个人主义就在此框架中发展起来。我已经在其他地方分析过这种竞争性个人主义后来的历史。[62]

然而，如果我们过度强调任何演化在此进程中的必要性，那很明显是一件蠢行。它随后都会被颠覆。例如，西班牙无敌舰队（Spanish Armada）的胜利可能会改变这一方向。过度强调英格兰的独特性也不明智。很明显，它与法兰西北部、尼德兰、斯堪的纳维亚有许多重叠。然而，马克思、韦伯等人将英格兰视作资本主义的摇篮，他们并没有错。布洛赫、梅特兰为我们如此清晰地描述了一种独特的政治经济体系。如果清教是那些站在摇篮旁的众人中的一个，那么，这一独特的政治经济体系就是洗礼仪式的另一位客人。的确，甚至有可能，正是这位客人躺在摇篮里。谁把它带到了那里，又是什么时候带去的呢？这当然是另外一回事了。

---

[61] 转引自约翰·霍尔：《权力与自由：西方崛起的原因与后果》(Hall, *Powers*)，第141页。

[62] 麦克法兰：《英国个人主义的起源》。

余 论

重思个人主义，或历史学家的技艺

在这本书里，我用几篇文章重申并细致阐释了《英国个人主义的起源》中的核心论证，并努力确证这一论证。然而，我们可能想要知道，那本书中的理论在多大程度上通过了历史学家共同体的批判性检阅呢？大部分评论者暂时同意，如果我大体上正确，那么，我们关于英国过去的观点就要发生根本性的改变。许多人都提出了强有力的论证，声称我的论题要么没有得到证明，要么就是错误的。那个论题就是：英格兰从未出现过传统的农民社会，人们假设的从农民到工业主义，或从封建到资本主义的革命也没有按照许多社会学家、历史学家所表明的方式出现。我已经在第一章重述了这个论题，并在本书其他章节捎带提及了这一论题。在这里，我不会重复它，但会考察某些用来反对这个论证的理由。

关于《英国个人主义的起源》，人们已经发表的评论超过了160页。在这些评论中，50名以上的评论者仔细分析了这本书。[1]他们提出了许多建设性的批评，我为此很感谢他们。如果我的回

---

[1] 在文献书目的结尾，我列举了那些主要的评论者，包括在这篇后记里提到的那些评论者。

复听起来具有一定程度的防御性，这是因为我选择去关注最强有力的批评与质疑。[2]在这里，我专注于回应批评。那么，有待解决的核心论题是什么？以及我们需要根据评论做出哪些修改呢？如果你在细致咀嚼一部作品后，又对之加以重新审查，你的行为就颇为谦恭。并且，某些批评者的基调也没有令工作变得更为简单。但是，读者们或许有兴趣知道，在大风劲吹、做出还击之后，船上还剩下些什么呢？

在《英国个人主义的起源》中，论证的核心涉及个人私有财产权概念的成长。马克思及其信徒认为：一场法律革命发生在15世纪末的某个时刻，只有通过这场法律革命，"现代的"个人私有财产权概念才得以引入。这部作品是反驳他们的一种努力。马克思曾经论证，"每个商品所有者能够如何对待其商品，地主就可以如何对待其土地……只有在资本主义生产发展起来之后，这种法律观点才能在现代世界出现"。资本主义是一个系统，它把"封建的土地财产权、部落财产权、小农财产权"转变为现代的个人主义所有权。[3]通过考察梅特兰等法律史学家的著作，通过分析早期法律著作，以及通过重新考察霍曼斯等中世纪史学家的论证，我试图表明，到了13世纪末（如果不是更早一些的话），财产就变得高度个人化了。从表象上来看，霍曼斯歪曲了法庭卷宗证据。财产由个人持有，而非由更大的群体持有。财产可以买卖。儿童

---

[2] 并非所有评论都是否定性的。读者如果想要阅读更多表达支持的论述，那请读一读莱恩（Ryan）、拉斯利特、蒙特（Mount）和基特（Keate）的评论。

[3] 马克思：《资本论》第3卷（Marx, Capital, Ⅲ），第616页，麦克法兰在《英国个人主义的起源》，第39页引用了它。

不能自动获得土地财产权。没有证据表明，家庭依附于一块特定的土地。所以，就这本书的论证而言，其内核是一种法律与技术类型的论证。我们可以看到，在上文第一章中，此论证的内核以一种温和的形式表现出来。正是在此论证之上，这本书的论题才最终确立起来或坍塌下去。对此论点的批评反应能给我们带来启发。

霍曼斯的评论并不试图反驳我对其著作的批评。他承认，"普通法的确使土地在活人之间的流转变得相对简单……并且，到13世纪末，一个活跃的土地市场，甚至在隶农制（villeinage）中持有的土地市场已经出现"，尽管"在理论上，这些土地的流转需要征得庄园领主的同意"。他重新提起《英格兰村民》（*English Villagers*），但只是重申，"尤其是在英格兰的公用区域"，村民实际上"倾向于将其持有的标准财产完整地留给继承人，通常是他们的长子"，赠给女儿嫁妆，扶持其他尚未准备好离开土地的孩子。实际上，相比起霍曼斯在书中的论证，这还远远不够。这是一个弱化的论断，更容易被人接受。我细致地批评了霍曼斯教授对中世纪法庭卷宗材料的运用，或从中获得的推论。重要的是，他原本不应该反驳或评论我的批评。

甚至，在关于这本书的其他批评中，只有两个批评开始处理这一核心论证。因为他们的沉默，人们不得不假设，其他许多人要么默默接受了这个论证，要么觉得没有能力对这个问题展开论证。他们未能讨论最核心的技术问题，遑论拒绝它呢。他们的失败清楚表明，这本书的核心论题也就是它的最重要的论证，所有其他论证都围绕这个论证得以安排。其核心论题经受住了批评的检验。有些论证只具有较少的实质意义，那些指向它们的批评应该根据这种沉默接受来加以评价。批评者们几乎不能意识到这一讨论的核心地位。这本书中间的两个章节致力于分析1350—1750年，以及1200—1750年的"所有权"，占据了50个页面，或全书的四分之一。两位评论者试图挑战这个论题的一些部分，他们的论证是什么样的呢？

罗莎蒙德·费斯（Rosamond Faith）博士大体同意我的论证，即在中世纪英格兰，财产由个人持有，而非由更广泛的群体持有。的确，她展示了一种更加激进的理论，认为这一特征在更早的时候，在前征服时代的英格兰就有所呈现了。她所接受的观点认为，由世系继承而来的财产可以无限制地转让，亦即"与欧陆相比，中世纪的普通法彰显了针对土地的更加个人化的态度"。她提出的重要批评是：很可能，中世纪史学家们，甚至马克思自始至终就知道这一点。我创造一个稻草人，那时就与之作战。如果我已经这么做了，我就只能感到遗憾，认为某些作者没有更加清晰地阐释其观点。当然，不只是我自己，许多历史学家和社会学家都颇为困惑，认为他们相信：直到15世纪，英格兰还具有以某种群体，即家庭为基础的农民财产体系，然后，一种新的资本主义与个人主义框架就激进地改变了这一体系。

我的论证之一就是：在许多农民阶层中，我们发现了一种典型的对特定"家庭"基址的情感依赖；但是，在土地可以完整转让，频繁买卖的地方，这种情感依赖不可能存在。人们不会拥有一种强烈的感情，认为应该"把名字保留在这块土地之上"；亦即把家族名号保留在特定的世袭而来的土地上。关于这个问题，费斯博士展现了更多的矛盾心理。一方面，她同意人们很少依附某块具体的土地。但是，她又不情愿放弃这样一种观念，即土地在情感上普遍具有很高的价值。所以，当她赞同，在1300年之后，以及很可能在1300年之前的大段时间里，土地就频繁地自由买卖了，她又论证，既然对大部分人而言，土地"是唯一的生存资源"，它就不能被描述为"商品"。她认为，对中世纪的人来说，土地在情感上必定非常重要，因为它在经济中如此关键。

很明显，即便我们有必要记住，在中世纪的英格兰，我们还有许多来自制造业和贸易的其他收入来源，但是，没有人可以否认，土地在经济上极其重要。直到18世纪晚期，甚至在今天的农业地区，这都是真实情况。然而，大部分历史学家承认，在17世纪晚期与18世纪，一种"农民"类型的情感依附基本上是不存在的。这表明，如果有人说某物在经济上原本就非常重要，那他并未告诉我们多少这件事在社会或象征意义上的重要性。关于这一核心论证，希尔顿教授是另一个做出深度评论的人。他以一种非常古典的方式呈现了（"我们对之已经有所了解，但无论如何它都是错的"）埃尔顿关注的矛盾心理。希尔顿声称，我发现，在一个人生前，其自由保有地产可以转让（"这一点其他人也都知道"），但我却因此发现而陷入迷茫。尽管"惊讶"是一个更好的形容词，但一个重要事实就是，希尔顿同意，在关系到自由保有时，我看起来是正确的。但是，这种承认以一种令人惊讶的方式遭到了破坏，亦即通过拐弯抹角地攻击梅特兰，这一承认就遭到了破坏。

希尔顿声称，我对中世纪财产权的讨论"几乎完全以梅特兰为基础"。尽管我对梅特兰的依赖很深,但这本书的读者可以看到,这是一个极大的夸张。梅特兰非常重要,但他也引用了许多其他资源,受到它们的支持。通过将我与梅特兰捆绑在一起,希尔顿就可以通过攻击梅特兰来攻击我。首先,他暗示说,就我写作的这段时期,亦即就 1300 年之后的这段时期而言,梅特兰足以据信。我便受到指责,因为我忽视了弥尔森(S. C. Milson)"温和的提醒,即梅特兰'有时候把高度抽象的财产权观念放到了过早的时间'"。对此,我们可以做出如下回答:负责任地说,弥尔森的观点与梅特兰的观点犯有同等程度的错误。但是,我还有一个更好的回答。希尔顿必定在弥尔森的序言中读到过其他两句话,即"如果在起始处,梅特兰的图画并不真实——在这里,异端分子因为自己的异端邪说受到了最大的困扰——它后来便变得真实起来"。这是什么意思呢?当弥尔森在同一篇导论中写道,"无疑,在本书覆盖的那段时间的最后,世界正是梅特兰看到的模样",这就变得更加清楚了。[4] 现在,梅特兰所论述的那段时期的终点是 1307 年,而我所论述的时间的起点是 1300 年。弥尔森凭借自己的权威表明,关于 13 世纪早期以前的时期,梅特兰不可据信。温和地说,他这样做有一些误导性。但是,许多人都在试图破坏梅特兰的权威,这还不是终点。

希尔顿教授表明,梅特兰"在任何情形下都主要谈论上层人士之间的自由保有,例如兵役土地保有权"。如果一个人不是中世纪史学家,也没有读过梅特兰,在他读到这段评论的时候,就可

---

[4] 波洛克、梅特兰:《英格兰法律史》,第 xlvii、lxxiii 页。

能从一个中世纪史学家那里接受这一附带说明。如果我真的"几乎完全"依赖这一权威，他也几乎只关注自由保有佃领地，我必然站立在脆弱且无所支撑的土地上。但是，只需瞥一眼目录，我们就可以清晰地看到，这实际上是一个巨大的曲解。目录显示，"波洛克与梅特兰"为每一种不同的佃领地都写了许多章节。例如，在第一卷的第 356—383 页就专门讨论"不自由的佃领地"。如果说，梅特兰的著述没有与中世纪社会中的所有群体直接关联起来，那这种说法肯定站不住脚。

在把我与一个明显的权威分离开来以后，我就可以对专家的诋毁保持开放了。希尔顿教授论证，我误解了维兰佃领地的性质，"试图将之混同于自由保有地，尽管它相当于 16 世纪的公簿保有地产（copyhold）"。希尔顿并不力求为如下立场辩护，即英格兰没有群体或家庭所有权。但是，他论证说，由于领主的控制，维兰的权利受到了"严格的限制"。权力集中在贵族、乡绅和牧师的手里，所以，我若要在这个社会层面谈论中世纪时期的权利、个人主义，那就颇为荒谬。劳伦斯·斯通也阐述了同样的观点，他写道，"麦克法兰完全忽视了，通过庄园法庭，公社几乎在每个方面都紧密控制了人们对财产的使用，这是他表现出来的近视症状。这些法庭可以告诉人们播种与收获的时间、地点，以及内容"。

在此论证中，我们可以找到一种半真相。没有人否认，自很早以来，至少一直延续到 18 世纪，对财产的巨大关注给"小民"（the small man）施加了极大的压力。我考察了从 1380 年以来，在厄尔斯科恩教区，以及从 16 世纪以来，在更加保守的北部英格兰，由庄园法庭强加的限制。当然，佃农受到了限制，不得不在法则内工作。但实际上，我的论证大为不同。我提出了两大论点。首先，我考察了法律资源，我的考察表明：其法律立场是，财产权（转让的权利）不由家庭持有，而是授予个人。这种现象很早以来就出现了，经过交叉比较，我们发现它也非常普遍。这没有遭到希尔顿、霍曼斯、费斯等人的挑战。其次，我论证，根据与法庭卷宗等档案有关的近期研究，看起来，其实际情况是，人们广泛运用这种权利。土地频繁地售卖给没有亲属关系的人，甚至"维兰"——很长时间以来，历史学家们认为，维兰没有能力购买土地。这一事实也没有受到挑战。我研究了 15 与 16 世纪的庄园法庭，并且看到，它们一方面进行控制与引导，另一方面却具有允许人们买卖土地的完全能力。我看到它们如何将这两者结合在一起，我没有看到任何特别的令人费解之处。这是如何做到的呢？对此，我们需要详加记录。看起来，还没有证据表明，我在核心论证中犯了错误。

既然有人认为，我的辩护有失偏颇，或许我可以提出一个相对中立的权威。保罗·哈姆斯博士（Dr. Paul Hyams）是一位专攻这些主题的中世纪史学家。亦即他专门研究维兰的法律地位与早期中世纪法律的性质。哈姆斯博士评论了我的著作，但凡我对梅特兰的使用有任何不当之处，我在任何地方误用了中世纪的法律概念，或误解了关于财产权的讨论，他都会进行披露。尤其是，当我做出一个拓展性努力，表明霍曼斯的著作在什么地方具有误导性时，这完全是一个技术性的主题，如果此中有何不当之处，他原本应该已经指了出来。哈姆斯博士意识到了我的挑战的严肃性，他写道，40 年以来，霍曼斯关于中世纪农民共同体的观点

"从未面对真正的挑战。现在,艾伦·麦克法兰提出了那种挑战"。[197]当哈姆斯博士对我的农民模型有所批评时,当他注意到我犯有某些疏漏之过时,他都没有对霍曼斯做出明显的辩护,没有批评我对梅特兰的使用。就英格兰很早就发展出个人主义的财产权概念而言,对我的论证中的核心推论,他也没有根本性的分歧。他规劝"那种专业主义的正直义愤不应模糊这本书的真实成就",并以此作为他的结论。

尽管人们对此建议并未多加留意,但我们很难看到,这本书的核心论题受到了严肃的挑战,更不必说它受到反题的驳斥了。在遇到严肃且富有说服力的挑战之前,我看不到任何改变论证的理由。马克思、韦伯,以及那些追随他们的人是错误的。在14世纪、15世纪、16世纪或17世纪,英格兰并未经历从一种前资本主义经济形式到另一种资本主义形式的革命性改变。

尽管核心论证对我而言显得言之有据,但批评者们已经正确地指出了,从此论证做出的推论具有许多可能的缺陷,以及此论证据以呈现的方式中可能具有的缺陷。我们可以为一组批评贴上"疏忽之过"的标签。许多批评者很可能会认为,这本书还研究了许多其他的主题。另一个中世纪历史学家约翰·哈彻尔(John Hatcher)博士列出了一份最长的遗漏清单。他指出,"租金、佃农及领主的境况少有提及……他对这些问题一带而过:隶农制、竞争性的佃领、庄园管理、放牧方法、职业结构、生活标准、消费模式、土地-劳动者比例、生产力、城镇、贸易、工业、技术、传播、金融等,而这些问题原本并不多余"。事实上,我简单地论及此中许多问题,哈彻尔博士的讽刺则太过分了。但是,当他表明，在这些话题中，许多话题几乎不能在这本小书中得到细致处理时，他便说到了点上。评论表明，我本应该给其他一些论题更多空间，这些论题包括：外在关系与世界市场、阶层斗争、劳动阶层与社会阶层的变化、暴力与受难、国家与国家管理、资产阶级的作用、普通法的历史前提、习俗、教会与宗教的角色、黑死病、圈地运动、田野开放体系、传统村庄与庄园、奴役、与政府和政治有关的法律。最后，许多评论者（例如，人类学家瑞乌波顿［Rheubottom］博士）注意到，我没有对"作为一种文化体系的个人主义"做出扩展性的处理。它表明，当我看起来意识到，"与土地持有相比，个人主义更为明显地与道德、政治和总体文化联系在一起"，正如哈定博士写的那样，我倾向于在总体上忽视这些维度。

关于这些形式上的疏忽，我还可以提出一些观点。首先，其他人也会犯下这些疏忽之过。所以，理查德·史密斯（1）表明，当我犯下过错，"没有考虑领主以及领主与普通法执行过程之间的关系"，我的"批评者和法律史学家们""必定分享了我的过错"。其次，提出这些清单的人并未表明，如果我考虑了所有这些主题或其中一些主题，它就要么驳倒了，要么削弱了我的论证。然而，他们认为，它能够为其增加更大的分量。所以，举例来说，芭芭拉·多纳根（Barbara Donagan）就写道，因为没有讨论道德与情感维度，"关于这些重新发现的英国个人主义，我们就只剩下半幅图画"。还有更加严厉的批评，贝克博士（Dr. Baker）指出，我"愚蠢地"忽略了"城市、工业与商业在中世纪英格兰的作用"，它们原本支持了我的"主要论题"。所以，我在这本书中提出的论证被认为是不可证明且富有争议的，但它本可以因此得到极大强化。

当然，批评是正确的。对英国个人主义起源的充分处理要包括所有上文列举出来的那些主题。在此基础上，我还可以做一些补充，例如，政治权力的作用与性质、法律与行政结构、语言、文学、艺术、意识形态等。我的难点是，我想要写一篇诠释性的文章，提出一个尽可能清晰、简明的简单假设。我已经等待了20年，收集了大量材料，形成了多卷文献，其分量不会低于布罗代尔关于"文明与资本主义"的三卷本煌煌史著。我希望，通过进入论证的核心（即生产关系），我能够提出一个新的框架，我和其他人能够以此为基础搭建我们的论证。尤其是，在后记中，关系到道德秩序时，我有正当理由写下：我们想要在第一份陈述中维持相对简单的论证，这种欲望与使用更多文学证据的困难结合起来，致使我保留了对道德秩序、情感的处理，一直维持到最后一种情况。本书中的文章只是部分兑现了承诺，有选择地处理了政治、道德、情感秩序较小的部分。在这些文章以及后续的研究中，我已经努力回应了一些非常合理的批评，尤其是多纳甘等人的批评，即：如果看不到个人如何与社会和国家联系起来，人们就不能理解书中描述的自由浮动的个人主义。哈姆斯博士提出的评价看起来很公平。他指出，论证需要进一步改善，需要更精致的次序划分、更深入的证据。"麦克法兰认识到了这一需要。其概括性的规模与水平或许免除了他满足这一需要的义务"。看起来，它值得我冒险一试。

这些文章包括了对道德与意识形态问题更加广泛的讨论，它也部分地回答了戈尔迪提出，由史密斯反映出来的批评（2），即我最终还是一个经济决定论者。当我接受了韦伯的观点，即在物质、社会、道德与思想世界之间很可能具有一种"有选择的亲缘性"，我将会拒绝史密斯提出来的一种观点，即"意识形态上层建筑追随经济基础模式"。

有人找出了另一个弱点，亦即我假设了英国个人主义的起源，但最终未能对之做出解释。遗漏之过就与此弱点关联在一起。我的结论令人如此困惑，以致许多评论者颇感失望，间接提起孟德斯鸠与日耳曼森林。关于现代社会的起源问题，当一种可选的解决方案显然遭到破坏时，他们希望我能提供某种完全有效，能够令人信服地替换它的东西。坦率地说，我也希望如此。但这是一个巨大的任务，单靠一个人或只在几年之内难以完成。我决定放弃一条线索，更深入地思考这个问题，并鼓励其他人来思索这些论题，尤其是那些更加专门地研究12世纪之前年代的人。

自《英国个人主义的起源》发表以来，在这些年里，我的确更深刻地推进了这一论题，至少为上述问题提供了部分答案。我在书的结尾曾经做过评论。我在那里提到，我严重怀疑，英国封建主义与其他封建主义相像。我近期出版了一部讨论婚姻的著作，在该书最后一章以及本文集第八章，我的两条主要的思想线索得以呈现。在那一章，我又重新提起我在《英国个人主义的起源》书末做的那条评论。对于这个问题以及相关的领主问题，我已经做了初步的考察，哈姆斯等人也做了公正的评论。

另一组批评关注我对历史变革的处理。根据其中的一些评论，我否认变化的存在。六个人沿着这一脉络做出了批判，我可以给出三个例子。芭芭拉·哈里斯（Barbara Harris）说，我的书最终还是"一本历史著作，它否认，在长达5个世纪的时期里，英格兰曾经发生过根本性的历史变化。我难以想象他会做出这样的论断"。然后，她列举了11项发生在这一时期的主要变化。它听起来的确会让人犹疑不决。或者，让我们再说一次，哈彻尔博士认为，我假设"长达500年的社会稳定在工业革命中达到顶峰"，但这一假说非常虚弱。他论证说，这本书"试图说服我们，就其本质而言，在工业化之前的500年里，社会与经济没有变化"。或许，斯通教授做出了对此批评最为极端的陈述，他写道，我"看起来是在论称"，因为财产关系中没有出现革命，这就"表明，从13—18世纪，任何重要的进步——或者重大的变革——的观念都是一场幻景"。他的评论强烈地暗示，既然我没有正式承认，我相信文艺复兴、宗教改革、农业革命、商业革命、伦敦的发展、文学的传播、印刷术的发明、政治理论的发展，以及斯通列举的其他变化，我就不会相信它们发生过，或者即便他们发生过，我也不相信它们产生了重大的影响。

从这些评论中，我们将会获得一种表象，即如果我尚未迷失心智，那我一定是个古怪的人。如果我没有注意到这些变化，那么，在上中学和大学的那些年里，我都做了些什么呢？答案是，通过夸大我的立场，这些评论成功地使之变得荒谬。这是一个广为人知的破坏性技巧。实际上，我没有提起或强调某件事情，例如伦敦的发展或印刷术的发明，但这不意味着我不相信它们曾经出现过，或不知道它们的存在。如果一个作者必须列出在其所研究时段中发生的每一个事件，否则就要受到指责，认为忽视了它们,那么,著述就会变得冗长,令人难以忍受。各种根本的重要的变化当然发生过。我希望,与之相比,我的论题稍微没有这么愚蠢,亦即在英格兰,变化的速度、本质、深度都引人注目。

就其实质而言,我正在论证的是:在这一时期,英格兰没有经历从一种社会秩序(人们可以给它贴上"农民""中世纪""封建""前资本主义",或任何一个人们喜爱的标签)转向另一种秩序(它完全是前一种社会秩序的反题)的革命变化。无论在16、17世纪,还是18世纪,我都否认曾经出现过一场突然、剧烈、囊括一切、持续数十年的革命。这并不意味着,任何类型的深刻变化都未曾发生。谁若致力于论证什么都未曾发生,那很明显是荒谬的。埃尔顿教授写道,"有一个论证被人用来反对麦克法兰,这个论证误解了他:他从未否认,在1800年之前的6个世纪中,英国社会发生了巨大变化,他只是否认,这些变化与社会结构中的巨变有所关联"。实际上,有些批评者得出了这样的结论,埃尔顿教授也感觉他需要为我辩护。这个事实确实表明,我们需要对历史学家把连续性与变革结合起来的问题做进一步的讨论。在这本文集第七章,我对此问题做了拓展性的处理,在那里,我努力展现我所谓的革命性变化是什么意思,以及既相信连续性又相信变化是如何可能的。有些批评者像老派辉格党人一样从一个侧面攻击我(戈尔迪、波考克),像晚期的理念主义者那样从另一个侧面攻击我(布洛克),又像19世纪唯物主义者那样从第三个侧面攻击我(戈尔迪)。我希望,这一讨论能够以某种方式对这些批评者做出回答。

另一组批评关注我所使用的历史证据的性质,以及我分析历史证据的方式。已故的菲利普·阿布拉姆斯（Philip Abrams）论证，我已经提出了那类错误的证据，旨在解决如下问题——中世纪英格兰是否存在一个传统的农民社会。他正确地指出，这在本质上是一个"分析的和质性的"问题，而非"实证的和定量的"问题。找出有多少人是或不是"农民"没有什么帮助，"人口调查不是与之相关的检测"。我们感兴趣的是结构与关系。我完全同意这一点。如果阿布拉姆斯认为，我主要对数量感兴趣，我的主要证据来自"人口统计学"，或者正如他声称的那样，它"在本质上是实证的与定量的"，那么，很明显，论证没有得到应有的那般清晰地表达。很明显，我需要清晰地阐述我的立场。

当然，在这本书中，我还讨论了许多定量问题：土地交易的数量、地产的规模、地理流动性的强度，以及由各种群体所拥有的土地的比例。在一篇对农民阶层的讨论中，看起来，我们难以避免这些问题。但是，其论证最终还是要成为分析性的。我一开始就设定了一个理论模型，它包含了许多并非定量的因素，例如对土地的态度。这个模型就表明了上述分析性。在讨论中世纪的那几个章节中，最详细的部分与经验事实或数字无关，而是关注法律概念。梅特兰不是一个著名的精于计算的经验主义者。我在"透视英格兰"那一章引用的权威也完全不关心统计学与经验事实。的确，其他评论者严厉批评了我，因为我没有对这些事情产生足够的兴趣。罗莎蒙德·费斯写道，我的路径"总的来说……是善于辩论的和分析性的"，哈彻尔博士抱怨说，它的定量研究还不够。一切误导性印象都在说明：我认为，资本主义、个人主义和农民阶层问题最终都是定量与经验性的。我希望，所有这些误导性问题都能由本书中的文章予以解决。甚至，最激烈的批评也会发现，它很难在如下两个方面对我进行谴责：我的研究在定量化的程度上不适当，或者在讨论暴力、邪恶、自然、爱或革命等问题时，我对分析性路径缺乏充分的兴趣。

有人提出了一个更加激烈的相关的批评。中世纪史学家赫利希教授认为，这本书以"错误的方法"为基础，并且提出了"一个荒谬的论题"。其方法之错谬一方面表现在对错误文档的使用上。赫利希论称，我使用的大部分记录"反映了地主与君主的利益。地主和君主都想要把地租和税收的责任分派给单一的、易于识别的、容易发现的个人"。他们不能向更大的单元征税。所以，我发现，"个人主义很难让我们了解家庭的内部生活，它的价值与精神"。当我发现"地租征收人与收税人的个人主义时"，我就遭到了反驳，但是，我没有"获得进入农民家庭的渠道"。

当然，这也展现了半个真相。我们的确很难超越对16世纪之前的普通村民的正式记录。为了在记录背后进行调查，根据我自己的策略，我做了三大部署。首先，我们尽可能仔细地使用这些记录，我们也已经这样做了。通常，我们没有按照原初设计的目的来使用这些记录。正如马克·布洛赫提出来的，我们不得不审核记录："从我们决定强迫它们言说开始，哪怕违背了它们的意志，交互的考察就变得前所未有地必要了。的确，对规范的历史研究来说，它是第一件必须要做的事。"[5]

其次，当这些其他的资源大量出现时，我们就能够把此类正

---

[5] 布洛赫：《历史学家的技艺》(Bloch, *Historian's Craft*)，第64页。

式记录放在一个时期中的其他记录旁边。我之所以要从16、17世纪向前追溯,这也是原因之一。在那几个世纪里,我们能够把来自税收与庄园记录的印象与其他的更具定性色彩的记录进行对比,尤其是法庭中的冲突、宣誓、日记等其他资源。当我们这么做的时候,只要我们把档案呈现出来,那么很明显,对中世纪这段时期而言,与之类似的税收与庄园记录就不只反映地租与税收征收人的个人主义。它们完全适合家庭的普遍心智与内在隐秘之处。当然,关于1500年之前的时期,这什么也证明不了,但它却具有暗示性。

第三个战略是,在我们有能力的地方,使用同样的流程,重新细致地工作。在1500年之前,许多资源都允许人们去探索完全处在补贴或租金背后的内容。民事法庭的日常记录、领地法院的移送、教会与民事法庭记录、文学资料、此时与法律和道德有关的教科书,这些都能够充实我们的分析。当我们把这三大路径全部结合起来,我就得出了结论,即"个人主义"不只是一个表面的现象。此外,赫利希教授看起来也持有坚定的信念。他论称,作为一个信仰问题,或者以某些我没有注意过的中世纪英格兰的记录为基础,我们可能会认识到,我们的确能找到另一个世界,那些"农民家户的内在层面"。

通过他自己对南部法国与北部意大利的研究,赫利希教授对有些地区非常熟悉。在这些地方,如下情况很可能真实存在:我们已经宣称,一方面,国家与地主的需要恰好相反,另一方面,农民家户具有内在的动力。尽管如此,但它并没有说服我,让我认为它能有效地应用于英格兰的证据。根据这样一种论证,赫利希教授至多只能合乎逻辑地维持结论：我的案例没有得到证明。他强烈暗示，我犯了明显的错误，"提出了一个荒谬可笑的论题"。甚至，研究英国中世纪档案的最激烈的评论者也未曾提出一种类似的批评。这一点很重要。在对英国的资料做出广泛研究后，他们大概意识到，我们有可能超越一种单纯的地主的世界观。如果赫希利教授分析了英国的档案，并将之与北部意大利的档案进行对比，他或许就会得出一种不同的结论。

在南欧，关于中世纪的记录要么非常不完整，要么是这样一些人的手笔——他们努力从一个敌对的农民阶层抽取钱财。对那些在南欧工作的人而言，他们难以想象，英国的档案足够好，能够用来检测一种复杂的理论，用来检测普通人是"个人主义者"还是"家庭主义者"。同样，我们也不可能在中世纪印度或中国做出这种推论。的确，农民社会的一个特征是：农民世界以口语为主，并且是封闭的，它与国家和地主的外在世界之间具有如此巨大的间隔，以至于我们只能从外面和上边进行观察。除此之外，我们几乎什么也做不了。在这种境况中，我们不能信任记录，它们的确反映了局外人的心智。我曾经花了一些时间与一个团队一起工作，他们当时正在研究葡萄牙社会结构的历史。然后，我就直接看到了这一点。所以，还有一个批评者以更为精致的方式，提出了（与赫利希教授）相似的观点。这个批评者的研究立基于南欧，尤其是葡萄牙的记录，这就不会令人感到奇怪了。

罗伯特·罗兰德（Robert Rowland）承认，英国道路的确是个人主义式的，但他指出，那里还有一种危险："为了发现社会行为的内在意义（它针对行动者具有的意义），人们会使用一种韦伯式的/个人主义的策略"；如果我具有独立的基础，认为社会是个人主义式的，那这就是唯一合法的策略。假如社会具有这些特征，我就能以此假设为基础继续推进。但是，如果我以这种方式推进论述，我就应该小心地避免循环论证，并且认为我已经证明了最初不得不假设的内容。罗兰德建议，逃避循环论证的方法是考虑另一种假设，考虑一种非个人主义的，具有整体本性的假设。如果这种分析确证了英国过去的个人主义，这就证实了我的论证。如果获得了更为广泛的资料，我就能够勾勒出以此假设选项为基础的分析。我已经部分实现了这一目标。在更早的那本书中，政治、法律与道德维度在很大程度上消失不见了。在这本书中，我使用了更加广泛的资料，从而能够对这些维度加以考察。因为使用了更多的质性研究资料，人们就不必把内在意义归于观察到的行动。这本书里的文章遵从了这个建议。大部分文章关注质性问题，在这些质性问题中，我们可以找到许多当代表述，足够多的质性及独立证据。在《英国个人主义的起源》中，有些内容还只是一种假设。看起来，这些质性问题使之得到了确证。甚至，以《英国个人主义的起源》和我讨论暴力的著作（参见第三章）为基础，罗兰德感受到，如果有人揭去一切可疑的诋毁，"我的研究仍足以……表明，英国社会是独特的……这种独特性似乎源于这样一个事实，即社会体系把个人（不是群体或准群体）当成社会行为意义的生产场地，并依此建立制度"。在这些文章中，我希望，我已经开始接近罗兰德建议的"更大的可靠性"，它也允许我论证，"为了论证英格兰是一个个人主义社会，并且假设这一情况属实，为了努力描述行动者的动机与倾向，我具有独立的基础（例如，并非方法论上的个人主义）"。

另一类批判从具体事例出发，关注典型性与普遍性。历史学家哈姆斯博士正确地指出，我需要通过更加广泛地考察案例来对冲"地理上的同一"，进一步打磨我的论证。然而，主要的批评不是来自历史学家，而是来自对原始材料没那么熟悉的社会科学家。普赖尔博士（Dr. Pryor）注意到，如果我的论证是正确的，"那么，我们就必须放弃此前学习过的与英国经济史有关的内容"。但是，他想要知道，"他引用的案例有多典型？"他正确地指出，"几乎从一个村庄到另一个村庄，社会与土地佃领的安排都有差异"。第二位批评者，菲利普·科里根（Philip Corrigan）不仅提出了质疑，而且他对答案也更加自信。他描述了两个教区的情况，认为它们"极其缺乏典范意义"。这两个教区是他的核心例证，它们是埃塞克斯郡的厄尔斯科恩教区和威斯特摩兰郡的柯比朗斯代尔教区。它们之所以不典型，因为它们都不在核心英格兰广阔的田野地区，也因为它们"在发展的早期，都在很大程度上由特定的地主阶层和具体的生产市场主导"。这里出现了一种有用的观点。尽管我引用的研究涉及整个英格兰，但是，我的详细的研究作品只选用了来自一个高地地区和一个低地地区的例证，这是真的。如果我在同等深度上做了一个田野地区的研究，无须依赖霍斯金斯及其学生的广泛研究，这也很好。但是，我不能把这一点推得太远。令人惊讶的是，我不得不论证，东英吉利（East Anglia）与整个高地地区颇为"独特"，这两个教区看起来颇为典型。在对本书做出批判性评论的那些历史学家中，有些人致力于对田野地区的研究，但没有人试图论证，样本村庄"极不典型"。

当然，一些非常重要的地区差异的确存在，但是，没人表明，更别提有人证实：来自埃塞克斯郡、诺福克郡或剑桥郡的证据不同于来自中部地区的证据。

现在，我们能够转向其他核心的方法论问题，这个问题受到了最多批评，也引发了一些有趣的历史学问题——对普遍的比较模型的使用，尤其是我对一个具体的农民模型的使用。我努力去做如下事情。作为一个考察英国历史的人类学家，我认为，为了揭示那几个世纪的一些实质性的历史特征，一种比较的方法颇为有用。我决定，如果我清晰地而非含混地做出比较，那它就既最诚实也最有用。在上文第一章的分析中，我提出了一些线索。我将按照这些线索，在英格兰特征与一个农民社会诸核心特征的模型之间进行比较。这些记录展示了英格兰的特征。我曾经指出：

> 很明显，当整部著作都献给了这个主题时，谁若想把一个社会的主要特征压缩进一个章节的某一部分，这个努力不仅意味着要省略掉许多内容，尤其是与宗教和意识形态水平相关的内容，而且，它还将创造一个非常简化的韦伯意义上的"理想类型"。很可能，在任何时候，任何一个特定的社会都不会完全适合所有列举出来的特征。[6]

我对农民社会诸特征做了细致分析。在分析的结尾处，我重

---

[6] 麦克法兰:《英国个人主义的起源》，第16页。

复了这一论述。"我应该再次强调,上文刻画了一个模型,它是对真实情况的简单抽象。结果,如果有人期待任何特定社会完全符合所有这些特征,这就很荒谬了;我们也不能期待存在任何完全'纯粹的'具体特征。在那里,总是有些人很晚结婚,总是存在一些市场、现金、工资劳动者,也总是存在一些地理流动性。"然而,我仍然相信,"如果具有一个强大的关于农民阶层的基本社会-经济本质的模型,这在面对一种特定的历史真实时会很有用"。[7]当我们比较模型与历史数据,如果某些特征缺失,我们就不需要放弃整个模型。但是,如果几乎所有特征都不存在,那么我们就难以给这个历史社会贴上"农民的"标签。

众所周知,历史学家有必要创造这种明确的理想类型,但是,韦伯关于理想类型的建议也值得我重复一遍。"为了满足不自觉地感受到的充分表达的需要,以及为了表达那些只是具体感觉到,却没有想明白的意义,历史学家们在他们的词汇库里模糊地创造出好几百个单词"。这些词语包括了基督教、资本主义、农民阶层、个人主义、宗法制社会等。如果我们没有为这些术语提供清晰的定义,因为没有经过分析的并不明确的假设,我们就会受到束缚。"如果历史学家们……拒绝建构类型的努力,这些理想认为它们只是一种'理论建筑',例如,对其具体且富有启发性的目的而言,它们毫无用处,可以省略掉,那么,不可避免的结果要么是,他自觉或不自觉地使用了其他类似的概念,没有用语言来塑造它们,或合乎逻辑地表述它们,要么就是,他仍然受困于模糊

---

[7] 麦克法兰:《英国个人主义的起源》,第32页。

'感觉'到的领域"。[8] 部分由于这个原因，我才如此细致地努力定义"农民阶层"。

我们也可以正式陈述韦伯的和我的意义上的"理想类型"。

> 通过单方面强调一种或多种观点，通过综合许多分散的、非连续的、既有的或偶尔缺乏的具体的个人主义现象，按照那些单方面强调的观点，我们把那些现象安排进一个统一的分析构架（Gedankenbild）中来，我们就可以形成一种理想类型。这一心灵构架（Gedankenbild）存在于概念的纯洁性中。在经验现实的任何地方，我们都找不到它。它是一个乌托邦。历史研究面对的任务是要在每一个个别案例中进行决断，这一理想类型使用的范围、它在多大程度上偏离了事实，例如，我们可以在多大程度上把一个特定城市的经济结构归类为"城市经济"。[9]

这就是我努力构建的理想类型，它是一种与理解英格兰有关的富有启发性的办法。

为了阐明我们应该如何构建这种理想类型，韦伯指出了许多困难。其中一个主要困难在于，当我们使用真实的材料，把实质和衣服给予模型时，混乱就出现了。既然在这个区域，我已经遇到了一些具体的批评，的确也没有完全避免困难，那么，这就值

---

[8] 马克斯·韦伯：《社会科学方法论》(Weber, *Methodology*)，第92—93、94页。
[9] 同上书，第90页。

得我们更加充分地阐释韦伯的意思。只要我们清晰地记住，理想型发展的构成与历史彼此存在严重区别，那么，比较理想类型与"事实"就是一个不会引起方法论疑虑的程序。但是，这并非易事。

> 由于一种特定的环境，完全严格地维持这一区分就变得异常困难。出于对具体展现一种理想类型或理想类型的发展序列的兴趣，人们试图通过使用来自经验-历史事实的具体的说明性材料，对之做出清晰阐释。这一程序自身完全合法，其危险在于这一事实：在这里，历史知识是理论的仆人，而非主人。对理论家而言，一个巨大的诱惑是：在将理论与历史混合在一起，并彼此混淆时，他认为这种关系要么是正常的，要么糟糕得多。[10]

韦伯引用过一个这种混淆的例子，它出现在马克思主义中，在那里，马克思理论的理想类型有时被用来操纵证据。

心里想着这一理想类型，我构建了一个农民阶层模型。我首先指出，"农民"具有两大含义。正如我在第一章所描述的那样，一为常识性意义，另一为确切的和技术性含义。历史学家们通常是在常识意义上使用这个词的，我们也不能对此加以反驳。我所感兴趣的是，提醒读者注意这样一个事实：某些分析家有意无意地假设，英格兰人曾经是更强和更加技术性意义上的农民。

然后，我检查了许多与农民有关的一般文献。对雷德菲尔德、

---

[10] 马克斯·韦伯：《社会科学方法论》，第102—103页。

伍尔夫、索纳、纳什（M. Nash）、萨林斯、沙宁、加莱斯基等权威的经典分析与调查被用于归纳农民阶层的实质特征。我解释说，我创造的模式以这些普遍性论述为基础，也以我读过的与地中海（我引用了8篇研究）、亚洲（引用了12本书）、北欧（引用了3篇研究）农民阶层有关的文献为基础。在此节点，在创造了我的模式后，我本可以就此止步。的确，在我最先构想的论证里（例如上文第一章），我确曾止步于此，分析也没有倾向任何特定的农民阶层。通过这样的做法，我没有改变总体论证。而且，针对我的下一步，人们提出了数量众多的批评。考虑及此，我这样做或许也颇为明智。

如其所是，在我看来，我应该为此模式穿上衣服，添加一些具体细节，而非让其裸露着，停留在抽象的状态。我们要看到，在世界上的某个特定地区，这些社会是如何工作的。我们不应只对全世界农民阶层的最小公分母做一个宽泛的普遍性描述。为了得出一些"农民"社会的结果，我感觉到，这才是颇有助益的做法。我们做这件事情，不是为了归纳农民阶层的特征。人们已经归纳过农民阶层诸特征了。一个"真正的"农民社会是什么样的？大部分读者对此并无一种强烈的感受。人们做那件事情就是要在英国证据旁边，赋予读者一种可靠的选项图景。有时候，看起来，通过使用比较模型，创造这种可能世界选项是一种有用的程序。如果没有它，人们就落入陷阱，认为过去发生的事情就是原本能够发生的一切。

为了比较的目的，我决定以东欧为例，对此地域加以解释说明。为此，我给出了四个原因。首先，关于农民的社会与经济，最早的经典研究已经处理了20世纪20年代以来的东欧地区。其次，一些最好的研究已经处理了这一地区的模型类型。再次，我感觉到，如果我们将目光转移到西欧以外的地方，这有助于产生一种足够强烈的"他者"的意义。我不想要走得太远，因为，举例来说，这很容易让我们比较英格兰与印度或中国的努力受到嘲弄。最后，对此地域做一番考察也颇为有用。因为，与东欧农民阶层的含蓄类比已经开始浮现，并深刻地影响了许多写作中世纪英格兰的人，即科斯明斯基（Kosminsky）、维诺格拉多夫（Vinogradoff）、霍曼斯、波斯坦、泰托（Titow）等人。通过更为清晰的比较，我们可能会看到，这些类比在多大程度上富有助益。

然后，基于加莱斯基、托马斯、兹纳涅茨基论波兰的著作，沙宁论俄罗斯的著作，以及恰普（Czap）与哈梅尔（Hammel）等人的著作，我努力提炼出东欧农民阶层的核心特征。在纳什、雷德菲尔德、伍尔夫、哈吉纳、马里奥特（Marriott）、斯特林（Stirling）等人的著作中，他们讨论了世界其他地方的农民阶层——印度、中国、墨西哥、土耳其等。在这个讨论中，我也持续地与这些地方的农民阶层进行比较。由此出发，在我看来，尽管正如我依赖的那些权威的描述，东欧是一个极端案例，但是，在其他农业文明中，我们也可以找到它的许多特征，比较分析则将这些特征称为"农民的"。在讨论的末尾，我将之与西欧做了简要的比较，并且指出，西欧的农民阶层很可能与我所谓的这种经典农民阶层大为不同。根据"现金与市场的使用、土地规模、农业专门化、结婚年龄等特征，民族志论述表明，西欧农民已经在很大程度上偏离上文描述的'经典'农民阶层"。[11]我表明,在与所有权概念以及所有权概念与家庭的叠合的关系中,这也是正确的。

然后,我进而想要看到,社会学家、人类学家、历史学家在何种程度上相信,英格兰曾经拥有技术和"经典"意义上的农民。我在论述此主题的一个章节里表明,人们广泛地持有这样一种观点,认为英格兰已经通过发生在16—18世纪的大转型或革命,从一种接近经典农民阶层的境况转变为个人主义和资本主义的社会。正如瑟斯克的《英格兰农民的农业》一书标题中的情形,这些权威经常按照通常的方式使用"农民"这个词。但是,在通常情况下,遵照马克思和韦伯表明的线索,他们真的相信,在16世纪之前,英格兰具有一种不同的社会-经济构成。他们假设,主要的断裂发生在16世纪或17世纪。

大体上,直到16世纪,"农民"就遍布欧洲了。在那之后,他们就在英格兰消失了,然而,他们以一种温和的形式停留在欧洲其他地方,例如,在法国,他们直到19世纪下半叶与20世纪初期才消失不见。[12]这本书其他部分致力于验证这一普遍理论。在其他部分,我创造了作为参照的模型,也使用了一系列指标,依此来评价开始于17世纪并逐渐上溯到13世纪的历史证据。

这听起来可能很奇怪,但是,当我开始对此展开研究,我就确立了一个初步的模型。农民是什么时候"消失"的呢?我对此颇为好奇,我确实相信,上溯至15世纪左右,我就能找到真正的

---

[11] 麦克法兰:《英国个人主义的起源》,第33页。

[12] 尤金·韦伯:《农民变成法国人:法国农村的现代化,1870—1914》。

农民。一些研究中世纪与早期现代的历史学家论述了大转型。我的这一信念正是基于我对大转型论述的阅读。但是，当我更为细致地审视他们的论述时，并且把我自己的研究档案的作品与最近的一些研究成果结合起来，尤其是与理查德·史密斯博士的成果结合起来，我就开始认识到，这是一个巨大的神话。在过去许多年里，我不自觉地接受了一种模型，然而，数据与这个模型的预测并不匹配。我的思想中发生了爆炸，我为之感到惊奇、讶异，这本书就抓住了这些内容。人们可能会对我的方法感到好奇，但是，在我自己的案例中，以及在许多其他的案例中，它已经迫使我们重新思考那些老套的模式化观念。这种方法导致我们得出结论，认为现代史学与社会学思想最为核心的正统观念是错误的。而且，它也因此直接挑战了马克思、韦伯，以及许多晚近的史学家的著作。既然如此，那么，它就不自然地吸引了大量批评性关注。我们可以简要地审视一些人们既已提出的批评。

一系列批评聚焦于程序；亦即聚焦于模型的选择、包含在模型中的内容，以及模型的构建方式。第一个论证是，农民阶层模型以事例为基础，但事例的数量太少。哈里斯论称，它"根据三本研究波兰与俄罗斯农民阶层的著作构建起来"。费斯、希尔顿、戴尔（Dyer）、哈姆斯（Hyams）与赫利希也论称，这个模型的基础是斯拉夫人或东欧人。我希望在上述概要中已经表明，这是一种扭曲。这个模型建立在许多文明的基础上。关于全世界农民阶层的基础本性，许多人做出过重要论述。这个模型也以那些最重要的论述为基础。这个模型只有一部分以具体的东欧案例为基础。我不相信，这个模型能够如此简单地被驳回。实际上，除了赫斯特与基斯·特赖布（Keith Tribe），评论家没有挑战更加广泛的伍尔夫、萨林斯、达尔顿、雷德菲尔德、纳什、索纳等人的著作。对我的论证而言，他们的著作与其他研究东欧的著作一样重要。

哈里斯论称，我的模型只以三个案例为基础，然后，他继续质问，我们是否可以从如此少的案例中提炼出任何有意义的模型，以及，"从一个特殊语境（在这个案例中就是东欧）中抽象出一个理想类型，用它创造一个普遍的思考范畴（例如，农民阶层）"是否为一种有效的方法。它很可能无效，但是，正如上文第一章表明的，同样，我也没这样做。令人惊讶的是，同一作者随后又表明，我的比较在根本上就不成立。因为，我的与经典农民阶层有关的材料是"根据这三本最概括最综合类型的著作构造而成"，并且我的英国材料以特定村庄、领地的特殊研究为基础，所以，我没有在同情形下进行比较。为了回答这一点，我们可以注意到，看起来，对于托马斯、兹纳涅茨基的著作的特征，这并没有做出正确的归纳。然而，更重要的是，正如我清晰呈现的那样，我的模型基于数十本田野调查专论、对特定村庄和共同体的人类学研究。

哈里斯的下一条批评也曾由费斯、赫利希、罗兰德提出。它基本上是说：我本应使用一个基于西欧（或许是立足于法国、意大利等地）的模型，而不应把东欧作为我的核心的具体比较对象。这个观点颇为合理。我已经说明为何不这样做的原因。但是，这些批评者和贝克博士可能会认为，通过采用一个非常纯粹且具体的案例，我把论证推向了极端。如果我选择离英格兰更近一些的某个地方，我会更加安全一些。如果这样做，我也的确能够在西欧内部提出一些更微妙的相似性和差异。但是，我不确定它可以像第一种努力那样揭示出那样多的内容。与古迪、哈伊纳尔类似[13]，我发现，为了看到一些独特性，从欧洲之外来审视会令人耳目一新。至于这项在欧洲内部发现更好区分的工作，我把它看成是第二阶段。在本书最后两章，我使用了一些从这一更宽广视野中获得的洞见，对英格兰和欧洲其他地区进行比较，在那里我开始了第二阶段的工作。然而，无可置疑的是，当罗伯特·罗兰德指出，我需要表明，为何英格兰、法国和意大利全都"以各自的方式不同于理想类型"，他就给出了一个强有力的论证。

看起来，菲利普·科里根发现，我对模型的使用以两种方式陷入了混乱。首先，他认为，我取用的农民阶层定义"是在1945年后才发展出来，目的是用来描述在一个资本主义世界市场得到界定的农民"。我把这些定义用于13—17世纪的英格兰，没有发现这样的农民，然后就论证说那里根本不存在农民阶层。这个过程颇为古怪。我同意，当我们使用现代范畴，并把它们强加于过去时，我们会遇到许多危险。从某些方面来讲，这就是我的观点。我正在论证，无疑一些历史学家确实正在这么做。关于"农民"的特征，他们从现代社会的经验中得出未经检查的假设，然后令中世纪的人看起来与他们相像。或许，如果我说明，关于中世纪或现代英国人是否为"农民"，我没有任何兴趣，那我或许就能消除这一误解。我感兴趣的是，在过去的那些世纪里，现今与农民阶层联系在一起的无数特征——个人财产权的缺失、对广泛渗透

---

[13] 古迪编：《家庭》；哈伊纳尔：《欧洲婚姻透视》。

到村庄层面的金钱与市场的限制、较低的地理流动性、对土地的象征性依恋、一种特定类型的家户形式等——是否在英格兰有所呈现。我的确没有看到，1945年的资本主义世界市场与这些根本的经验问题具有真实的相关性。

同一评论者给出了第二个批评：很明显，在有些地方，我看到我用一种"表象"（或模型）来制衡另一种，在其他地方，我又表明，我正在"比较两种可比较的现实"。如果不引用任何具体的例证，我就很难回答这些批评。原则上，总体而言，两者都是有效的程序。有时候，我会比较观察者的经典农民阶层模型与历史学家的中世纪英格兰模型。在其他时候，我又会把我认为的当下农民社会的"真相"与某些历史"模型"加以比较，或将过去的"真实"与过去的"模型"加以比较。既然在这本书中，我非常清楚自己正在做的这些事情，那么在我看来，我对它们所做的一切就都是合法的，我也总是承认与前面那些简洁的评论所暗示的内容相比，"真相"与"表象"之间的关系要更加复杂。然而，很可能，我并不总是足够清楚地知道我正在做什么。因为，一位富有洞察力的批评者罗伯特·罗兰德表明，我"显得混淆了理想类型和一个简化的农民社会的经验模型"。

安顿·布洛克博士是一位人类学家，他提出了一些其他方法论上的批评。他认为，我的模型"既是理性类型，又是刻板印象，也是对'真实'农民阶层的描述"。他并不因为模型自身而反对它，而是认为我创立的模型过于简单了。我的模型把俄罗斯、印度和地中海的农民归并在一起，他不喜欢我的归并方式，认为我并在此过程中消除了非常重要的差异。我承认模型非常简单，事实却非常复杂。我不得不依赖那些最重要的专家做出的归纳。当这些专家写作专著或文章，论述世界层面的"农民"时，他也可以提出相同的批评。

然后，布洛克博士继续提出一个独特的论证。我认为这个论证带来的帮助较少。他论述道，我偏爱"在贫瘠的唯名主义祭坛上牺牲文化多样性"，而且，"关于那些没有清晰边界的概念"，我也在表面上感受到了"担忧"。这些论述措辞严厉，我也不能只让读者来评价它们是否为真。然而，我要说的是：为了启发与分析的目的，如果我们拥有一个清晰、不模糊、简洁（如果是过度简洁）的模型，这要好过拥有一个更加现实，但很可能有更多限定也更为复杂的模型。相信这一点并不必然意味着，我对没有清晰边界的概念感到"心忧"。关于这个概念，我只是碰巧发现它们没那么有用。

布洛克写道，我的"误解与这样一种信念密切相关，即比较方法唯一的目的就是寻找相似性"。除非我误会了布洛克的含义，那么这就是垃圾。我或许真的消除了其他地方农民阶层中的某些差异，可是，我的著作的两个核心论题确切地聚焦于差异，而非相似性。我之所以使用比较方法，其目的也确实是想要展现中世纪英格兰与古典农民阶层之间的差异，展现英格兰与欧陆许多地方的差异。的确，正是因为强调这些差异，我才遭受了粗暴的谴责。仅仅因为对相似性感兴趣就受到谴责，尤其是还间接涉及了马克·布洛赫，这样做并不会带来什么帮助。布洛赫、布洛克和我都赞成，比较方法既要寻找相似性，也要寻找差异，本书有意为此提供一大范例。

另一个批评是，在某些方面，这个模型是不完整的。费斯博士论证说，与其说我创立了一个"全能社会模型，农民只是这个全能社会模型的一个次要阶层"，不如说我创立了一个"农民阶层模型"。这一指控的证据是，"在这本书中，地主基本上没有出现"。在英格兰、波兰、俄罗斯等地，农民并不是自治的，而是"附属于一个统治阶级"。除了对"统治阶级"这个词不合时宜的频繁使用外，在这里，费斯博士还有一个观点。尽管在事实上，我的模型的确非常强有力地混合了领主与农民之间的关系，但是，正如我早先承认过的那样，在处理中世纪英格兰时，我需要对此领域给予更多关注。它没有破坏模型或我们对模型的处理，但它是一条可以进一步强化论证的线索。

费斯博士的第二个批评是，"就我们把农民生产理解成一个经济体系而言"，这个模型"贡献不多"。她说，这并不令人惊讶，因为它"首先是人类学家与社会学家的创造，他们的兴趣在别处"。费斯博士不相信，我非常熟悉农民的真实行为。就其表象而言，她认为农民意味着用成队的牛来耕地、开放田野农作，以及其他农业技术和组织特征。现在，我的确没有把这本书的许多内容献给这些问题，但是，对伍尔夫、索纳、萨林斯、纳什等人而言，如果有人说他们忽视了这些问题，因为他们的"兴趣在别处"，那这就是对他们的诽谤。在一个可被称之为"农民"村庄的地方，我生活了15个月，并写了一本书，用极其细腻的笔触分析这个社会的生产方法，所以，情况就是，我非常熟悉这些主题。[14]

---

[14] 麦克法兰:《资源与人口：尼泊尔古隆人研究》。

这是一个我应该更深入了解的领域,但是,我已经阅读了许多关于农业生产方法的经典论述。在这本书简明扼要的约束中,我没有更为详细地处理这些问题,因为看起来,它们并不位于我的具体论证的核心。我不是碰巧才相信,对于人们是否为农民而言,开放田野的农作、耕种,以及生产的物质方面可以提供许多线索。有人可能不会同意,并来论证某种技术决定主义。根据这种技术决定主义,生产方式不可避免地导致某些生产关系。这些论证听起来颇为有趣。我通过世界获得了关于农业社会的知识,它不会支持这种粗糙的联合。我也没有感受到,这是模型中的一个巨大的缺口。

根据费斯博士,我并不熟悉农民的行为,这一事实为之提供了进一步的证据:我在一个古怪的脚注中写道,我决定"不去讨论农民的生产,也不去讨论,关于我们对农民生产的认知,查亚诺夫做出了什么贡献(第15页,注释31)"。这看起来证据确凿。我似乎已经承认,我不会对农民生产做出任何讨论。实际上,如果有人转而去查看那条注释,他就会发现,我在注释中完全没有提及农民生产。我所说的是,关于"农民阶层的家庭经济的普遍讨论",许多俄罗斯学者已经做出了重大贡献。这是另一个主题,我也已经决定不去细致梳理他们的作品。

这个脚注产生于我与沙宁教授的讨论。他是这个领域的专家。在更早的手稿中,我已经写了与查亚诺夫等人有关的许多内容,但是,他指出这是一个庞大且复杂的辩论领域,如果我要进入这个领域,我就应该准备的更加充分,否则就完全不要进入了。关于农民与生产的家庭模式,他几乎对我所依赖的主要权威们都产生了明显而广泛的影响,这些权威包括了沙宁自己、萨林斯和伍尔夫。所以,通过查亚诺夫对他们的这种影响,我决定间接使用查亚诺夫的重要作品。我认为,通过写下"我决定不直接提起他的著作",以及假设大部分人都知道,查亚诺夫对更广泛的文献有所洞见,而我严重依赖他的洞见,这两者结合起来就足够了。但是,这个脚注给了许多评论者(包括费斯)机会,使之能够给予更加广泛的打击。

保罗·赫斯特(Paul Hirst)提出了一些有趣的理论观点,声称我最终不能以此方式避免平民主义与马克思主义的对抗。在最广泛的层面上,他可能是对的,我也将转向他的论证。但在本书语境中,我仍然感到,如果我多用10页篇幅或在本书伊始就回到这些专门的辩论上来,我就会失去许多读者。赫利希教授更是少有帮助。他论称,"麦克法兰忽视了最重要的农民经济理论家,俄罗斯学者查亚诺夫,因为他害怕'使论证复杂化'"。这是一项彻头彻尾的指控,听起来颇为糟糕。我当然没有"忽视"查亚诺夫的著作,它令我的著作受益匪浅,我也对之十分尊重。只是,看起来他是唯一不用详细处理就可以获得其主要洞见的俄罗斯作家。

最后两个对普遍方法论的批评非常有趣。芭芭拉·多纳根表明,在某种意义上,"认真地对农民阶层进行社会学-人类学定义"有些"伦类不通"。她承认:当其英国证据不足以支持论证时,它允许我们通过类比其他农民社会来"展示中世纪历史学家"论证的弱点,并且,既然这是我的部分目的,它也具有某些合理性。它是"伦类不通的",因为我对古典农民阶层的信念具有一个"理论因素"，这表明，我相信有些事情只是一个信仰问题。既然信仰问题颇有争议，不可证明，那么，多纳甘博士很可能感受到，我们应该把它们排除在论证的范围之外。

在有些人针对这一农民模型的使用做出充满恶意的回应后，我就好像感受到，在做出论证时，我的确从未提及一个比较的农民阶层模型。不幸的是，我不确定，我如何能够在实际上做到这一点。如果我已经列出了一系列标准，我也声称，这些标准彼此关联，那么，我只要表明，它们如何没有出现在中世纪或早期现代的英格兰，许多人就有可能会回答说，它们在任何地方都未曾出现，只要求我清晰阐释并记录我的比较模型。进而言之，我确信，如果我不向自己阐述清楚，我就不能质疑资产阶级革命假说日益增长的正统地位。我假设，为了我自己的目的，我本可以使用一个更易于理解的模型将之遮掩过去。这个程序原本更为安全，但是，我认为这一程序也没有那么诚实。坦诚地说，如果我们试图分享一个人的思想过程，这一努力将吸引所有批评者，但是，我仍然认为，历史学家等人应该将其比较模型阐述清楚。

从表象来看，关于我的比较模型建设的本质，这些就是主要的方法论批评。我们已经看到了，有些很可能是正确的，还有一些完全正确，有些则是夸张、错误的陈述，或是立基于误解之上。总而言之，它们没有说服我，让我相信，我的论证过程在概念或对概念的使用上具有基础性缺陷，尽管我原本可以做得更好一些。至于我是否回答了这些批评，那就留待他人评说吧。

毫无疑问，我本可以改善这个模型的内容。在这里，我面对着第二类批评，亦即比较模型的组成部分基本上是错误的。主要的批评有两种。首先，与我的模型所允许的情况相比，农民更加多样，没有那么"纯粹"和"一致"。正如在上文中，我的引文表明的那样，我已经预料到了这一批评。如果有人把一个模型视为一种法则或基准，那么，根据一切指标的差异，具体的社会将会具有不同的定位。我尤为强调，在西欧，情况正是如此。所以，布洛克博士提醒我们，南意大利的农民并非总是"家庭主义的"，他们常常以市场为导向，出售和购买土地，有时候还具有地理流动性。甚至，非欧洲的农民阶层也是如此。他的提醒颇有帮助。这当然是真的。但是，我看不出来，它如何令讨论变得无效。如何创造一个逼真的模型是一大难题，它只不过为此难题增加了一些细节罢了。

然而，最严厉的批判留给了我对东欧农民阶层的处理。我们已经看到，有些评论者说服了他们自己，认为我的整个农民阶层模型立基于东欧，以及我对东欧的整个论述则立基于三大综合性论述。下一阶段就是要表明，这三个论述并不准确。有人把我一步一步地推上跳板，最后又把我推进鲨鱼的血盆大口。我拒绝接受论证中的前两个步骤。正如前文第一章所表明的那样，我在写作这本书时，我很容易忽视东欧。但是，假设我现在处在木板的末端，有人向我提出了问题，"他是否让整个模型立基于错误的报道？"答案是什么呢？

我首先要说的是：关于波兰，加莱斯基的权威几乎不会受到直接的挑战；关于俄罗斯，托马斯与兹纳涅茨基煌煌大作的权威，或者沙宁的权威也几乎不会受到直接挑战。费斯博士论证，人们会怀疑这个模型是否准确。库拉（Kura）研究波兰封建主义的作品表明：领主与农民经济彼此类似，它们都是货币化且"自然而然的"；而且，很早以来，波兰农民就迫切地想要进入市场。他的作品将会令人们怀疑这一对"自然"经济的严格定义。与之类似，查亚诺夫的著作没有假设这样一种观点，即土地市场并不存在，工资劳动力也完全匮乏。我期待费斯博士是正确的。我写道，实际上没有任何一种情形是纯粹的；的确，既然对农民阶层的定义使之成为一个"半社会"，一个与更大的整体相关联的部分，这个更大的整体包括一个国家、一个市场、诸多城镇等，那么农民社会必然具有这些因素中的一部分。如果这些因素全不存在，它就不是农民，而是别的东西。

希尔顿教授还以另一种形式提出了相同的观点。根据转引的史密斯的作品中提供的证据，据说中世纪的俄罗斯农民具有更强的流动性，他们生活在原子化的家庭中，对特定地域没有情感上的依赖，从事土地买卖等。的确如此。我没有试图描绘一幅陈腐的一成不变的东欧"农民"画卷。我听说中世纪俄罗斯农民也不适合某些英国中世纪史学家的模式化观念。但是，我没有看到，这对模型造成了巨大的影响。关于他们正在描述的时代与群体，加莱斯基、沙宁、托马斯、兹纳涅茨基错了吗？如果他们错了，就可以通过"麦克法兰被其顾问严重拉低"这样的讽刺而非通过暗示表明他们的错误。

两位评论者对这个问题做出了建设性的讨论。基斯·特赖布声称，沙宁《棘手的阶级》一书"依赖发展社会学与斯拉夫主义的结合，从而呈现出一个作为统一与自然秩序的俄罗斯农民形象"。然后，针对沙宁的著作，特赖布继续提出了许多其他的批评。在此辩论中，我无力深入，但是，人们声称最多的是：沙宁是与东欧农民有关的三大主要权威之一，与真实情况相比，在她的笔下，20世纪早期的俄罗斯农民更具公社精神、更加稳定，也更多地以家庭为基础。如果这一批评是正确的，那么我的模型就需要做出一些调整。沙宁的农民本不会如我所想的那样接近长凳的一端。

保罗·赫斯特对此问题做出了一些有趣的评论。他正确地指出，查亚诺夫，尤其是沙宁、索纳、萨林斯的著作……强有力地影响了我使用的理论文献。然后，他提醒我说，"这一农民经济模型总是引发争议。"他写道，我不能避免民粹主义与马克思主义之间的分歧。赫斯特论称，我的农民模型如此剑走偏锋，以至于它不适合俄罗斯的情况。换言之，沙宁很可能是错的。他用什么来支持这一论断呢？"我们可以论证，若要归纳俄罗斯（当然是1861年之后）"的特征，就会看到"农业生产者是个人主义的和高度货币化的，家庭成员很少拥有与人头有关的权利，公社或氏族对土地持有的管理只扮演了边缘性的角色，相反，借贷、土地的出售与租借、工资劳动等却扮演了重要角色"。然后，他又继续讨论了更为详细的观点，这些观点表明，如果他是对的，我所描绘的俄罗斯图像就太简单了。

如果最后的结果是：我创造的东欧农民模型过于极端，或者它甚至就是沙宁、加莱斯基等人心中的模型，而非对他们正在研究的那段时期的精准呈现，那这并不会给我的著作带来破坏严重的一击。正如我们在讨论韦伯的模型时已经看到的那样，这恰好就是模型要服务的目的。的确，当我认为，我的著作对英国史具有主要影响，它像回旋镖一样，让人们质疑东欧农民的刻板印象，如果情况确实如此，那它将会令人耳目一新。如果有一种方式可以表明，东欧的模型与事实以我假设的方式彼此符合，辩论也以此方式得到解决，它自然会更加方便。但是，我的主要兴趣是，使用一个模型（一个思想实验）来揭示三件事：首先，当历史学家和社会学家试图研究英国史的发展时，他们在想什么；其次，关于历史证据，我们也可以提出一些有趣的问题；最后，把它当成一个预测系统来使用。

当我们处理历史材料，尤其是分析13、14世纪这样档案稀缺的历史时期时，关于什么是有趣的问题，我们有必要具有一种直觉；换言之，我们有必要拥有一种用于检验的论题。这个社会原本是什么样子呢？关于这个问题，在创造出一种简化的农民阶层模式后，我就获得了一系列连锁的预测。正如约翰·哈彻尔提出来的，我不只是努力"详尽地"表明，英国村民"看起来总是不同于19世纪的波兰与俄罗斯居民，或20世纪的土耳其与墨西哥人"。如果确实如此，它明显就是一个荒谬的行为。我要努力表明，一种强大的把一切社会史归并到一起的趋势在近期得到强调。人们很容易会认为，一切社会都通过一个一致的"农民"阶段进步到"现代"社会。人们倾向于得出结论，认为英格兰唯一的不同在于，它比世上其他一切地方都更早地实现了这种进步（或许荷兰与丹麦除外）。我使用了一个抽象的模型，以便帮助我自己，也希望帮助其他人摆脱这样一种狭隘的路径。

我们可能会问，在《英国个人主义的起源》中，我还提出了什么别的论证呢？它们站住脚了吗，还是遭到了摧毁？在这里，我必须把这个问题留待他人决定。当然，有人认识到，我正在驶向巨大的奖赏。劳伦斯·斯通写道，"关于现代世界的演进，一本书表现得挑战了传统智慧的所有文献，这并不常见"。如果在我的事实以及从中得出的推论中，我恰巧是对的，那么他就会同意，我"说出了非常重要的东西"。的确，它是如此重要，以至于只要我大体上正确，我就会成为斯通所谓的"历史学的爱因斯坦"。

当然，其他人也在沿着同一路线航行，找到了一块直到最近人们还否认存在的土地。我在上文第六章描述了一支小舰队，在那里，我们将会注意到，直至1978年，大部分已经出版的著作都在一个方向强有力地论证，那些紧随《英国个人主义的起源》出版的作品则采用了一个完全不同的视野。克拉克非常巧妙地归纳了许多后续的历史研究，它们现在已经出版，并且基本上支持连续性论题。[15]"马克思、韦伯、涂尔干、托克维尔、罗斯托等外国人全都提出了一种关于英格兰的大理论。"对于这场已经开打的战役，我已经做出了论述。但是，我的论述，以及本书展现的进一步的证据能否说服他人相信，我已经成功摧毁了斯通所谓的这种"大理论"呢？这需要读者来裁断。斯通论证，"有一个事实仍然没有得到证明，它只具有有限的普遍重要性；一种难以置信的假说便以与此事实的遥远联系为基础；这便是这一假说的难以置信的结果"；并且，没什么比那更应受到谴责了。

就我个人而言，我将会接受，这个论证在许多方面都是错的，如果我现在来写这本书，我无疑也会做一些调整。尤其是我会用

---

[15] 克拉克：《革命与反叛：17与18世纪的革命与社会》。

一种幼稚的方式回应，有些评论原本可以宽厚且理性地加以处理，而非脱离语境，语带戏弄，以便败坏这本书的名声。针对这些评论，我将做出更为清晰的阐释。不仅如此，根据几乎被中世纪史学家评论者普遍认同的陈述，即他们从不相信存在真正的农民、家庭财产等，现在，我也不会以同样的方式来展示他们的发现。从表象上看，我们比我认为的那样更加一致。然而，回应的模糊性常常以某种海盗的方式，猛烈地攻击，试图撞沉这本书，同时又大声宣称，他们是真正的朋友，我为何还要另做他想呢。这种模糊性也的确表明，我的写作的确言之有物。

附　　录

一条注释：论资本主义的性质

在这本书中，"资本主义"一词被频繁地使用。我应该讲清楚我想用它表达什么意思。马克思和韦伯为"资本主义"这个词及一系列彼此关联的特征赋予了经典表述，联系这个经典表述来做这件事就再简单不过了。资本主义是众多社会形态中的一种。在马克思的分析中，一种社会形态由经济基础或"生产方式"和上层建筑组成。众所周知，马克思尤其关注资本主义的"生产方式"，并且，尤为关注历史上某种具体的经济基础。他认为，这种经济基础在西欧兴起于15—18世纪的某个时间。它的核心特征是什么呢？

至关重要的是生产关系，即生产过程中，人与人之间的关系。在资本主义生产关系中，个人私有财产得到了充分发展。财产不再由国家、公社或家庭拥有，甚或由领主所有，而是完全由个人支配。这不仅适用于不动产，也适用于个人的最终"财产"——劳动力。在资本主义生产关系中，一切都异化了，每件事物都是一种在市场上交易的商品，人们能够买卖物品，也能够买卖他们自己和彼此的劳动。很明显，一切都得到了释放，并被赋予货币价值。所以，个人私有财产与普遍的雇佣劳动是资本主义的核心特征。这些特征使阶级得以出现：所有者和被所有者，地主、农民与劳动者，资本家与工人。

根据这种生产关系中的变化，生产方式中也出现了一种变化。工具与物质环境变化了。在一个人造的世界中，人类寿命变得越来越长。机械替代了人类劳动。水磨是封建主义的基础，蒸汽机则是资本主义的基础，这个评论非常著名。一如这个评论所表明的那样，尽管生产关系与方式之间的联系不是自动的也没有固定的方向，但它们之间很可能存在某种联系。当人的工具发生变化，他与其他人的关系也随之变化。这包括了生产组织中的变化。沧海桑田，一个少有专门化与劳动分工的世界转变成一个分化日益加剧的世界。在资本主义之前，唯一的专门化出现在社会的主要阶层之间：一方面是牧师、教育者、战士和统治者，另一方面是成群的农业工人。在那时候，手工技艺纷繁杂多，但是，城镇和市场很小且处在外围，工匠也很少。在资本主义中，这一切都变了，而且，工厂生产的兴起有必要使不断增长的分工变成以分钟计算的任务。

马克思注意到，一些相关的变化与这些核心特征绑定在一起：一个大体上非货币化的交易体系变成几乎完全由金钱主导的交易体系，以物易物变成为一种金钱标准。在此之前，农业和其他物品首先是为了即刻消费，偶尔为了交换而生产，现在则主要是为了交易而生产。地理和社会流动性也获得增长。人们不再与一个领主或一片土地绑定在一起。资本主义生产模式需要的劳动流动性使用一个庞大的没有财产的工人阶级的形式浮现出来。

马克思关注这些基础结构特征，除了在某些脱口而出的评论中，他只把较少的注意力放在资本主义的司法-政治以及意识形态维度上。例如，他论述说，当贵族制居于主导地位，荣誉和忠诚的概念就得到强调，但是，在资产阶级统治期间，自由、平等这些概念就居于主导地位。[1]为了拓展定义，把上层建筑包括进来，我们可以转向马克斯·韦伯。

在韦伯归纳的资本主义诸特征中，许多特征都与马克思归纳的特征相重叠。一种"自由"劳动力量的出现摆脱了劳役、奴役或亲属关系的束缚，对韦伯而言，它极为重要。与之类似，劳动分工越发深入，尽管韦伯在这里详尽说明了一种新的区分："商业从家户中分离出来，这一分离彻底统治了现代经济生活"，它也至关重要。这并不必然是物理性的分离，就像工作地点与家户之间的分离一样，它是"在法律上，法人从私人财产中分离出来"。[2]一个人可能以一种方式作为一个商人行动，以另一种方式作为家庭成员行动，这种区分使之得以实现。它也包括了有限的责任、公司与合作的措施。到目前为止仍然分布广泛的"家庭生产模式"把经济生产单位与社会再生产单位混合在一起，经济生产单位与社会再生产单位之间的分离就存在于"家庭生产模式"的瓦解背后。在政治、经济等事务中，公共与私人领域日益分化，这一区分也随之出现。它也与一种新型的"理性记账法"的发展有关。

在比较封建与资本主义体系时，韦伯论证说，中世纪欧洲大领地上的耕作并非"资本主义的"。"如果它导向资本会计学，尤

---

[1] 马克思、恩格斯：《德意志意识形态》（Marx and Engels, *German Ideology*），第65页。

[2] 马克斯·韦伯：《新教伦理与资本主义》，第21—22页。

其是导向一种事先的评估,用金钱来估计从一种交易中获取利润之机会",那它只可能如此。[3] 韦伯在其他地方非常清晰地扩展了这种观点:

> 我们把资本主义经济行为定义为这样一种行为,它基于交易机会的效用化,追求利润的扩张,亦即基于(形式上)和平的营利机会……人们总是根据金钱计算资本,无论是借助现代簿记方法还是任何其他方法,无论多么原始和粗糙,这是一个重要的事实。所有事情都要做到平衡。因此,当企业开始运转时,即有最初损益平衡表,每一个别交易进行前,人们都要进行估算,以确定其适当的盈利。在企业结束时,则有最后的决算损益平衡簿记,以确定所获"利得"。[4]

所以,其核心特征不存在于真实的会计方法中,例如复式记账法等,而是存在于精神态度里,即计算出通过交易盈利的可能性的欲望。

所以,韦伯总是谈论态度与意识形态,当他洞见到资本主义的精神气质时,他就做出了最重要的贡献。最后,资本主义的独特性存在于它对待金钱、时间、效果、积累等事物的态度。韦伯认为,在资本主义之下,积累、节省、追求利润在伦理和感情上都变得富有吸引力,在此之前,它们则不被接受。把无止境的积累当作目的而非手段,这样的伦理正是资本主义最核心的特质。

---

[3] 马克斯·韦伯:《社会组织和经济组织理论》(Weber, *Theory*),第267页。
[4] 马克斯·韦伯:《新教伦理与资本主义》,第17—18页。

人们被赚钱与获取所统治，把它们当成人生的最终目的。经济上的获取不再作为一种满足物质需要的手段从属于人。这颠覆了我们所谓的自然关系……很明显，它的确是资本主义的首要原则，一切没有受到资本主义影响的民族对之感到颇为陌生。[5]

在落后的边远地区，这一伦理或精神也可能繁荣，或者在古代文明的大市场里，它也可能缺席。韦伯看到，在其自身之内的金钱、依靠它们自身的诸多市场，甚至特定的会计体系都不重要，重要的是这些事物的用途与目的。资本主义的根不是金钱，而是对金钱的爱。

韦伯是一位难以捉摸且时常自我矛盾的思想家，然而，关于他所认为的资本主义的必要（如果是非充分）条件，他有时候会列出清单。一个这样的清单出现在他的《经济通史》（General Economic History）中。他列举了六个这样的特征。第一个特征是"理性的资本会计制度"，第二个是"市场的自由"（换言之，不存在阶层或对贸易的其他限制），以及第五个特征是我们已经论述过的"自由劳动力"。其他三大特征需要补充到资本主义的定义上。他的第三个前提是一种"理性的技术"，"亦即一种可以在最大程度上分解为计算的技术，它意味着机械化"。在这里，由于一种我们已经论述过的观点，他与马克思叠合在一起，即资本主义很可能与一系列工具联系在一起，尤其是与那些让人们控制环境的

---

[5] 马克斯·韦伯：《新教伦理与资本主义》，第53页。

机械联系在一起。韦伯最后补充了两个条件,它们把人们再次带进上层建筑与基础结构之间的边界,韦伯摆脱了这种人为的区分。他的第四大特征是"可预测的法律"的必要性。正如他所谓的,"工业组织的资本主义形式如要理性地运转,它就必须依靠可预测的判断与管理"。在希腊城邦,以及在亚洲的父权制国家,这都没有出现。韦伯认为,"在斯图亚特王朝之前的西欧国家中",它也未曾出现过。但是,没有政治与法律的确定性,人们就不能做出理性的决定。最后的特征也与法律有关,但是以另一种方式。这就是"经济生活的商业化"。他认为,"经济生活的商业化"意味着"普遍使用商业工具,来代表在企业中以及在财产所有权中共享的权利"。[6]

当然,关于资本主义诸特征,人们还可以进一步加以补充:马克思关注的心理异化、恩格斯记录整理的个人主义家庭体系,以及在韦伯著名的"世界的祛魅"中呈现出来的对自然的新态度。但是,关于那一特殊历史现象更为深刻的特征,我们已经了解得足够充分,能够描绘出一幅好的图画。这本书的论题之一正是那一特殊历史现象的起源和发展。

---

[6] 马克斯·韦伯:《经济通史》,第208—209页。

参考文献

（注释：除非另有说明，所有书籍均在英国出版）

Adler, *Auto da Fé*. Adler, Elkan N., *Auto da Fé and Jem*, 1908.
Ady, *Candle*. Ady, Thomas, *A Candle in the Dark*, 1656.
Anderson, *Approaches*. Anderson, Michael, *Approaches to the History of the Western Family, 1500—1914*, 1980.
Anderson, *Lineages*. Anderson, Perry, *Lineages of the Absolutist State*, 1974.
Anglicus, *Properties*. Anglicus, Bartholomaeus, *On the Properties of Things*, 2 vols, translated by John Trevisa, 1975.
Appleby, *Famine*. Appleby, Andrew B., *Famine in Tudor and Stuart England*, 1978.
Arensberg, *Irish Countryman*. Arensberg, Conrad, *The Irish Countryman: an Anthropological Study*, reprinted 1959.
Ariès, *Centuries*. Ariès, Philippe, *Centuries of Childhood*, 1962.
Atkinson, 'Trial at York'. Atkinson, C. M. 'Trial at York for Counterfeiting', *Thoresby Society*, IX, 1899.
Bacon, *Essayes*. Bacon, Francis, *The Essayes or Counsels Civill and Morall of Francis Bacon, Lord. Verulam*, Everyman Library, 1910.
Baechler, *Origins*. Baechler, Jean, *The Origins of Capitalism*, translated by Barry Cooper, 1975.
Bagot, 'Manorial Customs'. Bagot, A., 'Mr Gilpin and Manorial Customs', *Transactions of the Cumberland and Westmorland Antiquarian and Archaeological Society*, new series, 1961.

Baker, *Introduction*. Baker, J. H., *An Introduction to English Legal History*, 1971.
Baroja, *World*. Baroja, Julio Caro, *World of the Witches*, 1964.
Beattie, *Crime*. Beattie, J. M., *Crime and the Courts in England, 1660— 1800*, 1986.
Becon, *Works*. Becon Thomas, *Works of Thomas Becon*, edited for the Parker Society by Rev. John Ayre, 1845.
Bellamy, *Crime*. Bellamy, John, *Crime and Public Order in England in the Late Middle Ages*, 1973.
Bendix, *Max Weber*. Bendix, Reinhard, *Max Weber: an Intellectual Portrait*, University Paperback ed., 1955.
Bennassar, *L'Inquisition*. Bennassar, B., *L'Inquisition Espagnole XVe- XIXe Siècle*, Paris, 1979.
Blackstone, *Commentaries*. Blackstone, Sir W., *Commentaries on the Laws of England*, 18th ed., 1829.
Blanchard, 'Review'. Blanchard, I., 'Review of R. H. Hilton, *The English Peasantry in the Later Middle Ages*', *Social History*, 1977.
Bloch, *Feudal Society*. Bloch, Marc, *Feudal Society*, 2 vols, translated by L. A. Manyon, 2nd ed., 1962.
Bloch, *Historian's Craft*. Bloch, Marc, *The Historian's Craft*, 1954.
Blok, *Mafia*. Blok, Anton, *The Mafia of a Sicilian Village*, 1974.
Boas, *Primitive Man*. Boas, Franz, *The Mind of Primitive Man*, New York, rev. ed., 1938.
Bois, 'Against'. Bois, Guy, 'Against the Neo-Malthusian Orthodoxy', *Past and Present*, 79, 1978.
Boserup, *Agricultural Growth*. Boserup, Ester. *Conditions of Agricultural Growth*, 1965.
Boserup, *Woman's Role*. Boserup, Ester, *Woman's Role in Economic Development*, 1970.
Bouch and Jones, *Lake Counties*. Bouch, C. M. L. and Jones, G. P. *The*

Lake Counties, 1500—1830: a Social and Economic History, 1961.

Bourdieu, *Outline*. Bourdieu, Pierre, *Outline of a Theory of Practice*, 1977.

Brain, *Friends*. Brain, Robert, *Friends and Lovers*, 1977.

Braudel, *Capitalism*. Braudel, Fernand, *Capitalism and Material Life, 1400—1800*, 1973.

Braudel, *Mediterranean*. Braudel, Fernand, *The Mediterranean and the Mediterranean World in the Age of Philip II*, Fontana ed. vol. Ⅰ, 1976.

Brenner, 'Agrarian'. Brenner, Robert, 'Agrarian Class Structure and Economic Development in Pre-Industrial Europe', *Past and Present*, 70, 1976.

Brenner, 'Capitalist Development'. Brenner, Robert, 'The Origins of Capitalist Development: a Critique of Neo-Smithian Marxis', *New Left Review*, 104, 1977.

Brenner, 'Roots'. Brenner, Robert, 'The Agrarian Roots of European Capitalism', *Past and Present*, 97, 1982.

Briggs, *Hecate's Team*. Briggs, K. M., *Pale Hecate's Team*, 1962.

Britton, 'Peasant'. Britton, E., 'The Peasant Family in Fourteenth-Century England', *Peasant Studies*, V, 1976.

Brown, *Origins of Feudalism*. Brown, R. Allen, *Origins of English Feudalism*, 1973.

Burridge, *New Heaven*. Burridge, K., *New Heaven, New Earth*, 1969.

Butterfeid, *Whig Interpretation*. Butterfeld, Herbert, *The Whig Interpretation of History*, Pelican ed., 1973.

Campbell, *Honour*. Campbell, J. K. *Honour, Family and Patronage*, 1964.

Campbell, *English Yeoman*. Campbell, Mildred, *The English Yeoman under Elizabeth and the Early Stuarts*, Yale, 1942.

Chamberlayne, *Present State*. Chamberlayne, E., *The Present State of England*, 19th impression, 1700.

Churchill, *Poems*. Churchill, Charles, *Poems of Charles Churchill*, edited by James Laver, 1970.

Clark, *Society*. Clark, J. C. D. *English Society, 1688—1832: Ideology,*

Social Structure and Political Practice During the Ancien Regime, 1985.

Clark, *Revolution*. Clark, J. C. D., *Revolution and Rebellion: State and Society in the Seventeenth and Eighteenth Centuries*, 1986.

Cockburn, *Crime*. Cockburn, J. S. (ed.) *Crime in England, 1550—1800*, 1977.

Cohn, *Inner Demons*. Cohn, Norman, *Europe's Inner Demons*, New York, 1975.

Comenius, *Orbis*. Comenius, Joannes Amos, *Orbis Sensualium Pictus*, facsimile of 3rd ed., 1672.

Cowper, *Hamkshead*. Cowper, Henry S., *Hawkshead: its History, Archaeology, Industries*, 1899.

Croot and Parker, 'Agrarian'. Croot, Patricia and Parker, David, 'Agrarian Class Structure and Economic Development', *Past and Present*, 78, 1978.

Dalton, 'Peasantries'. Dalton, G., 'Peasantries in Anthropology and History', *Current Anthropology*, 13, 1972.

Davis, 'Institutional Patterns'. Davis, Kingsley, 'Institutional Patterns Favouring High Fertility in Under developed Areas', *Eugenics Quarterly*, 2, 1955.

Dawson, Lay Judges. Dawson, John P., *A History of Lay Judges*, Cambridge, Mass., 1960.

De Beer, *Diary*. De Beer, E. S. (ed.), *Diary of John Evelyn*, 1955.

De Mause, *Childhood*. De Mause, Lloyd (ed.), *The History of Childhood*, 1976.

De Rougemont, *Passion*. De Rougemont, Denis, *Passion and Society*, 1940.

De Tocqueville, *Democracy*. De Tocqueville, *Democracy in America*, abridged ed., edited by Richard D. Heffner, 1956.

De Tocqueville, *L'Ancien Régime*. De Tocqueville, *L'Ancien Régime*, translated by M. W. Paterson, 1957.

Defoe, *Journal*. Defoe, Daniel, *A Journal of the Plague Year*, Everyman ed, 1963.

Defoe, *Tour*. Defoe, *A Tour through the Whole Island of Great Britain*, edited by Pat Rogers, 1971.

Douglas, 'Population Control'. Douglas, M., 'Population Control in Primitive Groups', *British Journal of Sociology*, 17: 3, 1966.

Dronke, *Love Lyric*. Dronke, Peter, *Medieval Latin and the Rise of the European Love Lyric*, 2 vols, 1965—1966.

Duby, *Early Growth*. Duby, Georges, *The Early Growth of the European Economy*, 1974.

Duby, *Knight*. Duby, Georges, *The Knight, the Lady and the Priest*, 1984.

Engels, *Origin*. Engels, Frederick, *The Origin of the Family, Private Property and the State*, Chicago, 1902.

Fisher, *Essays*. Fisher, F. J. (ed.), *Essays in the Economic and Social History of Tudor and Stuart England*, 1961.

Flandrin, *Families*. Flandrin, J. L., *Families in Former Times*, 1979.

Fleming, *Description*. Fleming, Sir Daniel, 'Description of the County of Westmorland' edited by Sir G. F. Duckett (Cumberland and Westmorland Antiquarian and Archaeological Society) Publ. Tract Series, no.1, 1882.

Fletcher, *Civil War*. Fletcher, A. *The Outbreak of the English Civil War*, 1981.

Fortescue, *Learned Commendation*. Fortescue, John, *A Learned Commendation of the Politique Laws of England*, facsimile reprint of 1567 ed., 1969.

Foster, 'Peasant Society'. Foster, G., 'Peasant Society and the Image of Limited Good', *American Anthropology*, 67, 1965.

Fox, *Kinship*. Fox, Robin, *Kinship and Marriage*, 1967.

France, 'Register'. France, R. S. 'A High Constable's Register, 1681',

Transactions of the Historic Society of Lancashire and Cheshire, CVII, 1956.

Freedman, 'Human Fertility'. Freedman, R., 'The Sociology of Human Fertility', *Current Sociology*, 10/11, 1961—1962.

Freeman, *Essays*. Freeman, E. A., *Historical Essays*, fourth series, 1892.

Fussell, *English Countrymoman*, Fussell, G. E. and K. R. *The English Countrymoman*, 1981.

Gairdner, *Paston Letters*. Gairdner, James (ed.), *The Paston Letters 1422—1509*, 1901.

Galeski, *Basic Concepts*. Galeski, B., *Basic Concepts of Rural Sociology*, 1972.

Ganshof, *Feudalism*. Ganshof, F. L., *Feudalism*, 3rd English ed., translated by P. Grierson, 1964.

Geliner and Waterbury, *Patrons*. Gellner, Ernest and Waterbury, John, *Patrons and Clients*, 1977.

Gerth and Mills, *Max Weber*. Gerth, H. H. and Mills, C. Wright, *From Max Weber: Essays in Sociology*, 1948.

Ginzburg, *Cheese*. Ginzburg, Carlo, *The Cheese and the Worms*, 1980.

Given, *Homicide*. Given, James B., *Society and Homicide in Thirteenth-Century England*, Stanford, 1977.

Gluckman, *Custom*, Gluckman, Max, *Custom and Conflict in Africa*, 1963.

Gluckman, *Politic*, Gluckman, Max, *Politics, Law and Ritual in Tribal Society*, 1965.

Goode, 'Love'. Goode, W. J., 'The Theoretical Importance of Love', *American Sociological Review*, 24, 1959.

Goode, *World Revolution*. Goode, W. J., *World Revolution and Family Patterns*, 1963.

Goode, *Family*. Goode, W. J., *The Family*, New York, 1964.

Goody and Tambiah, *Bridemealth*. Goody, J. and Tambiah, S. J., *Bridewealth and Dowry*, 1973.

Goody, *Inheritance*. Goody, J., Thirsk, J. and Thompson, E. P. (eds), *Family and Inheritance*, 1976.

Goody, *Production*. Goody, Jack, *Production and Reproduction*, 1976.

Goody, *Domestication*. Goody, Jack, *Domestication of the Savage Mind*, 1980.

Goody, *Family*. Goody, Jack, *The Development of the Family and Marriage in Europe*, 1983.

Gough, *Myddle*. Gough, Richard, *Antiquities and Memoirs of the Parish of Myddle, Salop*, n. d.

Hajnal, 'European Marriage'. Hajnal, J., 'European Marriage Patterns in Perspective', in Glass, D. V. and Eversley, D. E. C. (eds), *Population in History*, 1965.

Hale, *Common Law*. Hale, Sir Matthew, *The History of the Common Law of England*, Chicago University Reprint, 1971.

Hall, *Powers*. Hall, John, *Powers and Liberties: the Causes and Consequences of the Rise of the West*, 1985.

Hanham, *Cely Letters*. Hanham, Alison (ed.), *The Cely Letters 1472—1488*, 1975.

Harrison, *Description*. Harrison, William, *The Description of England*, edited by Georges Edelen, New York, 1968.

Hay, *Annalists*. Hay, Denys, *Annalists and Historians: Western Historiography from the VIIIth to XVIIIth Century*, 1977.

Hay, *Albion's Tree*. Hay, Douglas, et al., *Albion's Fatal Tree: Crime and Society in Eighteenth-Century England*, 1975.

Henningsen, *Witches' Advocate*. Henningsen, Gustav, *The Witches' Advocate, Basque Witchcraft and the Spanish Inquisition, 1609—1614*, Nevada 1980.

Herlihy, *History of Feudalism*. Herlihy, David (ed.), *The History of Feudalism: Selected Documents*, 1970.

Hey, *Myddle*. Hey, D. G., *An English Rural Community: Myddle under the Tudors and Stuarts*, 1974.

Hill, *Revolution*. Hill, Christopher, *The Century of Revolution, 1603—1714*, 1961.

Hil, *Reformation*. Hill, Christopher, *Reformation to Industrial Revolution*, 1967.

Hilton, 'Medieval Peasants'. Hilton, R., 'Medieval Peasants- Any Lessons?', *Journal of Peasant Studies*, 1, 1974.

Hilton, *English Peasantry*. Hilton, R., *The English Peasantry in the Later Middle Ages*, 1975.

Hilton, *Peasants*. Hilton, R. (ed.), *Peasants, Knights and Heretics: Studies in Medieval English Social History*, 1976.

Hirschman, *Passiens*. Hirschman, Albert O., *The Passions and the Interests*, New Jersey, 1977.

Hobsbawm, *Bandits*. Hobsbawm, E. J., *Bandits*, 1972.

Hoebel, *Primitive*. Hoebel, E. Adamson, *Man in the Primitive World*, 1958.

Homans, *Villagers*. Homans, G. C., *English Villagers of the 13th Century*, New York, 1941.

Horsfall Turner, *Autobiography*. Horsfall Turner, J. (ed.), *Autobiography, Diaries, etc. of Rev. Oliver Heymood, 1630—1702*, 1822.

Horsfall Turner, *History*. Horsfall Turner, J., *The History of Brighouse, Rastrick and Hipperholme*, 1893.

Hoskins, *Midland Peasant*. Hoskins, W. G., *The Midland Peasant: the Economic and Social History of a Leicestershire Village*, 1957.

Houlbrooke, *English Family*. Houlbrooke, Ralph, *The English Family 1450—1700*, 1984.

Hufton, 'Languedoc'. Hufton, Olwen, 'Attitudes Towards Authority in Eighteenth-Century Languedoc', *Social History*, Ⅲ: 3, 1978.

Hume, *History*. Hume, David, *The History of England from the Invasion of Julius Caesar to the Revolution in 1688 (1754—1761)*, abridged edn, Rodney W. Kilcup, 1975.

Humphreys and King, *Mortality*. Humphreys, S. C. and King, Helen (eds), *Mortality and Immortality*, 1981.

Hunt, *Love*, Hunt, Morton M., *The Natural History of Love*, 1960.

Ibn Khaldûn, *Muqaddimah*. Ibn Khaldûn, *An Introduction to History: the Mugaddimah*, various editions.

James, *Family*. James, Mervyn, *Family, Lineage and Civil Society*, 1974.

Kantner and McCaffrey, *Population*. Kantner, J. F. and McCaffrey, L., *Population and Development in Southwest Asia*, Lexington, Mass., 1975.

Kaplan, *Human Ferility*. Kaplan, Bernice A., *Anthropological Studies of Human Fertility*, Detroit, 1976.

Kerry, 'Leonard Wheatcroft'. Kerry, Rev. C., 'Leonard Wheatcroft of Ashover', and 'The Autobiography of Leonard Wheatcroft', *Journal of the Derbyshire Archaeological and Natural History Society*, XVIII, 1896 and XXI, 1899.

Kroeber, *Anthropology*. Kroeber, A. L., *Anthropology*, New York, 1948.

Kuhn, *Structure*. Kuhn, Thomas S., *The Structure of Scientific Revolutions*, Chicago, 1970.

Langbein, *Prosecuting Crime*. Langbein, John H., *Prosecuting Crime in the Renaissance: England, Germany, France*, Cambridge, Mass., 1974.

Larner, *Enemies*. Larner, Christina, *Enemies of God: the Witch-hunt in Scotland*, 1981.

Larner, *Witchcraft*. Larner, Christina, *Witchcraft and Religion: the Politics of Popular Belief*, 1984.

Lasch, *Haven*. Lasch, Christopher, *Haven in a Heartless World*, New York, 1977.

Laslett, *Lost World*. Laslett, Peter, *The World We have Lost*, 2nd ed., 1971.

Laslett, *Household*. Laslett, Peter(ed.), *Household and Family in Past Time*,

1972.

Laslett, *Family Life*. Laslett, Peter, *Family Life and Illicit Love in Earlier Generations*, 1977.

Laslett and Harrison, 'Clayworth'. Laslett, P. and Harrison, J. H., 'Clayworth and Cogenhoe', in Bell, H. E. and Ollard, R. L. (eds), *Historical Essays, 1600—1750, Presented to David Ogg*, 1963.

Latham and Matthews, *Diary*. Latham, Robert and Matthews, William (eds), *The Diary of Samuel Pepys*, 1970—1983.

Le Goff and Sutherland, 'Brittany'. Le Goff, T. J. A. and Sutherland, D. M. G., 'The Revolution and the Rural Community in Eighteenth-Century Brittany', *Past and Present*, 62, 1974.

Le Roy Ladurie, *Peasants*. Le Roy Ladurie, E., *The Peasants of Languedoc*, 1974.

Leach, *Political*. Leach, Edmund, *Political Systems of Highland Burma*, 1954.

Lévi-Strauss, *Elementary Structures*. Lévi-Strauss, C., *The Elementary Structures of Kinship*, 1969.

Lewis, *Allegory*. Lewis, C. S., *The Allegory of Love*, 1959.

Llorente, *Inquisition*. Llorente, D. Juan Antonio, *The History of the Inquisition of Spain*, 2nd ed., 1827.

Lorimer, *Culture*. Lorimer, F. (ed.), *Culture and Human Fertility*, 1954.

Lowie, *Social Organization*. Lowie, R. H. *Social Organization*, 1950.

Macfarlane, *Family Life*. Macfarlane, Alan, *The Family Life of Ralph Fosselin*, 1970.

Macfarlane, *Witchcraft*. Macfarlane, Alan, *Witchraft in Tudor and Stuart England*, 1970.

Macfarlane, *Ralph Fosselin*. Macfarlane, Alan, *The Diary of Ralph Fosselin (1616—1683)*, 1976.

Macfarlane, *Resources*. Macfarlane, Alan, *Resources and Population: a Study of the Gurungs of Nepal*, 1976.

Macfarlane, *Reconstructing*. Macfarlane, Alan et al., *Reconstructing*

Historical Communities, 1977.

Macfarlane, 'History'. Macfarlane, Alan, 'History, Anthropology and the Study of Communities', *Social History*, 5, 1977.

Macfarlane, *Individualism*. Macfarlane, Alan, *The Origins of English Individualism*, 1978.

Macfarlane, 'Review'. Macfarlane, Alan, 'Review of Lawrence Stone, The Family, Sex and Marriage in England 1500—1800', *History and Theory*, XVIII ; 1, 1979.

Macfarlane, *Justice*, Macfarlane, Alan, in collaboration with Sarah Harrison, *The Justice and the Mare's Ale*, 1981.

Macfarlane, *Guide*. Macfarlane, Alan, *A Guide to English Historical Records*, 1983.

Macfarlane, *Marriage*. Macfarlane, Alan, *Marriage and Love in England 1300—1840*, 1986.

McFarlane, 'Mount Maitland'. McFarlane, K. B., 'Mount Maitland', *New Statesman*, 4 June 1965.

McKeown, *Modern Rise*. McKeown, Thomas, *The Modern Rise of Population*, 1976.

Machell, *Antiquary*. Machell, Rev. Thomas, *Antiquary on Horseback*, edited by Jane Ewbank, 1963.

Maine, *Lectures*. Maine, Sir Henry, *Lectures on the Early History of Institutions*, 1875.

Maine, *Early Law*. Maine, Sir Henry, *Dissertations on Early Law and Custom*, 1883.

Maine, *Ancient Law*. Maine, Sir Henry, *Ancient Law*, 13th ed., 1890.

Mair, *Witchcraft*. Mair, Lucy, *Witchcraft*, 1969.

Maitland, *Collected Papers*. Maitland, F. W., *Collected Papers*, edited by H. A. L. Fisher, 1911.

Maitland, *History*. Maitland, F. W., *The Constitutional History of England*, 1919.

Maitland, *Domesday Book*. Maitland, F. W., *Domesday Book and Beyond*, 1921.

Maitland, *Selected Essays*. Maitland, F. W., *Selected Historical Essays*, introduced by Helen Cam, 1957.

Maitland, *Forms*. Maitland, F. W., *The Forms of Action at Common Law*, 1968.

Malthus, *Population*. Malthus, T. R., *An Essay on Population*, 'Everyman' ed., n. d.

Mamdani, *Myth*. Mamdani, Mahmood, *The Myth of Population Control: Family, Caste and Class in an Indian Village*, 1972.

Mandeville, *Fable*. Mandeville, Bernard, *The Fable of the Bees*, edited by Philip Harth, 1970.

Mann, *Urban Sociology*. Mann, Peter M., *An Approach to Urban Sociology*, 1965.

Marshall and Polgar, *Culture*. Marshall, John F. and Polgar, Steven (eds), *Culture, Natality and Family Planning*, 1976.

Marx, *Writings*. Marx, Karl, *Selected Writings in Sociology and Social Philosophy*, edited by T. B. Bottomore and M. Rubel, 1963.

Marx, *Pre-Capitalist*. Marx, Karl, *Pre-Capitalist Economic Formations*, translated by Jack Cohen, 1964.

Marx, *Grundrisse*. Marx, Karl, *Grundrisse*, translated by Martin Nicolaus, 1973.

Marx, *Capital*. Marx, Karl, *Capital*, 3 vols, Lawrence and Wishart ed., 1954.

Marx and Engels, *German Ideology*. Marx, Karl and Engels, Frederick, *The German Ideology*, edited by C. J. Arthur, 1974.

Millican, *History*. Millican, Percy, *A History of Horstead and Stanninghall, Norfolk*, privately printed, 1937.

Mitterauer and Sieder, *European Family*. Mitterauer, Michael and Sieder, Reinhard, *The European Family*, 1982.

Moore, *Social Origins*. Moore, Barrington, Jr, *Social Origins of Dictatorship and Democracy*, 1966.
More, *Utopia*. More, Thomas, *Utopia*, translated by Paul Turner, 1965.
Morrill, *Britain*. Morrill, J. S. *Seventeenth-Century Britain, 1603—1714*, 1980.
Morris, *Celia Fiennes*. Morris, Christopher (ed.), *The Journal of Celia Fiennes*, 1947.
Moryson, *Itinerary*. Moryson, Fynes, *An Itinerary*, 4 vols, 1908 reprint of 1617 ed.
Mount, *Subversive Family*. Mount, Ferdinand, *The Subversive Family*, 1982.
Myrdal, *Asian Drama*. Myrdal, Gunnar, *Asian Drama*, Penguin, 2 vols, 1968.
Nag, *Human Fertility*. Nag, Moni, *Factors Affecting Human Fertility in Nonindustrial Societies*, New Haven, 1962.
Notestein, 'Economic Problems'. Notestein, Frank W., 'Economic Problems of Population Change', in *Proceedings of the Eighth International Conference of Agricultural Economists*, 1953.
Order, *Court Leet*. *The Order of Keeping a Court Leet and Court Baron*, 1650.
Orwell, *Whale*. Orwell, George, *Inside the Whale and Other Essays*, 1962.
Osborn, *Thomas Wythorne*. Osborn, James M. (ed.), *The Autobiography of Thomas Wythorne*, 1962.
Outhwaite, *Marriage*. Outhwaite, R. B. (ed.), *Marriage and Society*, 1981.
Oxford, *Dictionary*. *The Oxford Dictionary of English Proverbs*, 2nd ed., revised by Sir Paul Harvey, 1952.
Parkin, *Evil*. Parkin, David (ed.), *The Anthropology of Evil*, 1985.
Parsons, *Essays*. Parsons, Talcott, *Essays in Sociological Theory*, New York, 1964.
Pascal, *Pensées*. Pascal, Blaise, *Pensées*, edited by P. Faugère, Paris, 1844.
Pearson, *Elizabethans*. Pearson, Lu Emily, *Elizabethans at Home*, Stanford,

1957.

Petit-Dutaillis and Lefebvre, *Studies*. Petit-Dutaillis, C. and Lefebvre, Georges, *Studies and Notes Supplementary to Stubbs' Constitutional History*, 1930.

Plucknett, *Common Law*. Plucknett, T., *A Concise History of the Common Law*, 5th ed., 1956.

Pocock, *Ancient*. Pocock, J. G. A., *The Ancient Constitution and the Feudal Law*, 1957.

Polanyi, *Great Transformation*. Polanyi, Karl, *The Great Transformation*, 1944.

Pollock, *Forgotten Children*. Pollock, Linda A., *Forgotten Children*, 1983.

Pollock and Maitland, *English Law*. Pollock Sir F. and Maitland, F. W., *The History of the English Law Before the Time of Edward I*, 2nd ed., 1968.

Postan, *Medieval Economy*. Postan, M. M., *The Medieval Economy and Society*, 1972.

Radcliffe-Brown, *African Kinship*. Radcliffe-Brown, A. R. and Forde, Daryll (eds), *African Systems of Kinship and Marriage*, 1950.

Raistrick, *Yorkshire*. Raistrick, Arthur, *Old Yorkshire Dales*, 1967.

Redfield, *Peasant Society*. Redfield, R., *Peasant Society and Culture*, Chicago, 1960.

Redfield, *Human Nature*. Redfeld, R., *Human Nature and the Study of Society: Papers of Robert Redfield, Vol. 1*, edited by Margaret Redfield, Chicago, 1962.

Rennell, *Valley*. Rennell of Rodd, Lord, *Valley on the March: a History of a Group of Manors on the Herefordshire March of Wales*, 1958.

Rich, 'Population'. Rich, E. E., 'The Population of Elizabethan England', *Economic History Review*, 2nd series, 2, 1950.

Robertson Smith, *Lectures*. Robertson Smith, William, *Lectures on the Religion of the Semites*, 1899.

Rosen, *Witchcraft*. Rosen, Barbara (ed.), *Witchcraft*, New York, 1969.

Rowland, 'Fantasticall'. Rowland, Robert, 'Fantasticall and Develiche Persons: European Witch Beliefs in Comparative Perspective', in Ankerloo, B. and Henningsen, G. (eds), Early Modern European Witchcraft, 1987.

Runciman, 'Comparative Sociology'. Runciman, W. G., 'Comparative Sociology or Narrative History?', *Journal of European Sociology*, XXI, 1980.

Russell, *Parliaments*. Russell, C., *Parliaments and English Politics 1621— 1629*, 1979.

Sachse, *Roger Lowe*. Sachse, William L. (ed.), *The Diary of Roger Lowe of Ashton-in-Makerfield, Lancashire, 1663—1674*, 1938.

Sahlins, *Stone Age*. Sahlins, M., *Stone Age Economics*, 1974.

Salzman, *English Life*. Salzman, L. F., *English Life in the Middle Ages*, 1926.

Sarsby, *Romantic Love*. Sarsby, Jacqueline, *Romantic Love and Society*, 1983.

Schapera, 'Population Growth'. Schapera, I, 'An Anthropologist's Approach to Population Growth', in Cragg, J. B. and Pirie, N. W. (eds), *Numbers of Men and Animals*, 1955.

Shanin, *Peasants*. Shanin, Teodor (ed.), *Peasants and Peasant Societies*, 1971.

Shanin, *Awkward Class*. Shanin, Teodor, *The Awkmard Class*, 1972.

Shorter, *Modern Family*. Shorter, Edward, *The Making of the Modern Family*, 1975.

Simmel, *Sociology*. Simmel, Georg, *The Sociology of Georg Simmel*, edited by Kurt H. Wolff, Glencoe, III, 1950.

Simons and Dyson, 'Comments'. Simons, John and Dyson, Tim, 'Comments on Macfarlane's paper on Modes of Reproduction', *Journal of Development Studies*, 16: 1, 1979.

Simpson, *Land Law*. Simpson, A. W. B., *An Introduction to the History of the Land Law*, 1961.

Sjoberg, *Preindustrial City*. Sjoberg, Gideon, *The Preindustrial City, Past and Present*, 1960.

Smith, *Wealth*. Smith, Adam, *The Wealth of Nations*, edited by Edwin Cannan, Chicago, 1976.

Smith, 'Nuclear Family'. Smith, Richard M. 'The Nuclear Family and Low Fertility: A Spurious Correlation?', IUSSP Seminar on 'Family Types and Fertility in Less Developed Countries', August, 1981.

Smith, *Land*. Smith, Richard M. (ed.), *Land, Kinship and Life Cycle*, 1984.

Southall, *Social Change*. Southall, A. (ed.), *Social Change in Modern Africa*, 1961.

Spence, *Woman Wang*. Spence, Jonathan D., *The Death of Woman Wang*, 1978.

Spufford, *Contrasting Communities*. Spufford, M., *Contrasting Communities: English Villagers in the Sixteenth and Seventeenth Centuries*, 1974.

Spufford, *Books*. Spufford, M., *Small Books and Pleasant Histories: Popular Fiction and its Readership in Seventeenth-Century England*, 1981.

Stirling, *Turkish Village*. Stirling, Paul, *Turkish Village*, New York, 1965.

Stone, *Family*. Stone, Lawrence, *The Family, Sex and Marriage in England 1500—1800*, 1977.

Stubbs, *Constitutional History*. Stubbs, William, *The Constitutional History of England in its Origin and Development*, 5th ed., 1874.

Swinburne, *Last Wills*. Swinburne, H., *A Treatise of Testaments and Last Wills*, 5th ed., 1728.

Taine, *Notes*. Taine, Hippolyte, *Notes on England*, 1957.

Tawney, *Agrarian Problem*. Tawney, R. H., *The Agrarian Problem in the Sixteenth Century*, 1912.

Tawney, *Religion*. Tawney, R. H., *Religion and the Rise of Capitalism*, 1926.

Thirsk, *Peasant Farming*. Thirsk, J.,. *English Peasant Farming*, 1957.

Thomas, 'History'. Thomas, Keith, 'History and Anthropology', *Past and Present*, 24, 1963.

Thomas, *Religion*. Thomas, Keith, *Religion and the Decline of Magic*, 1971.

Thomas, *Natural World*. Thomas, Keith, *Man and the Natural World*, 1983.

Thomas and Znanieki, *Polish Peasant*. Thomas, W. I. and Znaniecki, F., *The Polish Peasant in Europe and North America*, New York, 1958.

Thompson, 'Peculiarities'. Thompson, E. P., 'The Peculiarities of the English', *The Socialist Register*, eds. R. Miliband and John Saville, 1965.

Trevelyan, *Social History*. Trevelyan, G. M., *English Social History*, 1948.

Turnbull, *Mountain People*. Turnbull, Colin, *The Mountain People*, 1974.

Verney, *Memoirs*. Verney, Frances P., *Memoirs of the Verney Family During the Civil War*, 1970.

Walker, *Crime*. Walker, J. C. M., *Crime and Capital Punishment in Elizabethan Essex*, BA Thesis in Essex Record Office, 1964.

Watt, *Novel*. Watt, Ian, *The Rise of the Novel*, 1983.

Weber, *Peasants*. Weber, Eugene, *Peasants into Frenchmen: The Modernisation of Rural France, 1870—1914*, 1977.

Weber, *Methodology*. Weber, Max, *The Methodology of the Social Sciences*, translated and edited by E. A. Shils and Henry A. Finch, New York, 1949.

Weber, *General*. Weber, Max, *General Economic History*, translated by Frank H. Knight, New York, 1961.

Weber, *Theory*. Weber, Max, *The Theory of Social and Economic Organization*, New York, 1964.

Weber, *Protestant Ethic*. Weber, Max, *The Protestant Ethic and the Spirit of Capitalism*, Unwin University Books ed., 1970.

West, *Wrangle*. West, F., *The Social and Economic History of the East Fen Village of Wrangle, 1603—1657*, PhD Thesis, University of Leicester,

1966.

Westermarck, *Marriage*. Westermarck, Edward, *The History of Human Marriage*, 3 vols, 5th ed., 1921.

Williams, *Country and City*. Williams, Raymond, *The Country and the City*, 1973.

Wolf, *Peasants*. Wolf, E., *Peasants*, New Jersey, 1966.

Wrightson, *English Society*. Wrightson, Keith, *English Society, 1580—1680*, 1982.

Wrightson and Levine, *Terling*. Wrightson, Keith and Levine, David, *Poverty and Piety in an English Village: Terling 1525—1700*, 1979.

Wrigley, 'Family Limitation'. Wrigley, E. A., 'Family Limitation in Preindustrial England', *Economic History Review*, 2nd series, 19: 1, 1966.

Wrigley, *Population*. Wrigley, E. A., *Population and History*, 1969.

Wrigley and Schofield, 'English Population'. Wrigley, E. A. and Schofield, R. S., 'English Population History from Family Reconstruction: Summary Results 1600—1799', *Population Studies*, 37, 1983.

Zubrow, *Anthropology*. Zubrow, Ezra B. W., *Demographic Anthropology: Quantitative Approaches*, Albuquerque, 1976.

《英国个人主义的起源》主要评论一览表

这份名单包括我所知的52篇评论中的39篇。后记和附录中提到的所有评论者都包括在内。省略了一些简短或非常笼统的评论。

Abrams. Philip Abrams, in *Historical Sociology* (1982), 322-326.

Blok. Anton Blok, 'In Search of the English Peasantry', *Theoretische Geschiedenis* (Sept. 1980).

Charlesworth. A. Charlesworth, in *Environment and Planning: A*, 13: 2(1981), 254.

Corrigan. Philip Corrigan, in *Sociological Review* 28 (May 1980), 465-

470.

Delbos. Genevieve Delbos, in *L'Homme*, xx: 3(1980), 162-165.

Donagan. Barbara Donagan, in *Ethics 91* (Oct. 1980), 168-170.

Dyer. Christopher Dyer, in *Economic History Review* 32 (Nov. 1979), 600-601.

Elton. Geoffrey Elton, in *Times Literary Supplement* 23 (Nov. 1979), 27.

Faith. Rosamond Faith, in *Journal of Peasant Studies* 7 (April 1980), 384-389.

Goldie. Mark Goldie, 'Old Whiggery, New Bottle: Macfarlane's English Individualism', *Cambridge Review*, CI: 2255, (1978) 111-114.

Harding. Alan Harding, in *British Book News* (March 1979), 250.

Harris. Barbara J. Harris, in *Journal of Social History*, 14: 1, 1980, 169-172.

Hatcher. John Hatcher, in *The Historical Journal*, 22: 3(1979), 765-768.

Herlihy. David Herlihy, in *Journal of Family History*, 5, (Summer 1980), 235-236.

Hilton. Rodney Hilton, 'Individualism and the English Peasantry', *New Left Review*, 120 (March–April 1980), 109-111.

Hirst. Paul Hirst, in *Cambridge Anthropology*, 5: 1, (an. 1979).

Homans. George C. Homans, in *Contemporary Sociology: A Journal of Reviews*, 9: 2(March 1980), 262-263.

Hyams. Paul R. Hyams, in *English Historical Review* 96 (July 1981), 605-607.

Keates. Jonathan Keates, 'In the Woods', *New Statesman* (5 Jan. 1979) 21.

Kurtz, Lester R. Kurtz, in *American Journal of Sociology*, 86 (1980) 430-437.

Laslett. Peter Laslett, 'Always Individualist', *New Sociey*, (14 Dec. 1978) 649-650.

Levine. David Levine, in *Journal of Interdisciplinary History*, XI: 4 (Spring 1981), 669-676.

Mount. Ferdinand Mount, 'Goodbye to the Peasants', *Spectator*, (17 Feb.

1979), 4.

McCloskey. Donald N. McCloskey, in *Journal of Political Economy*, 89: 4(August 1981), 839-840.

Pocock. J. G. A. Pocock, in *History and Theory*, XIX : 1 (1980), 100-105.

Pryor. Frederic L. Pryor, in *Journal of Economic Literature*, XVIII (March 1980), 133-135.

Raftis. J. A. Rafis, in *Journal of European Economic History*, 11: 1 (1982), 242-244.

Rheubottom. D. B. Rheubottom, in *Man*, 15: 3(September 1980), 574-575.

Rogers. Alan Rogers, in *The Local Historian* (May 1980), 105-106.

Rowland. Robert Rowland, 'Robinson por computador, Alan Macfarlane as origens do individualismo inglês', *Ler Historia*, 5 (1985), 83-104.

Ryan. Alan Ryan, 'Yeomen, not peasants', *The Listener*, (14 Dec. 1978), 790-711.

Smith (1). Richard Smith, 'Some Thoughts on "Hereditary" and "Proprietary" Rights in Land under Customary Law in Thirteenth and Early Fourteenth-Century England', *Law and History Review*, 1 (1983).

Smith (2). Richard Smith, ' "Modernization" and the Corporate Medieval Village Community in England: Some Sceptical Reflections', in A. R. H. Baker and D. Gregory (eds), *Explorations in Historical Geography* (1986).

Stone. Lawrence Stone, 'Goodbye to Nearly All That', *New York Review of Books* (19 April 1979), 40-41.

Timm. Lenora A. Timm, in *American Anthropologist*, 82: 3 (Sept. 1980), 679-680.

Todd. Emmanuel Todd, 'Hypothèse revolutionnaire d'un Britannique', *Le Monde* (9 November 1979).

Tribe. Keith Tribe, in *Social History*, 4: 3 (October 1979), 520-522.

Trumbach. Randolph Trumbach, 'Kinship and Marriage in Early Modern France and England: Four Books', *Annals of Scholarship*, 2: 4 (1981), 113-128.

Waugh. Scott L. Waugh, in *Journal of Economic History*, 39 (Sept. 1979), 770-772.

Worsley. Peter Worsley, in *Journal of Development Studies*, 16 (January 1980), 263-264.

Wrightson. Keith Wrightson, in *History*, 65 (February 1980), 87.

索　引

除非另有所陈，大部分内容都与英格兰相关

（本索引所标页码为英文版页码，见本书边码）

abortion 流产，38，48
Abrams, P. 阿布拉姆斯，菲利普，201
Absolutism 绝对主义，175
accounting 记账法，225，226
accumulation/ acquisitive ethic 积累／贪婪的伦理，6，21，146，226 亦可参见 profit 利润
Adler, E. N. 阿德勒，E. N. 100n
adoption, attitudes to 对收养的态度，6，38，48，154
Ady, T. 托马斯·埃迪，84
'affective individualism' 情感个人主义，148
Africa
　　fertility 非洲的出生率，28，42，43，45，50
　　marriage 非洲的婚姻，153
　　virginity 非洲的处女，44
　　witchcraft 非洲的巫术，108
age at marriage 结婚年龄，参见 marriage（婚姻）词条
agriculture
　　and fertility (human) 农业与人口出生率，26—27，28
　　and market (cash crops) 农业与市场（现金获取），4，6，9，11—13，22
　　subsistence 农业与生计，3，6，12
Albert the Great 伟大的阿尔伯特，83
alienation 疏离（或异化），79，94，140，227
ancestors 祖先，31，99
Anderson, M. 迈克尔·安德森，130
Anderson, P. 佩里·安德森，148n，159—160，175，179，183，189
Anglicus, B. 巴塞洛缪斯·安格里库斯，92
animals, English attitude to 英国人对动物的态度，79—80，82，84—85，89，92，94，97
　　Campaigns for rights of 动物权利运动，80，85—86
anthropocentrism 人类中心主义，82—84
Appleby, A. B. 阿普尔比，64n
Arensberg, C. 阿伦斯伯格，42n
Ariès, P. 菲利普·埃利斯，129，130，135
aristocracy 贵族制，参见统治阶级（ruling classes）

Aristotle 亚里士多德，82，83
army, lack of 缺乏军队，68，92
arson, rare 少有纵火犯罪，60
Asia
    demography 亚洲人口统计学，155
    fertility 生殖，25、26，28—37 passim 各处，46，50
    feudalism 封建主义，179
    kinship 亲属关系，29，36
    land tenure 土地保有，22
    revolutionary change in 革命性改变，147
    亦可参见 China 中国；India 印度；以及 individual countries 个别国家
assault 攻击，亦可见 violence 暴力
astrology 占星术，99，106
Atkinson, C. M. C. M. 阿特金森，71n
Atkinson, W. 威廉·阿特金森，62

Bacon, F. 培根，40，87
Baechler, J. 巴赫勒，174n，178，189
Bagot, A. 巴戈特，15n
Bainbridge, E. and J. 班布里奇，60—71 各处
Baker, J. H. 贝克，71n，149n，198，212
bandits 侠盗，54，61，62，68，72，74—75
Baroja, J. C. 巴罗哈，101n
barrenness 贫瘠，参见 infertility
Beattie, J. M. 比蒂，53
Becon, T. 托马斯·贝肯，114—115
Bede 比德，92
Bellamy, J. 贝拉米，75n
Bendix, R. 本迪克斯，173，179，184n
Bennassar, B. 贝纳萨尔，100n
betrothals 订婚，45
bilateral societies 双边社会，29
birth control, attitudes to,
    popular, 对生育计划的流行态度，26，36，48，49，51；
    亦可参见 "controlled"
    unpopular 不流行的，27—28，36—37，38；亦请参见" uncontrolled"
Blackstone, Sir W. 布莱克斯通爵士，14n
Blanchard, I. 布兰查德，24
Bloch, M. 布洛赫，162，180—181，183—186，188，190，203，215
Blok, A. 安东·布洛克，54，60，69
    as reviewer 作为评论者，201，214—215，218
Boas, F. 博厄斯，xv—xvi
Bois, G. 博伊斯，177
"border tenure" 边界保有，15
Boserup, E., 博塞拉普，18n，27，28n
botany 植物学，参见 garderns
Bouch, C. M. L. 鲍奇，66n
Bourdieu, P. 布尔迪厄，166—167
Bracton, H. 布莱克顿，16—17，151，166
Bradrick (thief)，布雷德里克（盗贼），62
Brain, R. 布莱恩，125n，126，139
Braithwait, R. 布莱斯怀特，55n
Braudel, F. 布罗代尔，147，174—175，198
Brenner, R. 布伦纳，170，175—177，179，189
Britton, E. 布里顿，2
Brooke, C. 克里斯托弗·布鲁克，133
Brown, R. A. R. A. 布朗，183n
Browne, Sir T. 布朗，83
Buddhism
    and celibacy, 佛教与独身主义，36
    concept of evil lacking 佛教与虚无观念
"bundling" 和衣同睡，38，44—46

Burma 缅甸
　　fertility 生殖，25，36
　　revolutionary change in 缅甸的革命性变革，147
Burridge, K. 伯里奇，118—119
Butterfield, H. 巴特菲尔德，165n

"calculable law" 可预测的法律，227
Campbell, J. K.　J. K. 坎贝尔，43n
Campbell, M. 坎贝尔，87—88
cannibalism 吃人肉，109
　　absence of 没有吃人肉的行为，110
capital punishment 死刑，参见 death sentences（死刑）
capitalism 资本主义，xv
　　crime and 犯罪与资本主义，参见 theft（偷盗）
　　and culture 资本主义与文化，参见 England（英格兰）
　　definition of 资本主义的定义，223—227
　　and evil, concept of 资本主义与邪恶，资本主义的概念，101—102，118—121
　　and love 资本主义与爱情，参见 love（爱情）
　　theories on emergence of 关于资本主义的诞生理论，170—190：and class relations 资本主义与阶级关系，176；and money/ profit motive 资本主义与金钱/利润动机，171，172，177；and Protestants 资本主义与清教，170，172—173；state and law 国家与法律，174—175，181—182，185—189：political fragmentation 政治分裂，178，180—181，184，185；亦请参见 feudalism（封建主义）

transition to and violence 向资本主义的转型与暴力，参见 violence（暴力），industrialization（工业化）
cash crops 经济作物，参见 agriculture（农业），market（市场）
castes 种姓，181，224
　　lack of 没有种姓制，145，149—150，164
　　亦可参见 class（阶级）
Catharist heresy, and women 天主教异端与妇女，136
Catholics 天主教徒，参见 religion（宗教）
cattle rustling, rare 少有牲口盗窃，60
celibacy, respect for 尊重独身主义，36，48，154
Cely letters 塞利书信，114
Chaianov, A. V.（Chayanov）查亚诺夫，4，5，34，216—217，218，219
Chamberlayne, E. 张伯伦，17
chastity belts 贞操带，44
"chattels" concept "动产" 概念，14
Chaucer, G. 乔叟，93
children
　　as burden 作为负担的孩子，35—36，37，49，51
　　for emotional gratification 为了情感满足生养孩子，49，51，96
　　in England 英格兰的孩子，9—11，23，26，37—50，51—52，154：lack of rights 缺少权利，14，16—19；population pattern model 人口模型，37—50
　　and love 孩子与爱情，129，131，133
　　numbers of, theories about reasons for 关于孩子数量的原因的理论，25—52：household structure 家户结构，29—31；infant mortality，婴儿死

亡率，25—26，128；labour needs
劳动需要，27—29，32；technology 技术，26—27，28；亦可参见
infanticide 杀婴
and peasants: economic asset 孩子与
农民：经济资产，5，6，10
亦请参见 birth control（生育计划）；
household（家户）；inheritance（继
承）；population（人口）
China
demography 中国的人口统计学，
155
fertility 中国的人口生殖，28，29，
31，33，34，36，46
kinship 亲属关系，29
violence in 17th century 中国在 17
世纪的暴力现象，54，55，63，
68，70，72，74
Chippenham（Cambridgeshire）剑桥
郡的奇彭纳姆，22—23
choice and marriage 选择与婚姻，153—
154
亦请参见 love（爱情）
Christianity 基督教，参见 religion（宗
教）
Churchill, C. 丘吉尔，117
Clark, J. C. D. 克拉克，221
class
emergence of 阶级的浮现，21，22
lack of 缺少阶级，21
relations and rise of capitalism 阶级
关系与资本主义的兴起，176
violence, no evidence of 没有阶级暴
力的迹象，63
亦请参见 castes（种姓）；middling
groups（中间群体）；peasants（农
民）；ruling（统治）
Clay, Lady R. 克莱夫人，165

Cobbett, W. 科贝特，83
Cockburn, J. S. 科伯恩，57n，71n
cognatic descent 同根血统，7，29，36，
139，151
cohabiting outside marriage 婚外同居，
38，44—46，139
Cohn, N. 科恩，100，101n，108n，110，
11n
coin-clipping 钱币切割，参见 counterfeiting（造假）
Comenius, J. S. 夸美纽斯，84—85
Common law 普通法，144，149，153，
162，163，192
"community" bonds 共同体纽带，7，8
亦请参见 geographical mobility（地
理流动性）
companionate love and marriage 同伴
式的爱与婚姻，123，132，141，154
Confucianism 儒家，100
consent and marriage 同意与婚姻，153—
154
constitutional peculiarities of England
英格兰的宪制特殊性，参见 political
（政治）
"continuity with change" paradox "有变
化的连续性" 悖论，31—32，35—
36，17—18
"controlled" fertility model of population
"受控制的" 人口生育模式，31—
32，35—36，50—52，156—157
in England 英格兰的 "受控制的" 人
口生育模式，37—50
copyhold land 公簿保有地产，15—16，
17—18
Corrigan, P. 菲利普·科里根，205，213
counterfeiting and coin-clipping 造假与
钱币切割，60，61，62，71
countryside 乡村，参见 nature（自然）

courts 法庭，参见 law（法律）
"coverture" 有夫之妇的法律地位，14
Cowper, H. S. 考珀，56
crafts 工艺，13，224
crime 犯罪 参见 violence（暴力）
"crises" "危机"，31—32，64—65
    lack of 缺少危机，93，146，155
Croot, P. 克鲁特，177
Crown
    and feudalism 王位与封建主义，188
    and Parliment 国王与议会，145，149
cruelty to animals, campaigns against 反对残忍对待动物运动，80，85—86
Culpepper, Sir T. 卡尔佩珀爵士，41，49
culture
    meaning of 文化的含义，xv—xvi
    and capitalism 文化与资本主义，参见 England（英格兰）
Cumbria 坎布里亚郡，64
    亦请参见 Kirby Lonsdale（柯比朗斯代尔）
"custom" concept "习俗"概念，166—167
"cyclical mobility" "循环流动"，6，21

Dalton, G. 道尔顿，1n，2，4
Darby, H. C. 达尔比，92
Darwin, C. 达尔文，79
Davies, K. 戴维斯，133，134
Dawson, J. P. 道森，73n
De Beer, E. S. 比尔，113n
De Rougemont 德·鲁热蒙，136
De Tocqueville, A. 托克维尔，144，184，221
death
    sentences 死刑，59；reprieves 死刑缓刑，71
    亦请参见 homicide（自杀），infanticide（杀婴）；mortality（死亡率）
defensive fortifications, lack of 缺少防御性工事，65—66，92—93
Defoe, D. 笛福，85，88
Democritus 德谟克利特，83
"Demographic Transition Theory" 人口统计学转型理论，27
demography
    insecurity 人口统计学上的不安全 参见 motality（死亡率）
    pressure and rise of capitalism 人口统计学压力与资本主义的兴起，176
    and revolution 人口统计学与革命，155—157
    亦请参见 children, number of（孩子数量）；fertility（生育率）；mortality（死亡率）；population（人口）
descent 血统，参见 inheritance 继承
Devil 恶魔，105—106，109，110，112，115—117
diaries and autobiographies 日记与自传
    evil not mentioned 没有提及的邪恶，111—113
    farmers in England 英格兰农民，8—13，18，55
    fertility 生育率，50
    violence not mentioned 没有提及的暴力，55
    亦可参见 Josselin（乔斯林）
disease 疾病，93
    亦可参见 "crises"（危机）
"disenchantment of world" "世界的祛魅"，79，82—83，94，101
disinheritance 剥夺继承权，10
    亦请参见 inheritance（继承）

documents 档案，参见 written records
（书面记录）
"Domestic Mode of Production" 家庭生产模式, 5, 31—32, 33—35, 225 亦请参见 household as peasant unit（作为农民联合体的家户）
Donagan, B. 芭芭拉·多纳甘, 198—199, 217
Douglas, M. 道格拉斯, 36n
"dower" 寡妇产, 14, 15, 153
dowry 嫁妆, 153
Dronke, P. 彼得·德隆克, 136
Duby, G. 乔治·杜比, 136, 183n
Durham 达勒姆, 93
Dyer, C. 戴尔, 211
Dyson, T. 戴森, 25n

Earls Colne(Essex) 厄尔斯科恩（埃塞克斯）
  concept of evil lacking in 厄尔斯科恩缺乏邪恶概念, 103—108, 111—113
  myth of peasant society and 农民社会神话与厄尔斯科恩, 8—22
  violence lacking in 厄尔斯科恩缺乏暴力, 57
eating 饮食，参见 food（食物）
ecclesiastical 教会的，参见 religion（宗教）
Edinburgh 爱丁堡, 93
ego 自我，参见 individualism（个人主义）
Elton, G. 埃尔顿, xi, 194, 201
emotional satisfaction
  of children 孩子带来的情感满足, 49, 51, 96
  of pets 宠物带来的情感满足, 95—96
Engels, F. 恩格斯, 115n, 127—128,
131, 137, 140, 224n, 227
England 英格兰，参见 capitalism（资本主义）; evil（邪恶）; individualism（个人主义）; love（爱）; nature（自然）; peasants（农民）; population（人口）; revolution（革命）; violence（革命）
entail 限定继承, 17—18
epidemics 流行病, 93
  亦请参见 "crises"（危机）
equality before law 法律面前的平等, 155
"equality" 衡平法, 144
Eskimos 爱斯基摩人
  fertility 爱斯基摩人生育率, 26, 37
  kinship 爱斯基摩人的亲属关系, 35
Essex 埃塞克斯, 56
  亦请参见 Earls Colne（厄尔斯科恩）
ethos of capitalism 资本主义精神, 225—226
Europe
  demography 欧洲的人口统计学, 155
  fertility 欧洲的生育率, 18—42, 46—47, 50
evil 邪恶, 107
  feudalism and rise of capitalism 封建主义与资本主义的兴起, 173, 176—181, 184—186, 188, 190; 亦请参见 peasants（农民）
  inheritance and law 继承与法律, 16, 17
  love and marriage in 欧洲的爱情与婚姻, 135, 136—137
  parks 公园, 77
  peasants 农民, 33, 203—204, 209—212, 215, 218—220; 亦请参见 feudalism（封建主义）

revolutionary change 革命性变化，167—168

towns 城镇；77

"trial marriage" "试婚"，45

violence 暴力，54—55，61—74 各处，93

virginity 贞操，43—44，45

witchcraft 巫术，41，109—110

亦请参见 individual countries（个别国家）

Evelyn, J. 约翰·伊芙琳，89，113

evil 邪恶，xiv，98—122

in England, concept lacking 英格兰缺少邪恶概念，103—122

meaning of 邪恶的含义，98—99

Evil Eye 凶眼，99

concept absent 凶眼概念不存在，107，113

evolutionism 进化论，79，164—165

executions 死刑处决，参见 death sentences

exorcism, absence of 驱邪仪式缺失，106—107

fairies 仙子，99

Faith, R. 罗莎蒙德·费斯，193—194，196，202，211，212，215—216，218

"familiars" 熟悉的，109

family 家庭，参见 children（孩子）；feuds（世仇）；household（家户）；marriage（婚姻）

famine 饥荒，64—65

lack of 缺少饥荒，93，146，155

亦请参见 "crises"（危机）

fantasy 幻想，101，103

fate/ change 命运/变化，99，101

fear

of evil 对邪恶的恐惧，101n，102

of violence, lack of, 缺少对暴力的恐惧，64—69

fertility 生育，6，35，37—50

controlled 受控制的生育率，参见 birth control

and wages 生育与工资，156—157

亦请参见 children numbers（孩子数量）demography（人口统计学）；infertility（不育）；population（人口）

feudalism

characteristics and dissolution of 封建主义的特征与解体，171—172，175，177—189，192，225

definition 封建主义定义，182—183

and emergence of capitalism 封建主义与资本主义的兴起，183—189

in England 英格兰的封建主义，184—189，200

of peasants, weaknesses and strength 农民的弱点与力量，173，176，180

亦请参见 peasants（农民）

feuds and vendettas 世仇与积怨，63

lack of 缺少世仇，151，186

Fisher, F. J. 费舍尔，148n

Fandrin, J. L. 弗兰德林，130，135

Fleming, Sir D. 弗莱明，60，63—64，67—69，88—89

Fletcher, A. 弗莱彻，ix

Fletcher, Sir G. 弗莱彻爵士，62，63

flowers 花卉，参见 gardens（花园）

food

taboos 食物禁忌，109，110

亦请参见 famine（饥荒）

Fortescue, J. 福蒂斯丘，90

Foster, G. G. 福斯特，11n

Foster, W. W. 福斯特，62

Fox, R. R. 福克斯，31n
France
  demography 法国人口统计学，155，156
  feudalism and rise of capitalism 法国封建主义与资本主义的诞生，173，176，177，185，186，188
  inheritance law 继承法，16，17
  love and marriage 爱与婚姻，136—137，153；"trial marriage" in 法国的"试婚"，45
  parks 公园，77
  peasants 农民，203，211；violence in eighteenth and nineteenth centuries 18、19世纪的暴力，54，55，61—74 各处，93
  revolutionary change in 法国的革命性变革，167
Fredrick II, Emperor 皇帝腓特烈二世，83
"freebench" 寡妇公簿地产，15
freehold tenure 自由保有土地，14，16—17，195
Freeman, E. A. 弗里曼，ix，93
friendship 友谊，125
frustration theory 挫折理论，139，140
Fussell, G. E. and K. R. 富塞尔，88n

Gairdner, J. 盖尔德纳，114n
Galeski, B. 加莱斯基，33，209，210，218—220
gangs 团伙，75n
  lack of 缺少团伙，64—65
  亦可参见 bandits（强盗）
Ganshof, F. L. 冈绍夫，181，183n，189n
"Garden City" "花园城市"，89
gardens and plants, English attitude to 英国人对花园与植物的态度，77—

78，80—81，82，86—88，94，97
Gellner, E. 盖尔纳，69n
Gemeinschaft and *Gesellschaft* 共同体与社会，102
gentry 乡绅，参见 ruling classes
geographical mobility 地理流动性，3，12，20，23，127，145，224
geographical time 地理时间，147
Gerard, J. 约翰·杰勒德，83
Germanic people: influence on England 日尔曼民族对英格兰的影响，151，152，154，171，181
Germany
  feudalism and rise of capitalism 日耳曼封建主义与资本主义的兴起，186
  revolutionary change 革命性变化，167
  violence 革命，93
  virginity 贞操，43，44
Gerth, H. H. 葛斯，141n，180
Given, J. B. 詹姆士·吉文，75n
Gluckman, M. 马克斯·格拉克曼，102
Goldie, M. 戈尔迪，199，201
good 善好，102，118—121
  亦可参见 evil（邪恶）
Goode, W. J. 古迪，33，139
Goody, J.
  on family and marriage 古迪论家庭与婚姻，95，133，134，138，152，153n，215n
  on inheritance 古迪论继承，15n，20n
  on production and reproduction 古迪论生产与再生产，28n，45n
Gothic Revival 哥特式复兴，103
Gough, R. 理查德·高夫，58—59
Goya 戈雅，100
Great Tradition concept 大传统概念，

72—73
Greece, virginity in，希腊的贞操，43
Green, M. 格林，108
Greenfield, S. 格林菲尔德，139，140

habitus concept，习惯概念，166—167
Hazda people, fertility of 哈扎人的生育，37
Hajnal, J. 约翰·哈伊纳尔，3n，46—47，132，152，153，210，215n
Hakewill, G. 乔治·黑克维尔，88
Hale, Sir M. 马修·黑尔爵士，166
Hall, J. 霍尔，178，189n
Hanham, A. 哈纳姆，114n
Harding, A. 哈丁，198
Harris, B. J. 哈里斯，200，211—212
Harrison, S. 哈里森，xiv
Harrison, W. 哈里森，86—87，92
Hatcher, J. 约翰·哈彻尔，197，200，202，220
Hawkshead (Lancashire) 霍克斯黑德（兰开夏郡），56
Hay, D. 海伊，63n
Hell 地狱，105—106，111，115，117，121
Henningsen 亨宁森，101n，111n
Herlihy, D. 赫利希，xii，183n，202—204，211，212，216
Hey, D. 黑伊，23n，58—59
Heywood, O. 海伍德，113
Highwaymen 路匪，60，61
Hill, C. 克里斯托弗·希尔，viii，xii，127，148
Hill, T. 托马斯·希尔，87
Hilton, R. 希尔顿，viii，xii，2n，24，194—196，211，219
Hinduism 印度教，100
Hirschman, A. O. 赫希曼，121n

Hirst, P. 赫斯特，212，216，219
historical change 历史性变革，200 亦请参见 revolution（革命）
historiographical error 史料编纂学错误
Hobsbawm, E. J. 霍布斯鲍姆，54，72，75—76
Hoebel, E. A. 霍贝尔，124
Hogg, J. 詹姆斯·霍格，113
holidays 假日，77
Holland, revolutionary change in 荷兰的革命性变革，167
holocaust, Nazi 纳粹大屠杀，99n
Homans, G. C. 霍曼斯，viii，xii，2，192，193，196—197，210
"homeostatic" model of population "自我平衡"的人口模式，参见 controled（受控制的）
homicide, rare 自杀现象罕见，57，58，59，60
"honour" "名誉"，参见 virginity
Hood, Robin 罗宾汉，75—76
Horsfall Turner, J. J. 霍斯福尔·特纳，56，113n
Hoskins, W. G. W. G. 霍斯金斯，2，22，56n，206
Houlbrooke, R. 拉尔夫·霍布鲁克，134
household/ family 家户/家庭
  fertility 生育，30—31
  as peasant unit of production 作为农民生产单位的家户，4—6，19，32，33—34，127
  separate from business 与商业分离，225
  Small/nuclear 小家庭、核心家庭，3，6，16，18，23，130，150—151，164
  structure and number of children 家户结构与孩子数量，29—31

亦请参见 children; marriage
Howard, E. 霍华德，89
Hufton, O. 休夫顿，54
Hume, D. 休谟，184
Humphreys, S. C. 汉弗莱斯，xivn
hunter-gatherers 猎人-采集者
    concept of evil lacking 缺少邪恶概念，99
    fertility 猎人-采集者的生育，25n，28，30
    kinship 亲属关系，35
Hyams, P. 保罗·哈姆斯，196—197，199，200，205，211

Ibn Khaldûn 赫勒敦，147
ideal-types 理想型，206—208，214
Ik people, individualism of，伊克人的个人主义，35，37
India 印度
    demography 人口统计学，155；fertility 27—37，40，46，49
    kinship 亲属关系，29
    marriage 婚姻，153
    peasants 农民，7，11；亦请参见 fertility, 27—37，40，46，49
    virginity 贞操，43
"individual" model of population 人口的个人主义模式，参见 "controlled"（受控制的）
individual time 个人时间，147
individualism, 个人主义，xiii, 148
    and craft of historian, 历史学家的技艺，191—222
    fertility 生育，31，35—36，37，50
    and love 爱情，125—126，127—131，137，140
industrialization 工业化，13，145
    and rise of capitalism 资本主义的兴起，173—174
    in England and love of nature 英国的工业化及其对自然的爱，78，94，97
    亦请参见 capitalism 资本主义
infant mortality 婴儿死亡率，25—26，128
infanticide 杀婴，38，48
    rare 罕见，57，58，61
infertility, attitudes to 对生育的态度，39，40—42
    亦请参见 fertility（生育）
informal controls over violence 对暴力的非正式控制，53，73
Ingram, M. 马丁·英格拉姆，133，134
inheritance 继承，192—193
    in England 英格兰的继承，6，7，10，12，16—20，150—151，160
    fertility 生育，29—31
    and feudalism/ peasants 封建主义/农民，6，7，186—187
    亦请参见 land ownership（土地所有权）
Inquisition 审讯，100n，101n，110
    lack of 缺少，111，115
insecurity, demographic 不可靠，人口统计学，参见 mortality（死亡率）
interest rates 利率，150
Ireland, fertility in 爱尔兰生育率，42
"irrationality" of love 爱的非理性，139
    comparison with "irationality" of capitalism 与资本主义 "非理性" 之比较，140—141
Italy 意大利，203，218
    revolutionary change 革命性变革，167
    violence 暴力，93
    virginity 贞操，44
James, M. 詹姆斯，67n

Japan
　　fertility 日本的生育，28，36，37
　　feudalism 日本的封建主义，179
"jointure" 寡妇授予产，参见 "dower"
Jones, G. P. 约翰斯，66n
Josselin, Ralph 拉尔夫·乔斯林，8—
　　11，13，18，55，106，111—113
Judiciary 法官，参见 law（法律）
justices of Peace 治安法官，59，65，73n，
　　74

Kantner, J. F. 坎特纳，26n
Kaplan, B. A. 卡普兰，26n，30n，34n
Keats, J. 济慈，96
Kerry, Rev. C. 克里，55n
King, H. H. 金，xivn
kinship 亲属关系，146，150—151
　　fertility 生育，29—36，52
　　and love 亲属关系与爱情，138—
　　　139，142
　　terminology，专门术语，7
　　unilineal 单系的，7
　　and violence 亲属关系与暴力，63—
　　　64
　　see also household（家户）；marriage
　　　（婚姻）
Kirby Lonsdale 柯比朗斯代尔，205—
　　206
　　myth of peasant society and 农民社
　　　会神话，8，9，15，23—24
　　violence lacking in 罕有暴力现象，
　　　59—72 各处，75
Kroeber, A. L. 克罗伯，4
Kuhn, T. S. 库恩，ix，xii，xiii
Kung people, fertility of 昆人的生育，
　　37

labour 劳动，12
　　division of 劳动分工，225
　　needs and numbers of children，劳
　　　动需求与孩子数量，27—29，32
　　paid 劳动报酬，145，150，156—157，
　　　162，224，226
Ladurie 拉杜里，参见 Le Roy Ladurie
Lancashire 兰开夏郡，56
land market 土地市场，18—19，22，
　　23，150，193—194，196
land ownership 土地所有权，192—196
　　in England 在英国，9—10，12—16，
　　　23
　　and fertility 土地所有权与生育，35
　　and feudalism and rise of capitalism
　　　与封建主义及资本主义的兴起，
　　　171—172，180—182
　　and peasants 与农民，6，13
　　亦请参见 inheritance（继承），pop-
　　　ulation（人口）
landscape, tamed 驯化的风景，80，91—
　　92
　　亦请参见 nature（自然）
Langbein, J. H. 约翰·朗根，73n
Larner, C. 拉纳，101n，108n
Lasch, C. 拉什，139
Laslett, P. 拉斯利特，ix，xii，2，3n，
　　45n，46n，132
Latham, R. 莱瑟姆，55n，113n
law 法律，144—145，149，162—164，
　　192，196，227
　　feudalism and rise of capitalism 封
　　　建主义与资本主义的兴起，174—
　　　175，181—182，185，187，189
　　and inheritance 法律与继承，14，16—
　　　19
　　non-inquisitorial in England 英格兰
　　　非宗教裁判法，111，115，145
　　and regulation of weapons 法律与武

器管制，67—68
and rise of capitalism 法律与资本主义的兴起，174—175, 181—182, 185—189
and violence in England 法律与英格兰的暴力，53, 59, 69—70, 72—74, 92
and women 法律与妇女，42, 48
Lay Subsidy 平信徒补助金（1524），22
Le Goff, T. J. A. 勒高夫，54
Le Roy Ladurie, E. 拉杜里，2n, 176
Leach, E. 埃德蒙·利奇，147
learning 学习，11
Lee, L. 劳里·李，36
legal 司法，参见 law
letters 文字，113—114
Leucippus 留基伯，83
Levine, D. 莱文，57n
Levi-Strauss, C. 列维-施特劳斯，152
Lewis, C. S. C. S. 路易斯，125, 136
Lincolnshire 林肯郡，56
Linnaeus 林奈，82
Linton, R. 拉尔夫·林顿，124
literacy 识字，95
literature 文学
　and evil 与邪恶，100, 103, 115—122
　fertility 文学与生育，38—39
　and love and marriage 与爱情、婚姻，48, 125, 136—137, 142, 155
　and Nature 文学与自然，78, 79, 85—87, 94, 96
　亦请参见 diaries; written records（日记、书面记录）
Little Tradition concept 小传统概念，72—73
Llorente, D. J. A. 略伦特，100n

local government 地方政府，165
Lodge, E. 埃德蒙·洛基，62
London 伦敦，78
Lorimer, F. 弗兰克·洛里默，29, 31
love 爱情，xiv, 39—40, 123—143, 155
　alternative theories of ancient origin of 爱情古老起源的理论选项，135—143
　capitalism and, theories of 资本主义与爱情理论，125—132
　contradition of 爱情对抗，132—135
　亦请参见 marriage（婚姻）
Lowe, R. 罗杰·劳，45, 55
Lowie, R. H. 罗伯特·洛伊，19—20, 124—125, 126

McCaffrey, L. 麦卡弗里，26n
Macfarlane, A. 麦克法兰
　quotations and references: on accumulation 引用与援引：论积累，21n; on Earls Colne 关于厄尔斯科恩，8, 9n, 10n, 11n, 55n, 100n, 106n, 111n, 112n; on family 关于家庭，9n, 111n, 112n; on Gurungs of Nepal 论尼泊尔的古伦人，31; on individualism 论个人主义，50, 121n, 137n, 149n, 189n, 192n, 206n, 210n, 137n, 149n, 189n, 192n, 206n, 210n; on marriage 论婚姻，25n, 37n, 48n, 54n, 134n; on sentiment 论情感，132n, 135n; on violence and crime 论暴力与犯罪，53, 57n, 60n; on witchcraft 论巫术，107n, 109n, 110n
　reviews of: comments on 评论，191—227; list of reviewers 评论者列表，240—241

Machell, Rev. T. 托马斯・梅切尔, 66n, 89
machinery 机械, 参见 technology
McKeown, T. 麦基翁, 129n
Macpherson, C. B. 麦克弗森, xii
Mafia 黑手党, 69
 亦请参见 Sicily（西西里）
magic 魔法, 82, 100
 decline of 魔法的衰落, 127
 replaced by "science" 被科学取代, 99, 101, 103
 亦请参见 ritual
Magna Carta 大宪章, 149
Maine, Sir H. 梅因爵士, 13, 19, 164, 178—180, 181, 189
Mair, L. 梅尔, 108n
Maitland, F. W. 梅特兰, ix, xi, 76, 202
 on feudalism 论封建, 181—183, 186—190
 on Inquisition 论调查, 100n
 on land ownership 论土地所有权, 14n, 16, 17n, 19n, 192, 194—195
 on longevity of English legal system 论英格兰法律体系的长寿, 162—165
Malthus, T. 马尔萨斯, 26—27, 29, 32, 34, 35, 151—157
Mamdami, M. 亚达米, 26—28, 32, 34, 36, 40n
Mandeville, B. 曼德维尔, 119—120
Mann, P. M. 曼, 77
market 市场
 agricultural 农业市场, 4, 6, 9, 11—13, 22
 freedom 自由, 226
 land 土地, 18—19, 22, 23, 150, 193—194, 196

marriage 婚姻, 3, 6, 11, 14, 39—44, 151—155, 199
 age at (female): early 女性结婚年龄：早, 5, 6; and fertility 婚姻与生育, 30, 32, 46—47; 晚婚, 3, 6, 132, 146, 152, 154, 156—157
 arranged 包办婚姻, 123—124, 128, 138
 cohabiting outside 婚外同居, 38, 44—46, 139
 companionate 同伴婚姻, 123, 132, 141, 154
 divorce/ annulment 离婚/无效婚姻, 40—41, 44, 146, 152
 亦请参见 children; household; love
Marshall, J. F. 马歇尔, 26n, 27n, 30n, 43n
Marx, K. 马克思, xii
 on alienation 论异化, 79, 94
 on capitalism 论资本主义, 51, 135; and feudalism 与封建主义, 170—172, 175—180 各处, 184, 187—190, 211, 223—227; revolutionary view 革命性观点, 148, 168, 192, 197
 on evil 论邪恶, 115
 and evolutionism 与演化论, 165
 on individualism and marriage 论个人主义与婚姻, 127, 137, 140
 on law 论法律, 163, 192
 on population 论人口, 28—29, 32
Matras, J. 马特拉斯, 31—32
Matthew, C. 马修, viii
Matthews, W. 马修斯, 55n, 113n
meaning, love giving 意义, 赋予爱, 141
means of production 生产方式, 223—224

Mediterranean area 地中海地区
　　evil 邪恶, 107
　　virginity 贞操, 43
　　亦请参见 individual countries
Melanesia, money in 美拉尼西亚的金钱, 118
methodology criticized 受批评的方法论, 206—217
middling groups 中间群体, 21
　　England as example of 作为榜样的英格兰, 37—50, 145, 150, 161
　　and evil 与邪恶, 99
Millican, P. 米利肯, 56n
Mills, C. W. 米尔斯 141n, 180
Milsom, S. 弥尔森, 164, 189n, 194—195
mobility 流动性
　　and violence 与暴力, 64—65
　　亦请参见 geographical; social
money system 货币体系, 95, 127, 145, 150, 171, 224
　　and good and evil 货币体系与善恶, 102, 118—121
moneylending 金钱借贷, 150
monogamy 一夫一妻制, 152
　　亦请参见 marriage（婚姻）
Montgomery, E. 蒙哥马利, 30
Moore, B. 摩尔, 2, 75n, 179
More, T. 莫尔, 139
Morrill, J. S. 莫瑞尔, ix
Morris, C. 莫里斯, 55n
mortality
　　high 高死亡率, 31
　　infant 婴儿死亡率, 25—26, 128；亦请参见 infanticide（杀婴）
　　and love 死亡与爱情, 128—130, 135—136
　　low perennial 长期低死亡率, 155—156
　　reduction 死亡率降低, 128—130, 135—136
　　亦请参见 "crisis"（危机）；death（死亡）
Moryson, F. 莫里森, 55n
Mount, F. 费迪南德·芒特, 133, 137n
mountains and "wild" nature, English attitude to 英格兰人对高山与"野性"自然的态度, 81, 88—89, 94
multi-stranded revolution 多个层面的革命, 147
murder 谋杀 参见 homicide（自杀）; infanticide（杀婴）
Murray, M. 玛格丽特·默里, 109
Muslims, and evil 穆斯林与邪恶, 100
mutual benefit, marriage for, 为相互利益而结婚, 154
Myddle (Shropshire) 米德尔（什罗普郡）, 58—59
Myrdal, G. 米尔达尔, 30n
myths 神话，参见 peasants（农民）; violence（暴力）

Nag, M. 纳格, 27, 30—31, 40n
Nairn, T. 奈恩, 148n
Nash, M. 纳什, 209, 210, 212, 215
nature 自然, xiv, 77—97, 141
　　亦请参见 animals; gardens; mountains
"Neo-Smithian Marxists" 新斯密派马克思主义, 177
Nepal, Gurungs of 尼泊尔的古伦人, 31
newness of revolutionary change 新的革命性变化, 147
non-freehold land 非自由保有土地，参见 copyhold
non-utility, nature as haven of 作为无

用避风港的自然, 94
North American 北美
  fertility 生育率, 26, 30, 35, 36, 37
  kinship 亲属关系, 35
Norwich 诺威奇, 89
Notestein, F. W. 诺特斯坦, 33

open-field parish 开放式耕地教区, 22
orders 等级, 参见 castes
Orwell, G. 奥威尔, 166
Osborne, F. F. 奥斯本, 39
Osborne, J. M. J. M. 奥斯本, 55n
Outhwaite, R. B. 乌思怀特, 133n
ownership
  and love 所有权与爱情, 141
  亦可参见 land（土地）; property（财产）

paradigm shifts 范式转变, ix, xii, xiii
Paradise 天堂, 121
Parker, D. 帕克, 177
Parkin, D. 大卫·帕金, 99n, 100n
parks 公园, 参见 gardens
Parliament and Crown 议会与王权, 145, 149
Parsons, T. 帕森斯, 138
"part society", peasants as 作为"半社会"的农民, 4, 218—219
Pascal, B. 帕斯卡, 117n, 119
Paston letters 帕斯顿家族书信, 113
patriarchalism 宗法制社会, 8
  lack of 缺乏宗法制, 164
patrilocality 婚后在夫家居住, 30
partrimonialism 祖传产业, 184
patronage 资助, 69
Paul, St. 圣保罗, 114
payments, marriage 婚姻彩礼, 14, 15, 153
Pearson, L. E. 皮尔逊, 85n, 87

peasants
  definitions and characteristics 农民的定义与特征, 3—7; English parishes tested against 与之相对的英国教区, 12—22
  and evil 农民与邪恶
  fertility 生育, 26—28, 32—34, 50
  myth of peasant society 农民社会神话, 1—24, 31—32, 33—35; criticisms of theory 理论批评, 194, 197, 202, 208—220; England not typical 不典型的英格兰, x, xi, xiii, 3, 7—24
  transformation to capitalism 向资本主义转型, 参见 love, capitalism and ; violence
  亦请参见 feudalism（封建主义）
Pepys, S. 皮普斯, 55, 113
pets 宠物
  English attitude to 英国人对宠物的态度, 84—85, 94, 95
  and witches 宠物与女巫, 109
  亦请参见 animals
plants 植物, 参见 gardens（花园）
plays 戏剧, 参见 literature（文学）
Pliny 普林尼, 83
Plucknett, T. 普拉克内特, 17n
Pocock, J. G. A. 波考克, 189n, 201
poetry 诗人, 参见 literature
Poggio 波焦, 91
Poland, peasants in 波兰农民, 210, 215, 218
Polanyi, K. 波兰尼, 170
Polgar, S. 波尔格, 26n, 27n, 30n, 43n
police 警察, 72—73
  no need for 不需要警察, 参见 informal controls
  unarmed 没有武装的警察, 68

political
  fragmentation 政治分裂, 178, 180—181, 184, 185
  peculiarities of England 英格兰的政治特殊性, 145, 149, 160
  time 政治时间, 147
Pollock, L. A. 波洛克, 133
Pollock, Sir F. 波洛克爵士, 16n, 17n, 19n, 100n, 163n, 164n, 179n, 181n, 182n, 187n, 195
Poor Law and state welfare 济贫法与国家福利, 146, 151
Pope, A. 蒲柏, 117, 121—122
population 人口, xiii, 6, 25—52
  亦请参见 children, numbers of
Portugal 葡萄牙, 204
possession 占有
  spirit, absence of 缺少精神财产, 107
  亦可参见 ownership
"possessive individualism" 占有性个人主义, 35
Postan, M. M. 波斯坦, xii, 1, 176, 210
poverty 贫穷, 22, 129—130
pregnancy, pre-marital 婚前受孕, 38
  亦请参见 fertility
premarital sexual activity 婚前性行为, 38, 44—46
Pre-Raphaelites 前拉斐尔派, 77
Preston, H. 亨利·普雷斯顿, 66
Prestwich, J. 约翰·普雷斯特维奇, x
"pre-tradition phase I" model of population "前传统阶段"人口模型, 31—32
primogeniture 长嗣继承制, 17, 19—20, 151, 156
  亦请参见 inhenritance
printing 印刷, 95
production 生产
  means of 生产方式, 223—224

relations of 生产关系, 28—29, 223
and reproduction, correlation 生产与再生产之间的关联, 33—34, 36—37
units of 生产单位, 4—6, 19, 33—37, 50, 127
profit motive 利益动机, 127, 146
  and rise of capitalism 利益动机与资本主义的兴起, 171, 172, 177
  亦请参见 accumulation; market
property 财产, 127, 149, 163, 164
  crimes against 针对财产的犯罪, 参见 theft
  亦请参见 land ownership
prosecution, unpopular 不受欢迎的指控, 70—71
protestants 清教徒
  and evil 清教徒与邪恶, 105, 113, 114
  and rise of capitalism 清教徒与资本主义的兴起, 170, 172—173
  and usury 清教徒与高利贷, 150
  亦请参见 religion
proverbs and concept of evil 谚语和邪恶概念, 114
Pryor, F. L. 普赖尔, 205
punishment 惩罚, 参见 sentences
Puritanism 清教主义, 参见 Protestants; religion
Pym, J. 约翰·平恩, 39

Quarles. F. 夸尔斯, 49

Radcliffe-Brown, A. R. A. R. 拉德克利夫-布朗, 126
Raistrick, A. 亚瑟·雷斯特里克, 58
rape, rare 罕见强奸, 60, 61
rational law 理性法, 174
rational technology and accounting 理

性技术与会计，226
"real estate" 不动产，14
　亦请参见 land
Redfield, R. 罗伯特·雷德菲尔德，2，4，124，127，209，210，212
Reformation 改革，160
relations of production 生产关系，28—29，223
religion (mainly Christianity)
　and capitalism 宗教与资本主义，170，172—173
　and celibacy 宗教与独身主义，36，154
　and evil 宗教与邪恶，100—121 各处
　and fertility 宗教与生育，38—39
　and love and marriage 宗教与爱和宗教，138，152，153，154
　and nature 宗教与自然，82—83，96
　and usury 宗教与高利贷，150
　亦请参见 rituals
reproduction 再生产，25—52
　and production, correlation between 再生产与生产之间的相互关系，33—34，36—37
　亦请参见 children, numbers of
revolution, socioeconomic 社会经济革命，vii—viii, xv, 144—69, 201
　models of revolutionary change 革命性变革模式，147—148；applied to England 运用于英格兰的社会经济革命，147—148；demography 人口统计学的社会经济革命，155—157；marriage 家庭，151—155
　nineteenth- and early twentieth- century historians 19世纪与20世纪早期的历史学家，158—166
　England, comparison with Europe 英格兰与欧洲的比较，167—168

Rheubottom, D. B. 瑞乌波顿，198
Rich, E. E. 里奇，3n
risk minimized 风险最小化，参见 security
rituals 仪式，38
　亦请参见 magic；religion
Robertson Smith, W. 罗伯逊·斯密，106
Robinson, R. 罗伯特·罗宾逊，62，66，69，72
Romans and the Roman law 罗马人与罗马法，138，149，174，175，181
romantic love 浪漫之爱，参见 love
Romantic Movement 浪漫主义行动，77，103，125
Rosen, B. 罗森，111n
Rowland, R. 罗伯特·罗兰德，109n，204—205，212—214
ruling classes 统治阶级，12，160
　country houses 乡村房屋，77—78，87，90—91，93
　inheritance 继承，20，21
　land ownership 土地所有权，22，23
　and violence 统治阶级与暴力，72—73
Runciman, W. G. 朗西曼，175n
Russell, C. 拉塞尔，ix
Russia 俄罗斯
　demography 俄罗斯与人口统计学，155
　peasants 农民，11，210，215，216，218—220
　"cyclical mobility" 循环流动，21；land 土地 ownership 所有权，9—10，13，18
Ryan, A. 阿兰·瑞恩，xii
Ryder, N. 莱德，30，34

Sachse, W. L. 萨克斯，55n

sacrifice, absence of 缺少牺牲，106—107
sadism 施虐狂，参见 torture
Sahlins, M. 萨林斯，4，5，209，212，215，216，219
Salzman, L. F. 萨尔兹曼，84n
Sampson, A. 安东尼·桑普森，77
Sarakatsani shepherds 萨拉卡萨尼牧人，43
Sarsby, J. 萨斯比，133，134
Satan 撒旦，参见 Devil（魔鬼）
Scaif (pickpocket) 斯盖夫（扒窃），69
Scandinavia 斯堪的纳维亚
  demography 人口统计学，155
  "trial marriage" 试婚，45
Schofield, R. S. 斯科菲尔德，155n—156
"science" replacing magic 科学取代魔法，99，101，103
Scotland 苏格兰
  evil 邪恶，107
  "trial marriage" 试婚，45
  witchcraft 女巫，41，108，109—110
secrecy and evil 秘密与邪恶，99，117
security in England 英格兰的安全，102
  and passion for nature 对自然的激情，81，92—94
self-policing 自我管制，参见 informal controls
sentences 判决，59，70—71
sentiment, rise of 情感的兴起，124，128—132 各处
  theory contradicted 相冲突的理论，133
  亦请参见 love
sexual
  drives 性驱动，140，142
  perversions of withches, 女巫的性变态，109，110

relations outside marriage 婚姻外的性关系，38，44—46，139
"revolution" 性"革命"，130
Shakespeare, W. 莎士比亚，87，115—116，118，121，18n，21，33—34，209—210，216，218—220
Shanin, T., 2，3n，4，10n，12n，13n，18n，21，33—34，209—210，216，218—220
Sharp, Mrs. 夏普夫人，44
Sharpe, J. A. J. A. 夏普，57
Shelley, P. B. 雪莱，96
Shopkeeper mentality of English 英国人的店主心态，146，150
  亦请参见 trade
Shorter, E. 爱德华·肖特，45n，130—131，134，135，148n
Shropshire 什罗普郡，58—59
Sicily: peasants' violence in nineteenth and twentieth centuries 西西里：19 与 20 世纪中农民的暴力，54，55，61—74 各处
Simmel, G. 齐美尔，119
Simons, J. 西蒙斯，25n
Simpson, A. W. B. 辛普森，16n，17n
single people, attitudes to 对单个人的态度，3，47—48，153—154，157
Sjoberg, G. 斯约伯格，139
Skipton (Yorkshire) 斯基普顿（约克郡），58
slaves, lack of 没有奴隶，149
Smith, A. 亚当·斯密，90，118，120—121，144，177，189
Smith, R. M. R. M. 斯密，8n，23n，25n，132，198，199，211，219
Smorthwait W. and H. 斯莫思威特兄弟，60—72 各处，75
social mobility 社会流动，6，12，21—

23，127，145，161，224
social time 社会时间，147—158 各处
Southall, A. 索撒尔，45n
sovereignty of people 人民主权，145
　　亦请参见 political
Spain
　　fertility 西班牙生育率，36
　　marriage 婚姻，153
　　revolutionary change 革命性变化，167—168
　　violence 暴力，93
　　virginity 贞操，44
Spence, J. D. 史景迁，54
Spencer, E. 斯宾塞，87
spiralling accumulation 螺旋式积累，6，21
spirits 精神，99
　　absence of possession 缺乏占有精神，107
　　亦请参见 magic 魔法
sports, cruel, campaigns against 反对残忍的运动，80，85
Spufford, M. 斯普福德，21，23，56n
Starkey, T. 托马斯·斯塔基，90
stars 星星，参见 astrology（天文学）
starvation 饿死，参见 famine（饥荒）
state
　　and rise of capitalism 国家与资本主义的兴起，174—175，181—182，185—189
　　political fragmentation 国家的政治分裂，178，180—181，184，185
　　welfare 福利，146，151
Statute *Quia Emptores* (1290) 1290 年的《封地买卖法》，16
Statute of Will (1540) 1540 年的《遗嘱法》，16，17
Stewart, D. 杜格尔德·斯图尔特，189

Stirling, P. 斯特林，43n，210
Stone, L. 斯通，viii, xi, xiii，126，129—130，134—135，195，200，211
Stubbs, W. 斯塔布斯，ix，xi—xii，46，160—164
subsistence agriculture 维持生计的农业，3，6，12
suddenness of revolutionary change 突然的革命性变化，147
Superstition and evil 迷信与邪恶，99，101—102，106
　　亦请参见 religion；witchcraft
Sutherland, D. M. G. 萨瑟兰，54
Sweden, demography of 瑞典的人口统计学，155
Sweezy, P. 斯威齐，177
Swinburne, A. 斯温伯恩，119
Swinburne, H. H. 斯温伯恩，14n，16，18n

Tacitus 塔西佗，97，154
Taine, H. 希伯利特·泰纳，77—78，90—91，167
Taiwan, birth control in 台湾的生育计划，26
Tambiah, S. J. 坦比亚，153n
Tawney, R. H. 托尼，viii，xii，2，127，148
taxation 税收，188，189
technology 技术，145，150，224，226
　　and attitude to children 技术与对孩子的态度，26—27，28，51
"tenant right" "承租者权利"，15
Thailand, fertility in 泰国的生育，25，28，36
theft 盗贼，58—59，60，61，70，104—105
Thirsk, J. 瑟斯克，2，20，210

Thomas, K. 托马斯·怀特, xiv
　　on nature 论自然, 79—96 各处, 101, 102
　　on religion 论宗教, 101, 102, 106, 115
　　on remoantic love 论浪漫之爱, 125—126
Thomas, W. I. 托马斯·怀特, 94—96, 101, 102
Thompson (thief) 盗贼汤普森, 71
Thompson, E. P. 汤普森, 14, 148n
Thompson, E. 爱德华·汤普森, 63n, 74, 76
Thorner, D. 索纳, 2, 4—5, 12, 33, 209, 212, 215, 219
Tibet, fertility in 西藏的生育, 36
time
　　levels of 时间诸层面, 147
　　of revolutionary change, uncertainty 革命性变化的时间的不确定性
　　About 关于时间, 148—158 各处
torture 折磨, 99n
　　judicial, lacking in England 英国没有司法酷刑, 111, 115, 145
　　亦请参见 Inquisition（审讯）
towns 城镇, 145, 224
　　and capitalism 城镇与资本主义, 171
　　and country, little opposition between 城镇与乡村之间的细微对立, 150
　　dislike of 不喜欢城镇, 参见 nature
　　gardens and parks in 城镇中的花园与公园, 78, 89
　　Markets in 城镇中的市场, 4, 12—13
trade 贸易, 146, 150, 161, 171
transmission of wealth 财产的转移, 参见 inheritance
trees, English attitude to 英国人对树木的态度, 80—81, 89, 94

亦请参见 gardens
Trevelyan, G. M. 屈威廉, 90—91
"tribal" societies 部落社会, 4, 123
Tribe, K. 特赖布
Turkey
　　peasants 土耳其农民, 210
　　virginity 贞操, 43
Turnbull, C. 特恩布尔, 35n
Turpin, Dick 迪克·特平, 75
Tyler, W. 威廉·泰勒, 59

"uncontrolled" fertility model of population "不加控制的"人口生育模式, 31—32, 33—35, 50
undeterced crime 未发现的犯罪, 56
unilineal kinship, 7, 29, 31
units of production 生产单位, 4—6, 19, 33—37, 50, 127
"universal" marriage "具有普遍意义的"婚姻, 47
usury 高利贷, 150

vegetarianism 素食主义, 79
vengeance 复仇, 63, 70
Verney letters 弗尼家族收藏的书信, 114
violence and crime 暴力与犯罪, 104—105
　　in England, lack of, 英格兰少有暴力与犯罪, 53—76, 92
　　and revolution 暴力、犯罪与革命, 147
virginity, attitudes to 对贞操的态度, 43—45

wage labour 工资劳动, 参见 labour
wages and fertility 工资与生育, 156—157

Walker, J. C. M 沃克, 56—57
Wallace, A. R. 华莱士, 79
Wallerstein, I. 沃勒斯坦, 177
war, lack of 没有战争, 146, 155
    亦请参见 "crises"
warrior class 武士阶级, 181
Waterbury, J. 沃特伯里, 69n
"watershed" concept "分水岭" 概念, viii, 148
Watt, I. 瓦特, 140
wealth
    transmission of 财富转移, 参见 inheritance
    亦请参见 ruling classes
weapons, small numbers of 少量武器, 65—89, 92
Weber, E. 尤金·韦伯, 54, 167
Weber, M. 马克斯·韦伯, xii
    on capitalism 论资本主义, 51, 135；and feudalism 与封建主义, 170—175, 179—180, 184, 189—190, 211, 224—227; revolutionary view 革命观点, 148, 168, 192, 197
    on "disenchantment of world" 论 "世界的祛魅", 79, 94, 101
    on ideal type 论理想型, 206—208
    on individualism and marriage 论个人主义与婚姻, 127, 137, 140—141
    on religion 论宗教, 96
welfare state 福利国家, 146, 151
West, F. F. 威斯特, 56
Westermarck, E. 韦斯特马克, 123n
Westmorland 威斯特摩兰郡, 参见 Cumbria 坎布里亚郡
Wheatcroft (tailor) 惠特克罗夫特, 55
Whythorne, T. 托马斯·惠索恩, 55
Widows 寡妇, 15, 151
Wigglesworth, R. 理查德·威格尔思沃斯, 58
Wigston Magna (Leicestershire) 教区威格斯顿麦格纳（莱斯特郡）, 22
wild, love of 对荒野的爱, 参见 nature
Williams, R. 威廉斯, 94n
wills 遗嘱, 10, 16, 17—19
    亦请参见 inheritance
Wilson, C. H. 威尔逊, xii
witchcraft 巫术, 41, 98, 99, 101
    mild version in England 英格兰巫术的荒野版本, 107—111
Wolf, E. 伍尔夫, 2, 4, 5, 34n, 209, 210, 212, 215, 216
women
    Catharist heresy and 基督教异端与妇女, 136
    as childbearers 作为孩子抚育者的妇女, 37—42；亦请参见 children；fertility
    labour valuable 有价值的劳动, 28
    and law 妇女与法律, 42, 48
    and marriage 妇女与婚姻, 37—40
    rights and high status 妇女权利与高等地位, 13—16, 42—43, 48, 151, 164
    virginity 妇女贞操, 43—45
    亦请参见 marriage, age at
Wordsworth, W. 华兹华斯, 80, 96
Worlidge, J. 约翰·沃利奇, 88
Wrangle (Lincolnshire) 弗兰格尔（林肯郡）, 56
Wright, T. 托马斯·怀特, 39—40, 45
Wrightson, K. 赖特森, 58n, 134
Wrighley, E. A. 赖利, 26n, 48n
written records, most significant 最重要的书面记录, 202—204, 220
    and violence 与暴力, 55—59

亦请参见 diaries; literature; letters

yeomanry 约曼，161
Yorkshire 约克郡，58，78
Yorubaland, virginity in 约鲁巴兰的贞操，43
Young, A. 阿瑟·扬，47

Yucatan, fertility in 尤卡坦半岛的生育，30

Znaniecki, F. 兹纳涅茨基，2n
zoology 动物学，参见 animals
Zubrow, E. B. W. 祖布罗，32n

翻译说明

本书由康子兴、周小薇、马猛猛合作翻译。马猛猛译出第一章《农民》的初稿。周小薇译出第四章《自然》、第六章《爱情》的初稿。康子兴翻译了其余部分并校改了全部译稿。译事艰辛，尽管译者力求译文准确晓畅，但限于学力，错漏处在所难免，恳请读者不吝指正。译稿文责由康子兴承担。

图书在版编目（CIP）数据

资本主义的文化 /（英）艾伦·麦克法兰著；康子兴，周小薇，马猛猛译 . — 北京：商务印书馆，2024
（麦克法兰自选集）
ISBN 978-7-100-23572-3

Ⅰ . ①资… Ⅱ . ①艾… ②康… ③周… ④马… Ⅲ . ①资本主义—文化研究 Ⅳ . ① D033.3

中国国家版本馆 CIP 数据核字（2024）第 062302 号

权利保留，侵权必究。

麦克法兰自选集
资本主义的文化
〔英〕艾伦·麦克法兰　著
康子兴　周小薇　马猛猛　译

商　务　印　书　馆　出　版
（北京王府井大街 36 号　邮政编码 100710）
商　务　印　书　馆　发　行
南京新洲印刷有限公司印刷
ISBN 978-7-100-23572-3

2024 年 8 月第 1 版	开本 710×1000　1/16
2024 年 8 月第 1 次印刷	印张 23　插页 2

定价：116.00 元